CODE

DE

L'INSTRUCTION PRIMAIRE,

CONTENANT

L'HISTORIQUE DE LA LÉGISLATION PRIMAIRE DEPUIS 1789, — LA LOI DU 28 JUIN 1833, ACCOMPAGNÉE DE COMMENTAIRES ET D'OBSERVATIONS, — L'ORDONNANCE DU ROI DU 16 JUILLET 1833, — LES CIRCULAIRES ET INSTRUCTIONS MINISTÉRIELLES QUI L'ONT ACCOMPAGNÉE;

PRÉCÉDÉ

D'UNE INTRODUCTION,

ET SUIVI

Des Ordonnances, Circulaires, Arrêtés, Documents antérieurs, — des Rapports et Exposés de motifs présentés aux Chambres, — du Recueil des modèles, plans d'écoles et cadres imprimés, utiles à MM. les Préfets, Recteurs, Présidents de comité et Instituteurs;

OUVRAGE EXTRAIT DE L'INSTITUTEUR,

JOURNAL DES ÉCOLES PRIMAIRES.

Deuxième Édition.

REVUE, CORRIGÉE ET AUGMENTÉE.

PARIS,

A LA LIBRAIRIE NORMALE DE P. DUPONT,

RUE DE GRENELLE-SAINT-HONORÉ, N° 55,

Hôtel des Fermes.

1834.

AVERTISSEMENT.

Le recueil que nous offrons au lecteur sous le titre de *Code de l'Instruction primaire*, embrasse toute la législation relative à cette importante partie de l'instruction publique. Les instituteurs et les comités y trouveront un guide sûr et complet : c'est aussi le véritable manuel de toutes les personnes qui sont appelées, par leurs fonctions ou leurs sympathies, à exercer sur les écoles une surveillance plus ou moins directe. La loi nouvelle est la base nécessaire et comme la charte de la législation de l'instruction primaire; aussi n'avons-nous reproduit des anciennes dispositions que celles qui ne nous ont pas semblé abrogées de fait par cette loi. Ainsi nous avons dû recueillir les réglements divers sur les *engagements décennaux*, les *pensionnats primaires*, les *distributions de médailles*, etc.

Le *Code de l'Instruction primaire* est divisé de la manière suivante :

Introduction, ou historique de l'instruction primaire jusqu'à ce jour : on y expose les justes espérances qu'elle fait naître pour l'avenir, et l'influence qu'elle peut exercer sur toutes les classes de la société;

Sommaire détaillé de la législation sur l'instruction primaire, depuis 1789;

Première partie du Code. — Loi du 28 juin 1833 avec développements et commentaires au-dessous de chaque article;

Ordonnance du 16 juillet 1833, réglement sur les brevets de capacité, et instructions détaillées de M. le ministre pour l'exécution de la loi;

Deuxième partie. — Cette partie est divisée en chapitres ou sections, qui correspondent à quelques uns des articles de la loi, où ils sont indiqués par renvoi. Elle contient les dispositions antérieures à la loi, et plusieurs documents officiels qui la développent et l'expliquent;

Troisième partie. — Recueil de tous les *rapports* et *exposés de motifs* présentés aux chambres;

Modèles de tableaux, registres, formules, etc., dont il est question dans le *Code*, et qui doivent servir à MM. les préfets, recteurs, présidents de comités, instituteurs.

CODE

DE L'INSTRUCTION PRIMAIRE.

INTRODUCTION.

Dans un moment où la loi vraiment organique de l'instruction primaire va s'exécuter dans toute la France, les personnes qui s'intéressent le plus à ce grand perfectionnement ne pourront qu'applaudir à l'idée d'un recueil où se trouvent réunis, avec cette loi, des documents précis sur tous les points qui s'y rapportent.

Déjà la loi et l'exposé des motifs ont été directement adressés par M. le ministre de l'instruction publique à tous les instituteurs. Une telle communication renferme tout ce qui leur est le plus essentiel à connaître; et elle reçoit de l'éloquente circulaire du ministre un caractère moral bien fait pour relever les instituteurs à leurs propres yeux, et pour seconder la salutaire impulsion de la loi.

Le présent recueil, qui n'a ni le même but ni la même autorité, répond à un autre besoin. Les amis zélés de l'instruction primaire, les fonctionnaires qui s'en occupent spécialement, les membres des conseils départementaux qui doivent en délibérer, y trouveront, avec l'ensemble des dispositions récentes sur l'instruction primaire, quelques dispositions anciennes qui ne sont pas abrogées, et diverses règles fondées sur l'expérience, qui vont seulement recevoir aujourd'hui une application plus efficace et plus étendue.

La loi est accompagnée de toutes les indications empruntées aux débats législatifs, et qui sont comme le commentaire de ses principaux articles. En même temps, une statistique exacte et détaillée met sous les yeux du lecteur l'état présent des méthodes, la liste des associations pour l'instruction primaire, celle des écoles normales existantes, le tableau des communes au-dessus de 6000 âmes, le détail des droits et des encouragements accordés aux instituteurs, les dispositions relatives aux pensionnats primaires, aux écoles de filles, et beaucoup d'autres documents administratifs, utiles à réunir et à connaître, indépendamment de toute modification ultérieure que peut indiquer la pratique.

La loi du 28 juin 1833 et l'ordonnance du 16 juillet marquent, pour l'instruction primaire, une époque nouvelle, dont les résultats, immenses et prochains, devront être annuellement recueillis. Mais il n'est pas inutile de rappeler sommairement le passé, et quelques considérations qui s'y rattachent.

L'instruction primaire avait été la promesse de 1789 : elle doit être une des œuvres de la révolution de 1830, qui a complété et affermi notre première révolution, en lui donnant son gouvernement naturel.

Avant 1789, rien n'avait été fait par le pouvoir civil pour l'instruction du peuple. Elle existait partiellement sous l'influence unique du clergé. On trouve, à la date de 1725, des Lettres Patentes autorisant la *Société des frères des écoles chrétiennes*, fondée par le vertueux de Lasalle, malgré bien des obstacles. Elles se réfèrent à une bulle du pape Benoît XIII, où il est dit que l'institution de cette Société a pour but de « prévenir les désordres et les « inconvénients sans nombre que produit l'igno- « rance, source de tous les maux, surtout parmi « ceux qui, accablés par la pauvreté, ou obligés de « travailler de leurs mains pour vivre, se trouven « faute d'argent, privés de toutes connaissances hu- « maines. »

Hormis la protection accordée à cet institut, le gouvernement de la France, au dix-huitième siècle, ne s'occupa point de l'instruction du peuple; et la philosophie même, attentive à provoquer tant d'améliorations et de réformes, fixa peu ses regards sur cette grande question, trop indifférente au public : quelques efforts seulement furent tentés par de généreux citoyens.

A ce titre, on doit conserver la mémoire d'un homme de bien, le chevalier Paulet, qui, s'étant pris d'un zèle d'humanité pour le malheur et l'abandon des enfants pauvres, fonda, vers 1772, un établissement, où il finit par en réunir jusqu'à deux cents à la fois, presque tous fils de soldats et de pauvres gentilshommes. En même temps qu'il les soumit à une discipline rigoureuse et presque militaire, il appliquait parmi eux la méthode de l'enseignement mutuel, méthode ancienne, naturelle, et qu'un voyageur du dix-septième siècle avait remarquée dans une petite école grecque de la ville d'Athènes. L'institution du chevalier Paulet fut protégée par la faveur personnelle de Louis XVI, qui lui accordait 36,000 fr. par an, sur sa cassette. Elle se soutint jusqu'à la révolution; et elle avait formé quelques uns des hommes qui parurent alors avec éclat et parvinrent aux premiers rangs de l'armée. Ce fut un essai remarquable, qui n'avait d'autre défaut que de préparer les enfants pour un seul état, et d'être trop exclusivement l'école militaire des pauvres.

Mais on était encore loin de l'idée, grande et généreuse, qui fait des premiers éléments de l'éducation une dette de l'état envers tous les citoyens indistinctement. « Il me paraît essentiel, écrivait Voltaire, qu'il y ait des *gueux* ignorants. Si vous faisiez « valoir comme moi une terre, et si vous aviez des « charrues, vous seriez bien de mon avis. Ce n'est « pas le manœuvre qu'il faut instruire, c'est le bon « bourgeois, l'habitant des villes... » Et ailleurs, il disait encore : « Ceux qui sont occupés à gagner « leur vie n'ont pas le temps d'éclairer leur esprit ; « il leur suffit de l'exemple de leurs supérieurs. »

On n'avait pas encore fait l'expérience des avantages que, dans la condition la plus pénible, la pauvreté laborieuse peut tirer de quelques éléments d'instruction. Ces *manœuvres ignorants*, que Voltaire croyait indispensables, donnez-leur quelques notions des arts utiles à la vie, ils deviendront d'habiles ouvriers, feront mieux leur tâche, obtiendront plus de salaire, et seront plus intelligents et plus moraux. Un progrès continu se fait sentir alors dans toute les professions, et la vie générale est améliorée. C'est le résultat déjà remarqué dans la Saxe, l'Ecosse, et dans tous les pays où l'instruction primaire est universellement répandue.

Depuis 1696, époque où le dernier parlement d'Ecosse vota des fonds considérables pour l'établissement des écoles, ce pays s'est transformé dans l'espace d'un siècle; les délits de tout genre, contre les personnes et les propriétés, y ont diminué avec la même rapidité que l'enseignement s'y répandait. On remarque également que la province d'Angleterre la plus renommée pour le nombre et la bonté de ses écoles, le *West-Moreland*, est celle où la répression pénale est le moins nécessaire. En trente-six ans, dit la *Revue d'Édimbourg* (1), il n'y a pas eu, dans le West-Moreland, une seule exécution capitale.

Ainsi se tiennent et s'appellent l'une l'autre toutes ces grandes espérances de notre siècle; progrès moral du peuple, accroissement de son bien-être, adoucissement des lois pénales, suppression graduelle de la peine de mort. L'instruction primaire, bien répartie, est le fondement de cette œuvre, la première pierre de cet édifice; mais c'est à la condition qu'elle

(1) N° de novembre 1816, pag. 56.

gardera le caractère moral et religieux qui a fait sa force et ses bienfaits chez d'autres nations. C'est ainsi qu'elle relève doublement le pauvre qui la reçoit, qu'elle l'ennoblit à la fois d'ame et d'intelligence, et qu'en lui assurant plus de bien-être, elle lui donne plus de qualités morales pour en jouir et le conserver.

La révolution de 1789, parmi tant d'importantes réformes, dut adopter et proclamer le principe de l'enseignement populaire. La constitution de 1791 promit des écoles gratuites pour les parties de l'instruction indispensables à tous les hommes; mais l'esprit général du temps méconnaissait les vraies limites de cet enseignement, et l'instabilité violente de toutes choses ne permettait pas ces perfectionnements paisibles. On sait combien furent vaines les lois de 1793 et de 1794, qui établissaient un vaste programme des écoles, promettaient un traitement de 1200 francs aux instituteurs, et rendaient obligatoire, sous peine d'amende pour les familles, l'envoi des enfants dans les écoles. La loi plus restreinte de 1795 n'eut pas plus d'effet : et lorsqu'en 1802, à une époque réparatrice, on s'occupa de l'instruction du peuple, le gouvernement déclara, par l'organe de Fourcroy, qu'en présentant la loi il était effrayé de la nullité presque absolue d'écoles primaires en France.

La création de l'université, en rendant aux études un centre d'action nécessaire, fut d'abord presque inefficace pour l'instruction primaire. Les rapports de l'illustre Cuvier, sur les *petites écoles* de Hollande, devaient attirer l'attention; mais ils n'eurent que peu de résultats immédiats. La création d'une classe normale primaire à Strasbourg fut, pendant cette époque, le seul acte important pour cette partie de l'instruction publique. Toutefois il y avait dans l'organisation spéciale d'un corps enseignant, et dans les intérêts mêmes de ce corps, un élément utile à l'instruction primaire, qui ne tarda pas à se développer.

La méthode mutuelle, importée en France à l'époque des cent jours, fut d'abord activement soutenue par l'université. L'ordonnance du 29 février 1816 sembla une sorte de concession et d'*octroi* tutélaire fait à l'instruction du peuple, sous la même nécessité morale qui avait dicté la charte de 1814. Elle porta long-temps d'heureux fruits, malgré les efforts que fit pour l'annuler la même influence hostile qui attaquait et faussait la charte. Secondées par le mouvement de l'esprit public et par les vues libérales de quelques administrations, 1500 écoles mutuelles s'étaient établies de 1817 à 1822. On sait quelle direction politique vint arrêter ce mouvement, d'abord d'une manière indirecte, puis en isolant les écoles du régime de l'instruction publique, et en les soumettant tout-à-fait à une influence qui voulait les détruire. On sait aussi que l'époque de 1828 fut de nouveau favorable à l'instruction primaire, et vit rapidement se multiplier les écoles, comme s'il eût été dans la destinée de cette portion de l'enseignement de marquer tour-à-tour, par ses vicissitudes de ralentissement et de progrès, les alternatives mêmes de la lutte entre la contre-révolution et les libertés légales.

Dans l'intervalle, l'esprit public, éclairé par cette lutte même, prenait de plus en plus intérêt à la grande question de l'instruction primaire. Elle dut beaucoup occuper le gouvernement après la révolution de 1830. Malgré des efforts souvent heureux, et repris tant de fois, nous nous trouvions alors, sur ce point important, bien loin, non seulement des promesses de 1789, mais des résultats obtenus dans les pays mêmes qui avaient le plus combattu les maximes libérales de notre première révolution.

En effet, tandis que l'enseignement populaire, proclamé dans les lois de nos assemblées nationales, était demeuré tout-à-fait inactif, des gouvernements absolus, mais habiles, en avaient recueilli et appliqué le principe, comme un moyen d'ordre public et d'amélioration. L'instruction primaire s'était propagée et perfectionnée dans toute l'Allemagne. Le pouvoir s'était servi à cet effet de toute sa latitude discrétionnaire. En Autriche, aucun ouvrier ne peut se marier s'il ne sait lire, écrire et compter (1). En Prusse, et dans d'autres pays d'Allemagne, la fréquentation des écoles est obligatoire; l'état, en un mot, s'est chargé de l'instruction du peuple, et applique à ce but des ressources considérables et une action toujours présente.

Il était d'un haut intérêt de recueillir à cet égard les faits accomplis, et de rassembler, pour ainsi dire, tous les détails d'une expérience faite à l'étranger, avec tant de soins et tant de moyens de la rendre efficace. Ce fut l'objet et le résultat du

(1) *Journal de la société de la Morale Chrétienne*, n° 73.

voyage de M. Cousin en 1831 ; et l'on sait combien de précieux documents et d'observations applicables sont réunis dans les beaux rapports qu'il a publiés à son retour.

Cependant le ministère de l'instruction publique, depuis 1830, secondé par de nouvelles allocations des chambres, travaillait à soutenir et à multiplier les établissements d'instruction primaire, faisait acquérir des locaux, surveillait le choix des maîtres, étendait les objets d'enseignement, défendait les frères des écoles chrétiennes contre des préventions passagères, maintenait la liberté de toutes les méthodes, et assurait la propagation des meilleures.

De 1830 à 1832, 4,000 écoles nouvelles furent établies; 34 écoles normales furent créées (1). Le nombre des élèves s'accrut dans une proportion plus grande encore que ne semblait le promettre l'augmentation numérique des écoles : on peut l'évaluer à 300,000 enfants. Toutefois ces efforts, qui attestent le concours actif de l'administration au vœu général, manquaient d'un point d'appui nécessaire, une loi nouvelle, qui rendît obligatoires, dans de certaines limites, les sacrifices jusque-là volontaires des communes, et qui agît sur toutes les parties de la France avec suite et unité. En effet, 11,000 communes de France sont encore privées de toute espèce

(1) La statistique officielle publiée jusqu'à ce jour s'arrête à 1832; mais, depuis cette époque, les progrès ont encore été plus frappants, si l'on en juge par quelques exemples déjà recueillis.

d'écoles; et, dans beaucoup d'autres, les écoles sont bien loin, par leur nombre et le degré de leur enseignement, de suffire aux besoins de la population.

Reste donc une tâche immense : améliorer, agrandir presque partout ce qui est commencé; tout faire et tout créer dans un quart de la France. Ce sera l'œuvre de la loi nouvelle, et des dispositions qui doivent en régler l'application, et qui se succéderont à mesure que le besoin s'en fera sentir. Celles que nous avons déjà recueillies présentent, comme la loi elle-même, un caractère essentiellement pratique. On le trouve surtout dans l'ordonnance qui règle l'action nouvelle et assez compliquée donnée aux autorités départementales et municipales, et qui assure, par des voies simples, la perception des avantages attribués aux instituteurs.

Il n'y a point de doute que la même prévoyance administrative continuera d'embrasser l'ensemble, et de suivre tous les détails de cette grande organisation. Rien n'exige des soins plus actifs et plus soutenus que l'instruction primaire. Le zèle public peut agir par moments; mais il faut la constance d'une administration pour vaincre la tiédeur qui succède souvent au zèle, surmonter toutes les difficultés, faire naître incessamment de nouvelles ressources, et améliorer l'enseignement à mesure qu'on le répand.

Déjà le langage officiellement adressé aux instituteurs, en leur rappelant d'une manière si touchante et si forte tous leurs devoirs, indique combien leur position est changée. Les votes des conseils municipaux ont marqué ce résultat. La grande majorité des instituteurs, qui ne recevait qu'un secours minime et précaire, jouira bientôt du traitement fixe que détermine la loi; et la nouvelle garantie attachée aux fonctions de l'enseignement attirera, soit dans les écoles normales, soit devant les commissions d'examen, de nombreux candidats.

En même temps que la condition des instituteurs s'élève, les occasions de les placer se présenteront plus aisément. Les autorités diverses qui doivent concourir à ce résultat, les hommes qui s'en occupent par devoir et par zèle, trouveront ici d'utiles documents. Nous y réunirons ultérieurement les actes publics de l'administration, les faits, les observations principales; et ce recueil deviendra, s'il est possible, l'annuaire historique de l'instruction primaire. Les éléments ne manqueront pas pour ce travail : les améliorations vont rapidement se multiplier. On peut tout attendre du ministre habile qui a si bien compris que de véritable gloire et de reconnaissance publique peut s'attacher à la propagation complète de l'enseignement primaire en France. Le gouvernement, par l'organe de ce ministre, a pris un engagement mémorable, et qui a vivement frappé les esprits en France et à l'étranger. Déjà l'on a remarqué, en Angleterre, quelles idées généreuses avaient dicté la loi du 28 juin, et combien elle offrait un ensemble sagement combiné pour assurer l'instruction du peuple.

Le talent de l'homme d'état qui a conçu, proposé cette loi, et qui l'exécute, est une garantie que les partis même ne contestent pas, et dont l'influence ajoute à son action.

20 août 1833.

SOMMAIRE

DE LA LÉGISLATION

SUR

LINSTRUCTION PRIMAIRE

DEPUIS 1789.

Parmi les anciennes ordonnances, antérieures à 1789, plusieurs statuaient sur les écoles primaires, dites alors *petites écoles.*

1724. **Bulle** du pape Benoît XIII, qui approuve et confirme la société des Frères des écoles chrétiennes.

1725 — 25 avril. **Lettres patentes** du roi Louis XV, portant approbation de cette bulle,

1791 — 3 et 14 septembre. **Loi** de l'assemblée constituante. « Il sera créé une instruction commune à tous les citoyens, *gratuite* à l'égard des parties de l'enseignement indispensables pour tous les hommes. »

1792 — 12 décembre. **Décret** de la convention nationale pour l'organisation des écoles primaires, qui devront former le premier degré d'instruction. Les personnes chargées de l'enseignement dans ces écoles se nommeront *instituteurs* et *institutrices.*

1793 — 30 mai. **Décret** sur l'établissement des écoles primaires.—Il y aura une école primaire dans toutes les communes au-dessus de quatre cents habitans.—L'objet de l'enseignement comprendra les connaissances élémentaires nécessaires aux citoyens pour exercer leurs droits, remplir leurs devoirs, et administrer leurs affaires domestiques. — Les instituteurs devront donner, une fois par semaine, les leçons pnbliques aux adultes de l'un et de l'autre sexe.

1793 — 21 oct. (30 vendémiaire an 2.) **Décret** : création et distribution des premières écoles.—

Instruction étendue et variée qui sera donnée dans ces écoles.—Le comité d'instruction publique est chargé de faire composer le plus promptement possible des livres élémentaires propres aux écoles.

1793 — 28 oct. (7 brum. an 2.) Décret : placement des écoles, et première nomination des instituteurs et institutrices. — Commission d'examen et de surveillance par district.—Minimum du traitement des instituteurs fixé à 1200 livres.

1793 — 30 oct. (9 brum. an 2.) Addition au précédent décret.

1793 — 19 déc. (29 frim. an 2.) Décret relatif à l'organisation générale de l'instruction publique. — L'enseignement est déclaré libre, et placé sous la surveillance des municipalités.—Section III : du premier degré d'instruction.—Tous les enfants doivent être envoyés aux écoles primaires ; sanction pénale à cet effet.—Défense aux instituteurs de recevoir des élèves pensionnaires.

1794 — 17 nov. (27 brum. an 3.) Décret sur les écoles primaires.—Il sera établi une école primaire par mille habitants.—Locaux convenables pour l'instituteur et les élèves.—Division des élèves en deux sections, l'une de garçons, l'autre de filles.—Divers degrés de juridiction en ce qui concerne la répression des délits commis par les instituteurs dans l'exercice de leurs fonctions. Le jury d'examen, en première instance ; le conseil général de district, en appel ; le comité central d'instruction publique, en dernier ressort ou en cassation. — Salaire uniforme : 1200 fr. pour les instituteurs ; 1000 fr. pour les institutrices 1500 f. dans les villes au-dessus de 20,000 ames.—Pensions de retraite promises aux instituteurs qui auront rendu de longs services.—Objets de l'enseignement dans les écoles primaires. Exercices corporels ; promenades agricoles ; visites dans les hôpitaux.—Écoles particulières et libres.—Le comité d'instruction publique chargé de publier sans délai des réglements sur le régime et la discipline des écoles.

1794—27 janv. (8 pluv. an 2.) Décret portant qu'il sera établi un instituteur spécial de français dans toutes les communes où cette langue n'est point parlée.

1795 — 25 oct. (3 brum. an 4.) Loi sur l'organisation de l'instruction publique.—Titre 1er : des écoles primaires. — Il y aura dans chaque canton une ou plusieurs écoles primaires.—Les instituteurs sont examinés par des jurys spéciaux, et nommés par les administrations de département, sur la présentation des autorités communales.—Le salaire des instituteurs ne consiste plus que dans un logement gratuit. Une rétribution des élèves, fixée par l'administration départementale pour chaque école, tiendra lieu du traitement fixe. L'administration municipale pourra exempter de la rétribution un quart des élèves, pour cause d'indigence. — L'objet de l'enseignement ne comprend plus que la lecture, l'écriture, le calcul et la morale civique. — Les instituteurs primaires pourront, ainsi que les professeurs des écoles centrales et spéciales, cumuler traitements et pensions.

1797— 12 sept. (26 fruct. an 5.) Loi : il est sursis à la vente des presbytères qui pourront servir à loger les instituteurs.

1802—1er mai. (11 flor. an 10.) Loi générale sur l'instruction publique.—Titre II : de l'instruction primaire.—Instituteurs choisis et nommés par les maires.—Rétribution des élèves fixée par le conseil municipal; un cinquième seulement des élèves pourra en être dispensé.—Autorité des sous-préfets sur les écoles.

1806— 10 mai. Loi : il sera formé, sous le nom d'*Université*, un corps chargé exclusivement de l'enseignement et de l'éducation publique dans tout l'empire.

1808— 17 mars. Décret organique de l'université.—Division du territoire en vingt-six académies, administrées chacune par un recteur, assisté de deux inspecteurs.—Le gouvernement général de l'université est confié à un grand-maître, et à un conseil d'instruction publique.—Aucune école, aucun établissement quelconque d'instruction ne peut se former hors de l'université, et *sans l'autorisation* de son chef. Nul ne peut ouvrir d'école ni enseigner publiquement sans être membre de l'université, et gradué par elle. Les écoles primaires terminent la longue énumération des établissements qui appartiendront à chaque académie. — Il sera formé dans chaque académie des classes normales primaires destinées à former de bons maîtres.

1811 — 15 nov. DÉCRET concernant le régime de l'université. — Juridiction envers ses membres. — Poursuites et condamnations contre ceux qui enseignent publiquement et tiennent école sans autorisation.

1812 — 12 fév. DÉCRET sur le système légal des poids et mesures, qui seul pourra être enseigné dans les écoles primaires.

1812 — 30 nov. DÉCISION portant que les chefs des écoles primaires, communales et particulières, doivent faire enregistrer leur autorisation au secrétariat de la mairie.

1816 — 29 fév. ORDONNANCE du roi sur l'instruction primaire. — Établissement des comités cantonnaux; présidence du curé. — Il pourra être formé des comités spéciaux protestants. — Brevets de capacité de trois degrés. — Autorisation spéciale d'exercer. — Nomination et révocation des instituteurs par le recteur. — Surveillance et visite des écoles.

1818 — 10 mars. LOI sur le recrutement de l'armée. — Article 5. Dispense du service militaire accordée aux instituteurs qui contracteront l'engagement de rester dix ans au service de l'instruction publique.

1818 — 15 juin. ARRÊTÉ de la commission d'instruction publique, portant qu'il sera distribué chaque année des médailles d'encouragement aux instituteurs.

1819 — 19 fév. **Instructions** concernant la surveillance à exercer sur les instituteurs dispensés du service militaire.

1819 — 3 juin. Réglement du ministre de l'intérieur sur les écoles primaires de filles. — Mesures prescrites aux préfets touchant ces écoles. — Brevets de capacité de deux degrés seulement.

1820 — 3 avril. **Ordonnance** qui rend applicables aux écoles de filles les dispositions de l'ordonnance du 29 février 1816, en ce qui concerne la surveillance des comités. — Pour le reste, ces écoles demeurent sous l'autorité des préfets. — Règles particulières en faveur des écoles de *sœurs*.

1820 — 19 juin. Réglement du ministre de l'intérieur sur les écoles supérieures de filles, ou institutions et pensions.

1820 — 2 août. **Ordonnance** sur l'organisation des comités cantonnaux.

1820 — 5 déc. **Arrêté** du conseil royal sur les formalités que doivent remplir les instituteurs qui désirent obtenir la faculté d'avoir des pensionnaires.

1821 — 31 oct. **Ordonnance** concernant les écoles de filles des divers degrés. — Les préfets conservent la surveillance sur ces établissements.

1824 — 8 avril. **Ordonnance** du roi sur l'instruction publique. — Écoles primaires catholiques : les recteurs continuent de délivrer les brevets de capacité; mais l'autorisation spéciale est accordée par l'évêque ou un de ses délégués. — La surveillance des écoles est également abandonnée à l'autorité ecclésiastique. — Les écoles primaires protestantes restent sous le régime de l'ordonnance du 29 février 1816. — Composition des comités chargés de surveiller ces écoles.

1825 — 31 oct. **Circulaire** qui rappelle les dispositions réglémentaires successivement adoptées concernant les engagements décennaux.

1828—21 avril. **Ordonnance** concernant l'instruction primaire.—Rétablissement des comités de surveillance par arrondissement.—L'ordonnance du 8 avril 1824 est abrogée, et les principales dispositions des ordonnances du 29 février 1816 et du 2 août 1820 remises en vigueur.—Écoles *primaires* de filles placées, comme celles de garçons, sous la surveillance de l'université. — Certificat d'instruction religieuse nécessaire pour l'examen de capacité.—Brevets délivrés aux frères sans examen. — Garanties accordées aux instituteurs dans les cas de révocation. — Tableaux annuels de statistique.

1828 — 30 août et 29 septembre. **Instructions** relatives aux pensionnats primaires.

1829 — 7 fév. **Arrêté** du conseil royal sur les distributions de médailles.

1829—26 mars. **Ordonnance** du roi concernant l'instruction publique.—Titre V : écoles primaires protestantes; comités consistoriaux.

1829—30 juin. **Arrêté** du conseil royal.—Circonscription et organisation des comités protestants.

1829 — 22 déc. Nouvelles instructions relatives aux pensionnats primaires.

1830 — 6 janv. **Décision** du roi relative aux écoles de *sœurs*.—Ces écoles ne sont pas comprises dans les termes de l'ordonnance du 21 avril 1828, et restent placées sous la surveillance des autorités ecclésiastique et administrative.

1830 — 14 fév. **Ordonnance** sur les écoles primaires. — Tableau général des communes pourvues ou privées d'écoles. — Dispositions pour préparer des pensions de retraite aux instituteurs.

1830 — 7 août. Article 69 de la **Charte**. « Il sera pourvu, par une loi spéciale, à l'instruction publique et à la liberté de l'enseignement. »

1830 — 16 oct. **Ordonnance** : réorganisation des comités d'instruction primaire, sous la présidence du maire ou de l'adjoint. — Le conseil royal fera un réglement spécial pour les comités israélites, comme pour les comités protestants.

1831—29 janv. Présentation d'un projet de loi à la chambre des pairs, sur l'instruction primaire.

1831—23 févr. Ce projet est retiré de la chambre des pairs, comme renfermant quelques dispositions relatives à la question d'impôt.

1831—12 mars. **Ordonnance** : modification aux anciennes ordonnances, en ce qui concerne les formalités à remplir pour être admis à subir les examens de capacité.

1831—12 avril. **Ordonnance** : aucun brevet ne se sera plus accordé sans examen.

1831—9 juillet. Nouvelle circulaire relative aux engagements décennaux.

1831—5 oct. **Décision** du roi portant qu'il sera présenté, 1° tous les ans un compte détaillé de l'emploi des fonds alloués aux écoles primaires ; 2° tous les trois ans, une statistique de l'instruction élémentaire.

1831—24 oct. Présentation d'un projet de loi à la chambre des députés, sur l'instruction primaire.—Proposition de M. de Las-Cases.

1831—22 déc. Rapport de M. Daunou sur le projet de loi, et sur la proposition.

1832—21 mars. Loi sur le recrutement de l'armée. Article 14 : dispense du rvice militaire accordée aux membres de l'instruction puique qui contractent l'engagement décennal.

1832—17 avril. **Arrêté** du conseil royal de l'instruction publique, pour l'organisation des comités israélites.

1832—14 déc. Réglement général pour les écoles normales primaires.

1832—30 déc. Proposition de MM. Salverte, Laurence, Eschassériaux et Taillandier, à l'effet de reprendre le rapport de M. Daunou.

1833—2 janv. Nouveau projet de loi sur l'instruction primaire, présenté à la chambre des députés par M. le ministre de l'instruction publique.

1833 — 21 fév. DÉCISION relative à l'époque où doivent être contractés les engagements décennaux.

1833 — 2 mars. DÉCISION du roi portant que le budget de chaque école normale primaire sera dressé et réglé annuellement, selon ce qui se pratique pour tout établissement d'instruction publique.

1833 — 4 mars. Rapport de M. Renouard, député, sur le projet de loi d'instruction primaire.

1833 — 3 mai. Adoption et amendements de la chambre des députés.

1833 — 6 mai. Présentation à la chambre des pairs.

1833 — 21 mai. Rapport de M. Cousin, pair de France, sur le projet de loi.

1833 — 28 mai. Adoption du projet de loi amendé par la chambre des pairs.

1833 — 1er juin. Nouvelle présentation du projet de loi à la chambre des députés, pour les amendements introduits par la chambre des pairs.

1833 — 18 juin. Adoption de la chambre des députés, sauf quelques modifications.

1833 — 20 juin. Nouvelle présentation à la chambre des pairs.

1833 — 22 juin. Deuxième rapport de M. Cousin, et adoption définitive du projet de loi.

1833 — 28 juin. PROMULGATION DE LA LOI.

1833 — 4 juillet. Circulaire adressée aux préfets et aux recteurs à l'occasion de cette loi. — Salles d'asile, écoles d'adultes, servant de complément à l'instruction primaire.

Circulaire à tous les instituteurs de France. — Devoirs qu'ils ont à remplir; avantages que la loi nouvelle leur assure.

1833 — 16 juill. ORDONNANCE du roi pour la mise à exécution de la loi.

1833 — 19 juill. Réglement du conseil royal sur les brevets de capacité et les commissions d'examen.

1833 — 16 juill. Instructions détaillées du ministre sur les diverses dispositions de la loi et de l'ordonnance. — Organisation immédiate des écoles.

CODE

DE

L'INSTRUCTION PRIMAIRE.

PREMIÈRE PARTIE.

LOI DU 28 JUIN 1833 SUR L'INSTRUCTION PRIMAIRE.

TITRE PREMIER.

DE L'INSTRUCTION PRIMAIRE ET DE SON OBJET.

ARTICLE Ier.

L'instruction primaire est élémentaire ou supérieure.

L'instruction primaire élémentaire comprend nécessairement l'instruction morale et religieuse (*a*), la lecture, l'écriture, les éléments de la langue française et du calcul (*b*), le système légal des poids et mesures (*c*).

(*a*) Dans l'instruction morale est comprise la connaissance des devoirs de l'homme, non seulement envers lui-même, mais envers l'état et ses semblables. — Quant à l'instruction religieuse, voir ci-après l'art. 2 de la loi, et les différents rapports faits aux chambres sur le projet de loi (1).

(*b*) Les *éléments de la langue française et du calcul* comprennent les premières notions de la grammaire et de la théorie des nombres : même pour les plus jeunes enfants, la théorie ne doit jamais être tellement séparée de la pratique qu'ils ne puissent se rendre compte de ce qu'on leur fait faire. Dans les lieux où des dialectes provinciaux et des langages étrangers se sont conservés, l'instituteur devra enseigner l'usage même de la langue française, *parlée* et écrite. Un décret du 27 janvier 1794 obligeait toute commune qui parlait un idiôme étranger à se pourvoir d'un instituteur spécial pour la langue française. Dans les départements où la langue allemande est encore celle du peuple il faudra enseigner à la fois les deux langues, pour ne pas froisser les mœurs locales, et en même temps pour y implanter l'esprit de nationalité.

(*c*) Le système décimal est ignoré d'un grand nombre d'habitants de la campagne : les lois sont pourtant formelles à cet égard. Le décret du 12 février 1812 porte que « le système légal des poids et mesures, tel qu'il a été réglé par la loi du 12 frimaire an VIII, devra être seul enseigné dans toutes les écoles, y compris les écoles primaires. » Plusieurs préfets se sont crus obligés de prendre des arrêtés sévères pour obtenir l'uniformité des poids et mesures : la meilleure manière de réformer les habitudes en ce point est d'inculquer de bonne heure aux enfants les notions simples et faciles du calcul décimal.

L'instruction primaire supérieure comprend nécessairement en outre : les éléments de la géométrie et ses applications usuelles, spécialement

(1) Ces rapports, ainsi que l'exposé des motifs, se trouvent à la fin du volume, page 239.

le dessin linéaire (*a*) et l'arpentage ; des notions des sciences physiques et de l'histoire naturelle, applicables aux usages de la vie ; le chant (*b*), les éléments de l'histoire et de la géographie, et surtout de l'histoire et de la géographie de la France (1).

(*a*) Le dessin linéaire est déjà enseigné dans un grand nombre d'écoles, même de village. La loi, en ne le rendant obligatoire que pour les écoles primaires supérieures, n'a pas voulu restreindre un enseignement si utile. Elle a voulu seulement rendre les fonctions d'instituteur accessibles à un plus grand nombre, en n'exigeant *indispensablement*, pour les écoles élémentaires, qu'un programme facile, et qui cependant contînt tout ce qu'un homme ne peut ignorer.

(Discussion de la chambre des députés, séance du 28 avril 1833.)

(*b*) Le but de la loi n'est pas de faire enseigner seulement le plain-chant. On a pu juger, dans les écoles mutuelles de Paris ou de province, des avantages du chant proprement dit. Tout le monde sait que la musique a pour objet d'adoucir les mœurs. Dans les pays les plus civilisés de l'Europe elle est considérée comme un puissant moyen de civilisation. En Allemagne, en Suisse, en Angleterre, dans toutes les écoles un peu considérables, cet enseignement est obligatoire. Il ne résulte pas de l'article de la loi que l'instituteur lui-même doive enseigner le chant : cette condition, si elle était exigée, diminuerait trop le nombre des instituteurs. Il suffit que cet enseignement soit introduit, d'une manière ou de l'autre, dans les écoles primaires supérieures.

(1) L'intention des éditeurs du journal l'INSTITUTEUR PRIMAIRE est de publier successivement, et de proposer à l'adoption du conseil royal de l'instruction publique des ouvrages élémentaires sur chacun des objets du programme : déjà la plupart sont en vente.

Cependant le maître chargé de suppléer l'instituteur pour cet objet devra être agréé par l'autorité compétente.

(Discussion de la chambre des députés, séance du 29 avril.)

Selon les besoins et les ressources des localités, l'instruction primaire pourra recevoir les développements qui seront jugés convenables.

Les autres objets dont pourra s'accroître le programme des écoles sont : des leçons de commerce et d'industrie dans les villes, d'agriculture dans les campagnes ; dans certaines localités, quelques connaissances élémentaires sur l'exploitation des mines ; des notions d'hygiène et d'économie domestique ; la gymnastique ; les principaux éléments du droit civil et municipal ; des exercices de rédaction en langue française ; quelquefois enfin l'étude d'une langue étrangère parlée dans un pays voisin. Lorsqu'un instituteur désirera étendre son enseignement à des objets autres que ceux que la loi désigne, il devra bien faire attention à ne point dépasser les limites de son brevet : autrement il pourrait s'exposer à des poursuites prévues par les réglements universitaires. Un moyen sûr et facile pour lui de ne pas se trouver en contravention serait de communiquer préalablement au recteur de l'académie le prospectus des connaissances accessoires qu'il se propose d'enseigner.

Un réglement général, délibéré en conseil royal de l'instruction publique, sur le régime intérieur des écoles (1), déterminera d'une manière uniforme le plan d'études des écoles primaires, et indiquera le meilleur ordre des leçons et des différents exercices de la journée. Cette mesure sera d'un grand avantage pour les progrès de l'instruction primaire,

(1) Voir la circulaire du 4 juillet 1833, et le rapport de M. Cousin à la chambre des pairs pages 84 et 328.

et fortifiera par toute la France l'unité nationale. Cette unité ne nuira point aux diversités locales; car le réglement ainsi arrêté par l'administration supérieure ne sera qu'un plan modèle, et comme le cadre des réglements particuliers que doivent proposer les comités pour chaque école Il pourra, dans tous les cas, être modifié suivant les mœurs et les usages du pays, et surtout suivant la diversité des *méthodes* employées par l'instituteur.

La loi ne fait aucune mention des différentes méthodes d'enseignement en usage dans les écoles primaires : il n'en pouvait être autrement. « Une loi qui prescrirait les meilleures méthodes ressemblerait, dans son principe, à celles « qui les auraient interdites afin de perpétuer les mauvaises. « C'est en une telle matière que la liberté mérite un grand « respect et même une grande confiance (1). » Mais ce que la loi ne saurait prescrire, l'administration doit s'efforcer de l'obtenir : c'est pour elle non seulement un droit, mais un devoir. Aussi s'est-elle constamment occupée de l'amélioration des écoles sous ce rapport. Presque tous les documents officiels publiés jusqu'à ce jour renferment quelques dispositions soit pour répandre et encourager les meilleurs procédés, soit pour détruire ou réformer les systèmes défectueux (2).

ART. 2.

Le vœu des pères de famille sera toujours consulté et suivi en ce qui concerne la participation de leurs enfants à l'instruction religieuse.

---

(1) Rapport de M. Daunou à la chambre des députés, séance du 22 décembre 1831.

(2) Voir au commencement de la deuxième partie un chapitre spécial sur les différentes méthodes d'enseignement, page 143.

Aux termes de l'ordonnance du 21 avril 1828 (article 13), des élèves de différentes religions ne pouvaient être réunis dans la même école sans une autorisation préalable du conseil royal de l'instruction publique. La nouvelle loi ne contient aucune restriction à cet égard; il est même à désirer que les vrais principes de tolérance s'établissent dès l'école. Cependant l'article 9 autorise le ministre de l'instruction publique à former des écoles spéciales pour les différents cultes dans les localités où les besoins de la population et des circonstances particulières l'exigeraient. Dans les écoles mixtes, l'instituteur, qui sans doute aura été choisi de la religion du plus grand nombre, donnera l'instruction religieuse aux enfants de sa communion. Les autres élèves, s'ils ne prennent point part à cette instruction, pourront s'absenter, et devront, dans tous les cas, recevoir une instruction particulière du ministre de la religion à laquelle ils appartiennent, ou d'une personne déléguée par lui (1).

(Esprit de la circulaire du 12 juillet 1828.)

Art. 3.

L'instruction primaire est ou privée ou publique.

La loi ne fait point de différence entre les écoles tenues par des instituteurs laïques, et celles dirigées par un ou plusieurs membres des diverses sociétés religieuses ou charitables légalement autorisées, telles que les écoles des *frères*. Déjà l'ordonnance du 18 avril 1831 avait aboli tout privilége à cet égard, en faisant rentrer dans le droit commun toutes les écoles, à quelque titre qu'elles fussent établies. Les asso-

(1) Voir dans la deuxième partie une lettre du ministre de l'instruction publique sur les écoles mixtes, page 148.

ciations n'en conservent pas moins la liberté de former des écoles.

Toutes les fois qu'une association s'établit, elle est obligée de communiquer ses statuts et d'obtenir une ordonnance royale. Le devoir de l'administration est de poursuivre et de dissoudre celles qui n'ont pas rempli ces formalités. Mais il arrive aussi continuellement que dans une ville il se forme une association locale dans le seul but de fonder une école. Il serait trop restrictif de la liberté d'enseignement d'exiger alors une autorisation complète. L'association locale sera soumise aux règles ordinaires : elle présentera l'instituteur, conformément à l'article 18 de l'ordonnance du 29 février 1816 (1), et l'école sera fondée. Ces petites réunions n'ont pas le caractère d'association proprement dite. Quant aux associations permanentes, ecclésiastiques, religieuses ou laïques, elles seront, dans tous les cas, soumises aux règles ordinaires (2).

Toute personne ou association qui veut fonder et entretenir une école gratuite doit contracter, par acte authentique, l'engagement légal d'entretenir ladite école au moins pendant cinq ans. La personne ou l'association jouit dès-lors du droit de présenter l'instituteur. Ce droit peut être transmis aux héritiers ou successeurs.

(Ordonnances du 20 février 1816, articles 18 et 22 ; — et du 2 août 1820, article 16.)

---

(1) Il faut distinguer le cas d'une école communale et celui d'une école privée. Dans le premier cas, l'association devra présenter le candidat au conseil municipal, qui prendra l'avis du comité communal, et présentera ensuite au comité d'arrondissement. Le comité nommera, et l'école sera fondée. Dans le second cas, le candidat choisi par l'association et muni des pièces nécessaires, n'aura qu'à faire sa déclaration au maire, conformément à l'article 4 de la loi du 28 juin. (Décision du 6 septembre 1833.)

(2) Voir, page 151, la liste des associations autorisées.

Il conservera en outre, s'il le juge à propos, l'administration économique de l'établissement qu'il aura fondé, et pourra donner son avis au comité pour tout ce qui intéresse les études et la discipline (1). (Ibid., art. 19 et 31.

TITRE II.

DES ÉCOLES PRIMAIRES PRIVÉES.

ART. 4.

Tout individu agé de dix-huit ans accomplis pourra exercer la profession d'instituteur primaire, et diriger tout établissement quelconque d'instruction primaire, sans autre condition que de présenter préalablement au maire de la commune où il voudra tenir école (1) :

1° Un brevet de capacité obtenu, après examen, selon le degré de l'école qu'il veut établir (2);

2° Un certificat constatant que l'impétrant est digne par sa moralité de se livrer à l'enseignement. Ce certificat sera délivré, sur l'attestation de trois conseillers municipaux, par le maire de la commune, ou de chacune des communes où il aura résidé depuis trois ans.

---

(1) Voir, pour cette déclaration au maire, l'article 16 de l'ordonnance du 19 juillet 1833.

(2) Voir, pour les brevets de capacité, l'article 25 de la loi, le réglement du conseil royal en date du 16 juillet, et les modèles faisant suite au Code de l'Instruction primaire.

Ainsi le principe de la liberté d'enseignement, proclamé par l'article 69 de la Charte, est pleinement garanti (1).

D'après l'ancienne législation, déjà modifiée par l'ordonnance du 12 mars 1831, on n'était admis aux examens qu'après avoir justifié de dix-huit ans accomplis, et présenté au recteur de l'académie, ou aux examinateurs, des certificats de bonnes vie et mœurs. Ces conditions ne sont plus exigées que pour l'exercice même des fonctions auquel le brevet donne droit. La production des certificats et l'obtention d'un brevet ne suffisaient même pas autrefois pour exercer les fonctions d'instituteur : il fallait en outre une autorisation spéciale du recteur, pour un lieu déterminé.

(Ordonnances du 29 février 1816, article 13, et du 21 avril 1828, article 11.)

Art. 5.

Sont incapables de tenir école :

1° Les condamnés à des peines afflictives ou infamantes (*a*) ;

2° Les condamnés pour vol, escroquerie, banqueroute, abus de confiance ou attentat aux mœurs, et les individus qui auront été privés par jugement de tout ou partie des droits de famille mentionnés aux paragraphes 5 et 6 de l'article 42 du Code pénal (*b*) ;

3° Les individus interdits en exécution de l'article 7 de la présente loi (*c*).

(*a*) Les peines afflictives et infamantes sont : la mort, les

---

(1) Voir, p. 153, une lettre du ministre de l'instruction publique sur ce principe de la libre concurrence des instituteurs.

travaux forcés à perpétuité, la déportation, les travaux forcés à temps, la réclusion. Les peines infamantes sont : le carcan, le bannissement, la dégradation civique.

(b) Article 42 du Code pénal : Les tribunaux jugeant correctionnellement pourront, dans certains cas, interdire en tout ou en partie l'exercice des droits civiques, civils et de famille suivans :.... 5° de vote et de suffrage dans les délibérations de famille ; 6° d'être tuteur, curateur, si ce n'est de ses enfants, et sur l'avis seulement de la famille.

(c) Cette disposition ne doit s'entendre que de l'interdiction à toujours.

Pour assurer l'exécution de l'article 5 de la loi, la vérification des pièces à produire, telles que l'acte de naissance, les feuilles de route, passeports, certificats de domicile, ne saurait être faite avec trop de soin par le maire et les trois conseillers municipaux chargés de constater la moralité des candidats. Celui qui, se trouvant dans l'un des cas prévus par cet article, serait cependant parvenu à se procurer la direction d'une école, devrait-il profiter de cette erreur et conserver le titre d'instituteur ? — Cette question est résolue par la loi elle-même. L'article 5 ne dit pas que les condamnés à telle peine sont incapables d'obtenir des certificats de moralité (on peut en obtenir, même après une condamnation constatée), mais de *tenir école*. Ainsi, dans le cas dont il s'agit, l'école doit être fermée. Cet exemple s'est déjà présenté. Vers la fin de 1830, un forçat libéré s'était établi comme instituteur dans une commune, où il était parvenu à se procurer un assez grand nombre d'élèves, quoique son ancienne position y fût bien connue. Il a même réclamé auprès du ministre de la justice et de l'instruction publique, lorsque l'autorité lui a enjoint de fermer son école ; et il a fallu deux condamnations consécutives en police correctionnelle pour le décider à abandonner ses prétendues fonctions.

ART. 6.

Quiconque aura ouvert une école primaire, en contravention à l'article 5, ou sans avoir satisfait aux conditions prescrites par l'article 4 de la présente loi, sera poursuivi devant le tribunal correctionnel du lieu du délit, et condamné à une amende de 50 à 200 fr.; l'école sera fermée.

En cas de récidive, le délinquant sera condamné à un emprisonnement de quinze à trente jours, et à une amende de 100 à 400 francs.

D'après le décret du 15 novembre 1811, sur la juridiction de l'université (articles 54 et 56), tout individu qui enseignait publiquement et tenait école sans autorisation était de même traduit, à la requête du procureur du roi, en police correctionnelle, et condamné à une amende qui ne pouvait être moindre de 100 francs et qui s'élevait jusqu'à 3,000. Un mandat d'arrêt pouvait même, dans certains cas, être décerné contre les délinquants.

On tient une école publique toutes les fois que l'on réunit, dans un local commun, des enfants ou des jeunes gens de différentes familles, dans le but de les instruire; le mot *publique* étant employé par opposition à l'enseignement domestique.

(Arrêt de la cour de cassation du 1er juin 1827, confirmé par plusieurs autres, et par l'article 17 de l'ordonnance du 16 juillet 1833.)

ART. 7.

Tout instituteur privé, sur la demande du comité mentionné dans l'article 19 de la présente loi (1), ou sur la poursuite d'office du ministère

(1) L'ordre des articles de la loi ayant été modifié dans la discussion, c'était plutôt l'article 18 qui devait être mentionné ici.

public, pourra être traduit, pour cause d'inconduite ou d'immoralité (*a*), devant le tribunal civil de l'arrondissement, et être interdit de l'exercice de sa profession, à temps ou à toujours.

Le tribunal entendra les parties et statuera sommairement en chambre du conseil (*b*). Il en sera de même sur l'appel, qui devra être interjeté dans le délai de dix jours, à compter du jour de la notification du jugement, et qui en aucun cas ne sera suspensif (*c*).

Le tout sans préjudice des poursuites qui pourraient avoir lieu pour crimes, délits ou contraventions prévus par les lois.

(*a*) Les sévices ou voies de fait contre les élèves sont compris dans les causes générales d'inconduite ou d'immoralité.

(*b*) S'il y a des témoins à entendre, le tribunal, pour épargner les frais de procédure, peut ordonner une commission rogatoire devant le juge de paix de la résidence des parties, comme pour toute affaire civile, ordinaire, sommaire ou disciplinaire, suivant l'article 412 du Code de procédure civile.

(Discussion de la chambre des députés, séance du 30 avril.)

(*c*) Il est entendu que le comité d'arrondissement qui poursuit l'instituteur a, comme lui, le droit d'interjeter appel. Les comités dresseront chaque année l'état des individus de leur ressort condamnés par suite des articles 5, 6, 7 et 25 de la loi. Ces états seront transmis au recteur, et devront être consultés toutes les fois qu'un nouvel instituteur se présentera.

TITRE III.

DES ÉCOLES PRIMAIRES PUBLIQUES.

Art. 8.

Les écoles primaires publiques sont celles qu'entretiennent, en tout ou en partie, les communes, les départements ou l'état.

Les dépenses des écoles primaires sont au nombre des dépenses municipales.

(Loi du 22 frimaire an VII, art. 8.)

La loi votée dernièrement à la chambre des députés sur les attributions municipales comprend également les frais d'écoles parmi les *dépenses obligées et ordinaires* des communes. Ces frais peuvent être évalués, dans l'état actuel des choses, à 5,368,710 francs (1). Les nouvelles dispositions de la loi du 28 juin devront accroître beaucoup cette dépense.

Les conseils généraux de départements ont voté cette année une somme de 1,119,064 fr. 65 c. en faveur de l'instruction primaire (2).

Le fonds porté au budget de l'état pour ce même objet est de 1,500,000 fr.

Aux termes de l'article 11 de l'ordonnance du 14 février 1830, un vingtième de la rétribution universitaire est égale-

---

(1) Le terme moyen des allocations communales n'a été jusqu'à présent que de 55 francs pour indemnité de logement, et de 146 francs pour traitement fixe ; et le nombre des écoles ainsi rétribuées est de 32,520.

(2) Voir, p. 154, la circulaire du ministre de l'instruction publique au sujet des votes des conseils généraux, et le tableau des sommes votées par départements.

ment affecté aux besoins de l'instruction primaire. Ce vingtième est évalué à 67,550 francs pour 1833.

Les écoles entretenues par les paroisses ne sont pas mentionnées dans la loi : elles sont par le fait déclarées écoles communales, en conservant les allocations que leur font les fabriques, qui sont des établissemens publics. L'article 13 ne laisse aucun doute à cet égard, puisque cet article n'oblige le conseil municipal à voter des fonds que dans le cas où le service de l'école ne serait pas assuré d'une autre manière; mais les écoles fondées par des particuliers ou par des associations doivent être rangées dans la catégorie des écoles privées. Dans le cas seulement où elles obtiendraient une subvention sur le budget de la commune, elles perdraient leur caractère d'écoles *privées*, et deviendraient écoles *communales*.

(Discussion de la chambre des députés, séance du 30 avril.)

Art. 9.

Toute commune est tenue, soit par elle-même, soit en se réunissant à une ou plusieurs communes voisines, d'entretenir au moins une école primaire élémentaire.

Il est évident que l'exécution de la loi, dans toute la précision de ses dispositions, ne peut être immédiate; que c'est une question de temps; qu'il y a des communes très pauvres qui ne pourront sur-le-champ ni fonder une école pour leur compte, ni contribuer à une école voisine. Mais le principe est écrit dans la loi, et dès que la commune deviendra capable, soit d'avoir une école, soit de contribuer à une école voisine, le gouvernement poursuivra l'exécution de la loi. Il y a toujours en pareil cas une certaine latitude laissée à l'administration.

(Discours du ministre de l'instruction publique à la chambre des députés, séance du 30 avril.)

D'un autre côté il y a un grand nombre de circonstances où la réunion de plusieurs communes pour former une école ne pourra pas avoir lieu ; par exemple, lorsque les communes sont trop éloignées pour les enfants, ou lorsque les villages sont séparés l'un de l'autre par des rivières ou des marécages qui rendraient la fréquentation de l'école difficile ou même entièrement impossible à certaines époques de l'année. Il semble que la distance entre deux communes réunies pour école ne doit pas excéder une lieue pour les pays plats, et une demi-lieue pour les pays de montagne.

L'ordonnance du 16 juillet 1833 (1) règle avec détails tout ce qui est relatif à l'organisation des écoles. D'après cette ordonnance, les préfets doivent dresser annuellement un état de toutes les communes pourvues ou privées d'écoles. Le ministre du commerce et des travaux publics fera connaître lui-même les revenus et les ressources de chaque commune. Ces divers documents permettront à l'administration de l'instruction publique de poursuivre en parfaite connaissance de cause l'exécution de la loi en ce qui concerne la fondation des écoles.

Dans le cas où les circonstances locales le permettraient, le ministre de l'Instruction publique pourra, après avoir entendu le conseil municipal, autoriser, à titre d'écoles communales, des écoles plus particulièrement affectées à l'un des cultes reconnus par l'état.

Cette disposition s'applique surtout aux communes de l'Alsace et du midi de la France, où la population est mixte. Dans beaucoup de communes les subventions municipales sont déjà partagées entre les écoles des différents cultes. Sur

---

(1) Articles 1-10 du titre Ier.

les 42,000 écoles actuellement existantes, on compte une centaine d'écoles israélites placées dans 17 villes, et sept à huit cents écoles protestantes, disséminées dans les diverses académies.

(Voir aussi, pour cet objet, l'art. 2 de la loi.)

ART. 10.

Les communes chefs-lieux de département, et celles dont la population excède 6,000 ames, devront avoir en outre une école primaire supérieure.

Cette disposition toute nouvelle comble une lacune qui existait dans notre système d'instruction publique. Les parents qui voulaient donner à leurs enfants une éducation assez relevée, sans pourtant les destiner aux professions savantes, ne trouvaient rien entre la simple école primaire, où l'enseignement était si borné, et le collége, où, pour obtenir quelques notions de littérature et de sciences usuelles, il fallait passer cinq ou six ans dans l'étude du grec et du latin. Les écoles primaires supérieures satisferont sous ce rapport aux besoins d'une partie considérable de la population. M. le ministre de l'instruction publique se propose d'établir en outre, suivant les besoins des localités, des écoles *intermédiaires* proprement dites, et qui, à l'enseignement des langues anciennes près, seront de véritables écoles secondaires, dont nous n'avons pas à nous occuper (1).

Outre les 86 chefs-lieux de département, on compte en France 187 communes au-dessus de 6,000 ames (2), qui,

---

(1) Quelques unes de ces écoles existent déjà sous le titre d'écoles industrielles (Voir le tableau dont il est question dans la note qui suit).

(2) Voir ci-après le tableau de ces communes, avec l'indication des établissements publics qu'elles possédent déjà, soit pour l'enseignement primaire, soit pour l'enseignement secondaire, p. 158.

aux termes de la loi, doivent avoir une école supérieure. Sur ces 273 communes il y en a 150 qui, dans l'état actuel, n'ont pas d'écoles primaires du premier degré. Il y aura donc une grande amélioration introduite par la loi.

Maintenant comment seront organisées ces écoles d'instruction primaire supérieure? Seront-elles annexées aux écoles primaires ordinaires? formeront-elles des établissements à part? ou les joindra-t-on aux colléges que possèdent déjà les villes?

Dans le premier cas, il y a impossibilité absolue : les instituteurs primaires de la plupart des villes seraient au-dessous de cette tâche, et ne pourraient comprendre dans leur enseignement l'instruction si variée des écoles supérieures; leurs fonctions actuelles les absorbent d'ailleurs tout entiers; et puis l'article de la loi est formel : l'école supérieure doit être distincte de l'école élémentaire, sinon pour le local, du moins sous le rapport du maître.

(Discussion de la chambre des députés, séance du 30 avril.)

Si l'on fait de l'enseignement primaire supérieur un enseignement isolé (ce qui serait sans doute le moyen le plus efficace de lui donner les développements convenables), l'on se jette dans de grandes dépenses. Il faut payer des maîtres à part, acheter des maisons uniquement pour cet objet. Comment d'ailleurs improviser un assez grand nombre d'instituteurs spéciaux pour les 273 communes indiquées par la loi?

Reste le troisième moyen, qui consiste à rattacher les écoles supérieures à des établissements déjà existants, soit colléges, soit écoles normales primaires. C'est à la fois le parti le plus économique et le plus sûr; car ces établissements possèdent déjà des professeurs tout formés, dont quelques uns n'auront qu'à se pourvoir du brevet de premier degré; et l'appropriation d'une partie du local pour l'école primaire entraînera peu de dépenses. Le ministre de l'instruction publique a déclaré à la chambre que, toutes les fois que les communes exprimeraient un vœu à cet égard, il y serait donné suite, autant que les localités le permettraient. Il eût été inutile d'introduire dans la loi un détail de ce genre.

Quoique l'école supérieure ne soit obligatoire que pour les chefs-lieux de départements et pour les villes qui ont au moins 6000 habitants, rien n'empêche que des établissements pareils se forment partout ailleurs. M. le ministre a même pris l'engagement d'aider aux petites communes, dans cette louable entreprise. Mais le service des écoles élémentaires ordinaires devra être assuré avant tout sur les propres ressources de la commune.

ART. 11.

Tout département sera tenu d'entretenir une école normale primaire, soit par lui-même, soit en se réunissant à un ou plusieurs départements voisins.

Les conseils généraux délibéreront sur les moyens d'assurer l'entretien des écoles normales primaires. Ils délibéreront également sur la réunion de plusieurs départements pour l'entretien d'une seule école normale. Cette réunion devra être autorisée par ordonnance royale (1).

Le décret du 17 mars 1808 a le premier parlé de classes normales. L'article 107 en établissait une par académie, *destinée à former des maîtres, et à propager les meilleures méthodes*. Mais, jusqu'en 1828, trois seulement ont pu être formées. En 1830 on en comptait 13 : il y en a aujourd'hui

---

(1) Voir l'article 21 de l'ordonnance du 16 juillet, et le rapport de M. Cousin à la chambre des pairs, pages 102 et 306.

56 en pleine activité, et 16 en projet (1). Dix-huit départements seulement n'ont encore pris aucune disposition à cet égard.

Outre les écoles normales, il y a dans chaque département des écoles d'enseignement mutuel ou simultané, qui sont désignées comme écoles *modèles*, eu égard à leur bonne direction et à leur bonne tenue. Le nombre de ces écoles est actuellement de soixante-trois. Le plus souvent ce titre d'école modèle n'est qu'une distinction et un haut encouragement en faveur de l'instituteur, qui est désigné comme exemple à ses collégues. Quesques unes cependant sont de véritables écoles préparatoires où les instituteurs voisins se réunissent en conférences, et qui reçoivent même des élèves-maîtres. Un article de l'ordonnance du 16 juillet a pour but de régulariser cet usage souvent nécessaire (2).

ART. 12.

Il sera fourni à tout instituteur communal :

1° Un local convenablement disposé, tant pour lui servir d'habitation, que pour recevoir les élèves ;

2° Un traitement fixe, qui ne pourra être moindre de 200 francs pour une école primaire élémentaire, et de 400 francs pour une école primaire supérieure.

Il ne suffisait pas de dire que chaque commune aurait une école, et de combiner les divers moyens de pourvoir à sa

(1) Voir ci-après la liste des écoles normales primaires en activité ou en projet, ainsi que le réglement général et autres dispositions concernant ces écoles pages 165 et suivantes.

(2) Article 23, titre III.

fondation et à son entretien, il fallait avant tout attirer dans la commune un instituteur capable, en lui faisant un sort qui pût l'y fixer. L'article 12 remplit ce but. Un traitement de deux à quatre cents francs sera une grande amélioration pour la plupart des instituteurs, puisque la moyenne de ce même traitement n'est aujourd'hui que de 146 francs. Ils continueront d'ailleurs à jouir du logement gratuit et de la rétribution des élèves, dont la loi a pris soin de leur assurer l'exact recouvrement. Ces divers avantages réunis doivent suffire pour des fonctions modestes. Il ne s'agit pas de créer à quarante mille instituteurs des moyens de fortune, mais de les attacher à leur état par de la considération et du bien-être. La plupart d'entre eux peuvent encore cumuler d'autres fonctions, soit comme chantre à l'église, soit comme secrétaire de mairie. Cette dernière leur convient surtout; et dans la plupart des communes ils sont les seuls capables de la remplir. Quelques personnes auraient désiré qu'ils fussent également *percepteurs* communaux : mais, outre la difficulté du cautionnement, c'était trop les éloigner de leur état; tandis que l'enregistrement des actes civils et les devoirs municipaux sont déjà un objet d'études dans les écoles normales primaires.

Les décrets de 1793 et 1794, en faisant application du principe de gratuité absolue pour l'enseignement primaire, avaient accordé aux instituteurs un traitement fixe de 1,200 livres au moins. Si l'état eût pu remplir cet engagement, rien de mieux; mais il était évident que le trésor public ne pouvait supporter une charge annuelle de plus de 50 millions pour ce seul service. Aussi dès 1795 tout traitement fixe fut-il supprimé, et remplacé par une rétribution des élèves, rétribution qui est juste à l'égard des familles qui peuvent la payer. Mais comme rien n'assurait aux instituteurs la rentrée des sommes ainsi dues par les parents, leur état devint précaire, misérable. Les logements gratuits étaient la plupart du temps inhabitables; et si les communes leur continuèrent quelque allocation, dans beaucoup de lieux cette allocation figura au budget communal pour une somme annuelle de 10 francs.

En ce qui concerne le local, nous réservons, dans la deuxième partie, un chapitre spécial sur cet objet important.

ART. 13.

A défaut de fondations, donations ou legs, qui assurent un local et un traitement, conformément à l'article précédent, le conseil municipal délibérera sur les moyens d'y pourvoir.

Les donations aux écoles doivent être autorisées par ordonnance royale, comme pour tout autre établissement public. L'ordonnance est rendue sur le rapport du ministre, après délibération du conseil royal de l'instruction publique et du conseil d'état. L'affaire a d'abord été instruite sur les lieux, par les soins du préfet et du recteur, et les tiers ont été entendus dans leurs réclamations.

A l'égard des donations faites en faveur des associations ou congrégations religieuses, c'est le conseil royal d'instruction publique qui les reçoit, « à charge de faire jouir respectivement soit l'association en général, soit chacune des écoles tenues par elle, desdits legs et donations, conformément aux intentions des donateurs et testateurs. »

(Ordonn. du 1er mai 1822, 19 septembre et 3 décembre 1823, etc.)

En cas d'insuffisance des revenus ordinaires pour l'établissement des écoles primaires communales élémentaires et supérieures, il y sera pourvu au moyen d'une imposition spéciale, votée par le conseil municipal, ou, à défaut du vote de ce conseil, établie par ordonnance royale.

Cette imposition, qui devra être autorisée chaque année par la loi de finances (1), ne pourra excéder trois centimes additionnels au principal des contributions foncière, personnelle et mobilière.

Lorsque des communes n'auront pu, soit isolément, soit par la réunion de plusieurs d'entre elles, procurer un local et assurer le traitement au moyen de cette contribution de trois centimes, il sera pourvu aux dépenses reconnues nécessaires à l'instruction primaire, et, en cas d'insuffisance des fonds départementaux, par une imposition spéciale, votée par le conseil général du département, ou à défaut du vote de ce conseil, établie par ordonnance royale. Cette imposition, qui devra être autorisée chaque année par la loi de finances, ne pourra excéder deux centimes additionnels au principal des contributions foncière, personnelle et mobilière.

Les cinq centimes imposés par ces deux contributions pourront produire une somme de 9,433,800 francs. Si l'on ajoute les 1,500,000 francs fournis par le trésor, l'on aura une somme totale de près de 11 millions, qui peut suffire pour les besoins auxquels la loi doit pourvoir.

Dans le cas où les fonds communaux disponibles et le produit des trois centimes additionnels autorisés par la loi ne compléteraient pas au moins la moitié de la somme néces-

(1) Cette disposition était nécessaire, attendu que les chambres elles-mêmes ne peuvent voter d'impôts pour plus d'une année.

saire à l'entretien de l'école, et faute par la commune de voter la différence, la réunion à l'une des communes voisines, pour ce qui concerne l'instruction primaire, et le transport à celle-ci des fonds qui auraient été perçus conformément à la loi, ne pourraient-ils pas être prononcés d'office? Cette question paraît susceptible d'une décision affirmative. Aux termes de la loi, le conseil général de département, obligé de voter deux centimes, et le ministre de l'instruction publique, obligé de pourvoir au déficit, peuvent avoir le droit de proposer et d'ordonner la réunion : mais le cas ne s'est pas encore présenté.

Si les centimes ainsi imposés aux communes et aux départements ne suffisent pas aux besoins de l'instruction primaire, le ministre de l'instruction publique y pourvoiera au moyen d'une subvention prélevée sur le crédit qui sera porté annuellement pour l'instruction primaire au budjet de l'état.

Chaque année il sera annexé à la proposition du budjet un rapport détaillé sur l'emploi des fonds alloués pour l'année précédente.

Une décision royale du 5 octobre 1831, et la loi des dépenses pour 1832, exigeaient déjà ce compte annuel.

Voici la répartition qui a été faite du million voté en 1832:

Maisons d'écoles achetées, construites et réparées........................	492,108 fr.	» c.
Frais de premier établissement, acquisition ou entretien du mobilier des écoles.	108,679	50
Livres élémentaires et objets d'enseignement............................	137,233	55
A reporter.....	738,021	05

Report.....	738,021	05
Encouragements, complément de traitements et secours accordés aux instituteurs............................	79,158	»
Encouragements spéciaux à l'enseignement mutuel (primes aux moniteurs)...	27,215	»
Écoles normales primaires et écoles modèles...........................	98,655	15
Frais des comités, et allocations diverses...........................	56,950	80
TOTAL ÉGAL.......	1,000,000	»

Sur les 1,500,000 francs votés pour l'exercice 1834, 500,000 francs pourront s'appliquer aux écoles supérieures (1).

Les écoles privées sont admises à participer aux secours votés par les communes, le département ou l'état, quand il est évident qu'elles rendent des services.

(Déclaration de M. le ministre de l'instruction publique à la chambre des députés, séance du 30 avril; ordonnance du 16 juillet, article 19.)

ART. 14.

En sus du traitement fixe, l'instituteur communal recevra une rétribution mensuelle, dont le taux sera réglé par le conseil municipal, et qui sera perçue dans la même forme et selon les mêmes règles que les contributions publiques directes (*a*). Le rôle en sera recouvrable, mois par

(1) Voir ci-après les circulaires du ministre et le modèle de différents tableaux relatifs aux secours et encouragements à l'instruction primaire, pages 188 et suivantes.

mois, sur un état des élèves certifié par l'instituteur, visé par le maire, et rendu exécutoire par le sous-préfet (*b*).

(*a*) Cette disposition est déjà suivie depuis long-temps avec avantage, en Écosse, en Hollande, en Allemagne, et vient d'être appliquée récemment en Belgique. Elle servira surtout à distinguer l'instituteur public de l'instituteur privé. Celui-ci traite de gré à gré avec les parents, et court les chances du paiement; l'état intervient pour l'instituteur communal, dans le but de relever et de maintenir le caractère de fonctionnaire public, de magistrat, que la loi a voulu lui donner. Si dans quelques campagnes il semble plus facile de payer en nature ou par des journées de travail, rien ne s'oppose à ce que l'instituteur prenne à cet égard des arrangements particuliers avec les familles. L'état de recouvrement étant dressé par lui chaque mois, il sera libre de ne porter sur cet état que les elèves de qui il devra être payé par forme de contribution publique.

(Discussion de la chambre des députés, séance du 30 avril.)

Une instruction spéciale sera sans doute adressée aux agents de l'administration des contributions directes pour l'exécution de cet article de la loi.

Le taux de la rétribution une fois réglé par le conseil municipal, peut-il être changé à volonté? — La loi ne s'explique pas à cet égard, et semble laisser aux conseils municipaux la liberté de modifier la somme comme il leur paraîtra convenable, d'après le nombre des élèves qui peut s'accroître, ou toute autre circonstance. Le conseil municipal peut même dispenser de toute rétribution, en allouant à l'instituteur un traitement fixe assez fort pour lui en tenir lieu. Mais la rétribution faisant partie des voies et moyens établis pour subvenir au traitement des instituteurs communaux, elle est due par tous les enfants non indigents; et, même dans les écoles de Frères, elle doit être perçue, si le conseil municipal l'exige. Les statuts des Frères des écoles chrétiennes ne s'y opposent pas, puisqu'ils leur permettent de recevoir des communes le traitement nécessaire à leur entretien.

(Décision du 20 septembre 1833.)

Les premiers projets de loi présentés aux chambres indiquaient une époque de trois ou cinq ans, à laquelle le taux de la rétribution devait être réglé de nouveau. Quelques personnes ont paru craindre que la rétribution, ou plutôt la contribution d'école, une fois réglée, d'autres instituteurs n'allassent proposer leurs services aux familles à un taux moins élevé, et ne nuisissent ainsi à l'instituteur communal. Mais il ne faut pas perdre de vue que celui-ci jouit d'un traitement fixe et d'un logement gratuit; avantages qui lui permettront au contraire de recevoir les élèves à meilleur compte que tout autre instituteur. Dans la plupart des communes d'ailleurs, et c'est surtout pour les petites communes que la loi est faite, la concurrence ne sera jamais à redouter.

(*b*) Les sous-préfets entretiennent avec les communes de leurs arrondissements respectifs des communications fréquentes et faciles. Ils ont déjà la présidence des comités d'arrondissement, qu'ils doivent rassembler au moins une fois par mois. C'est aussi tous les mois que doivent être dressés les rôles sur lesquels l'instituteur communal recevra sa rétribution. En les rendant exécutoires, le sous-préfet y rencontrera des renseignements qu'il devrait toujours se procurer sur une des circonstances les plus intéressantes dans le développement de l'instruction primaire, le nombre des élèves reconnus en état d'acquitter la rétribution mensuelle. Ainsi cette disposition aura un double résultat (1).

(Opinion de M. de Fréville à la chambre des pairs.)

Le recouvrement de la rétribution ne donnera lieu qu'au remboursement des frais par la com-

(1) Voir à la fin du volume le modèle pour ce rôle mensuel des élè-

mune, sans aucune remise au profit des agents d la perception.

Cette réserve a été introduite dans la loi comme un adou cissement à l'espèce de rigueur d'une contribution publique au profit de l'instituteur. On a voulu que les parents sussent bien que le percepteur n'avait rien à gagner à cette nouvelle contribution. Quant aux contestations qui pourront s'élever entre le percepteur et les parents, l'ordonnance du 16 juillet porte qu'elles seront jugées par le conseil de préfecture (1).

Seront admis gratuitement dans l'école communale élémentaire, ceux des élèves de la commune ou des communes réunies que les conseils municipaux auront désignés comme ne pouvant payer aucune rétribution.

Quelquefois des dotations sont faites pour que l'instituteur donne ses leçons gratuitement à tous les élèves: peut-il alors recevoir de quelques-uns une rétribution spéciale, sous prétexte de leur accorder des soins particuliers, ou de leur enseigner autre chose que ce qui est prescrit par le réglement de l'école?—Cet abus rend nulles en réalité les avances faites par le donateur, et doit être réprimé; mais la loi ne pou vait prévoir tous les cas particuliers. C'est aux comités chargés de la surveillance des écoles qu'il appartient exclu-

vos payans. On trouvera au bureau du journal *l'Instituteur* des modèles en grand de ce rôle, ainsi que tous les autres tableaux ou imprimés nécessaires soit à l'instituteur, soit aux diverses autorités préposées l'instruction primaire.

(1) Article 11.

sivement d'y faire observer et maintenir les réglements. (Lettre du ministre, du 11 mars 1833.)

Les frères de la doctrine chrétienne peuvent-ils admettre dans leurs écoles des enfants de parents plus ou moins aisés, et diminuer ainsi le produit des autres écoles, en faisant occuper par des enfants riches des places qui ne doivent appartenir qu'aux indigents ?—Il semblerait rigoureux d'empêcher les parents, quels qu'ils soient, d'envoyer leurs enfants aux écoles des frères. La législation n'autorise aucune restriction à cet égard. Les statuts des frères ne s'opposent point à ce qu'ils donnent l'instruction aux enfants riches comme aux enfants pauvres ; seulement ils leur recommandent de préférence le soin des pauvres. Mais rien ne s'oppose, comme cela a déjà été fait dans plusieurs villes, à ce que le conseil municipal, qui entretient des écoles de frères, exige que tous les enfants indigents soient admis d'abord. Outre l'avantage d'assurer ainsi l'instruction gratuite à tous les enfants pauvres, cette condition peut mettre de justes bornes à l'admission illimitée des élèves qui sont en état de payer dans une autre école. En général, voici la règle adoptée par l'administration toutes les fois que des différents ou des rivalités s'élèvent dans une ville entre les écoles mutuelles et les écoles des frères :

1° Libre concurrence entre les diverses écoles ;

2° Choix libre de la part des parents ;

3° Les pauvres admis avant les riches dans les écoles des frères ;

4° Le nombre possible d'élèves qui peuvent être admis dans ces écoles fixé par l'autorité municipale, d'après les localités, et sur le rapport du comité.

Tant que le nombre d'élèves admissibles n'est pas complet, et sauf à ne jamais rejeter un enfant pauvre pour lui préférer un enfant riche, les frères doivent être libres de recevoir tous les enfants que les parents leur envoient. Autrement la liberté légale d'enseignement et l'émulation qui doit animer les maîtres cessent d'exister.

(Lettres du 2 et du 16 novembre 1831, et du 17 juin 1833.)

Dans les écoles primaires supérieures, un nombre de places gratuites, déterminé par le conseil municipal, pourra être réservé pour les enfants qui, après concours, auront été désignés par le comité d'instruction primaire, dans les familles qui seront hors d'état de payer la rétribution.

Ce sera là une prime d'encouragement qui pourra donner à l'émulation un aliment utile, et qui empêchera d'heureuses dispositions naturelles de demeurer stériles pour la société.

(Rapport de M. Renouard à la chambre des députés. — Voir aussi l'article 1er de l'ordonnance.)

Art. 15.

Il sera établi dans chaque département une caisse d'épargne et de prévoyance en faveur des instituteurs primaires communaux.

Les statuts des ces caisses d'épargne seront déterminés par des ordonnances royales.

Quelques personnes auraient préféré le système des pensions de retraite comme plus avantageux aux instituteurs, en ce sens que les caisses de retenues profitent non pas seulement de la retenue et des intérêts du capital, mais aussi des sommes qui deviennent disponibles par la retraite naturelle ou forcée de ceux qui n'ont pas satisfait aux conditions imposées pour avoir une pension. On objectait en outre que les caisses d'épargne étaient en quelque sorte un leurre qui pourrait détourner les instituteurs de leurs modestes fonctions, et les entraîner vers d'autres carrières, par l'appât d'un léger capital dont ils pourraient disposer en toute circonstance.

Le ministre, répondant à ces objections, a fait observer que les traitements des instituteurs, étant très faibles et presque tous égaux, produiraient beaucoup moins dans l'instruction primaire que dans toute autre branche d'administration, où les gros traitements subissent des retenues considérables qui tournent au profit des petits. N'est-ce pas d'ailleurs une injustice qui choque, quand un homme meurt à 59 ans, après 29 ans de service, et après avoir versé une somme considérable dans la caisse de retenue, que sa famille ne puisse avoir aucune espèce de droits aux fonds par lui déposés? L'état se trouve alors tenté de remédier, par des allocations spéciales, à la rigueur des réglements, et il en résulte des charges toujours croissantes pour le trésor, des charges de la nature de celles contre lesquelles on se récrie de toutes parts; tandis que le système des caisses d'épargne ne fait subir aux instituteurs aucune chance de hasard; il ne les soumet pas à cette loi des tontines qui, par elle-même, n'est pas très morale : chaque instituteur est soumis à une économie obligée, et lorsqu'il arrive au bout de sa carrière, on lui rend le produit de ses économies. Personne de cette manière ne court de chance et ne profite du mal d'autrui; personne ne perd les fonds qu'il a versés dans la caisse. Il est vrai que ce système n'atteint pas complètement le but qu'on se propose, d'assurer aux instituteurs un certain bien-être à la fin de leur pénible carrière : mais les caisses d'épargne peuvent recevoir des legs ou donations; il est présumable même que ce sera là leur principale source de prospérité (1). Les instituteurs devront aussi, s'ils veulent

(1) Il existe déjà, dans quelques académies, des caisses particulières

augmenter leurs ressources pour l'avenir, faire une retenue sur leur traitement éventuel. Cette retenue particulière sera d'autant plus facile à opérer, que le traitement éventuel sera perçu par un fonctionnaire public; elle sera d'autant plus nécessaire, que souvent le traitement fixe se rapprochera davantage du *minimum*, à raison du plus grand nombre d'élèves payants; d'où il résulterait que les instituteurs les plus distingués, ceux des grandes villes, seraient précisément ceux qui profiteraient le moins des caisses d'épargne.

Cette caisse sera formée par une retenue annuelle d'un vingtième sur le traitement fixe de chaque instituteur communal. Le montant de la retenue sera placé au compte ouvert au trésor royal pour les caisses d'épargne et de prévoyance, les intérêts de ces fonds seront capitalisés tous les six mois (1). Le produit total de la retenue exercée sur chaque instituteur lui sera rendu à l'époque où il se retirera, et, en cas de décès dans l'exercice de ses fonctions, à sa veuve ou à ses héritiers.

Les instituteurs communaux à 200 fr. de traitement fixe laisseront en réserve 10 fr. chaque année, qui seront versés dans les caisses du gouvernement, avec intérêt de 4 p. o/o.

---

d'épargne pour les instituteurs. Les comptes rendus de la caisse particulière de Strasbourg prouvent qu'elle a beaucoup plus profité des versements du dehors que des cotisations des instituteurs eux-mêmes.

(1) Une instruction du ministre des finances sera nécessaire pour cet objet comme pour le mode de recouvrement de la rétribution mensuelle. Un projet de statuts a été soumis à tous les conseils généraux : voir page 138.

Cette somme, capitalisée avec les intérêts, produira pour chaque instituteur une réserve dans les proportions suivantes :

	fr.	c.
10 ans....................	120	05
15.......................	200	20
20.......................	297	70
25.......................	416	35
30.......................	560	70
35.......................	736	30
40.......................	949	95

Supposons le traitement fixe de 400 fr., au bout de

10 ans on aura.............	240	10
15.....................	400	40
20.....................	595	45
25.....................	832	75
30.....................	1121	45
35.....................	1472	70
40.....................	1900	05

Ces deux exemples mettront sur la voie pour trouver la quotité de la réserve, si le traitement fixe était plus considérable. Ils rendront plus évidente la nécessité pour chaque instituteur de retirer de son revenu éventuel une économie au moins double ou triple de celle prescrite par la loi.

Dans aucun cas il ne pourra être ajouté aucune subvention sur les fonds de l'état à cette caisse d'épargne et de prévoyance ; mais elle pourra, dans les formes et selon les règles prescrites pour les établissements d'utilité publique, recevoir des dons et legs dont l'emploi, à défaut de dispositions des donateurs ou des testateurs, sera réglé par le conseil général.

Quel sera l'usage de ce produit des donations ? et quelle part l'instituteur qui se retire aura-t-il à réclamer dans l'excédant des fonds qui ne lui appartiennent pas en propre ? La loi a voulu laisser le plus de latitude possible aux donateurs et testateurs. Tel donateur, en faisant un legs à la caisse du département, stipulera que l'emploi de ce legs sera particulièrement affecté aux instituteurs ruraux ou aux instituteurs de telle ville : la plus grande liberté est laissée à cet égard. Quand il n'aura été fait aucune disposition, dans ce cas seulement le conseil général réglera l'emploi du legs, c'est-à-dire en fera la répartition entre les instituteurs. Il a paru que la loi ne pouvait régler d'avance, et d'une manière générale, l'emploi des dons et legs ainsi versés à la caisse d'épargne, et qu'il fallait laisser cet emploi à la variété des dispositions que le conseil général jugerait convenable de prendre. Si la loi avait dit que les fonds seraient répartis au marc le franc entre tous les instituteurs du département, il en serait résulté de grands inconvénients : on aurait donné à des instituteurs plus qu'il n'était nécessaire de leur donner. Il vaut beaucoup mieux, lorsque le donateur ou le testateur n'a point fait de dispositions particulières, laisser au conseil général la liberté de répartir cet excédant de fonds entre les instituteurs, selon leurs besoins.

(Chambre des députés, séance du 26 mai.)

ART. 16.

Nul ne pourra être nommé instituteur communal, s'il ne remplit les conditions de capacité et de moralité prescrites par l'article 4 de la présente loi, ou s'il se trouve dans un des cas prévus par l'article 5.

Cette disposition ne semble ici placée que pour mémoire. Il est évident que les mêmes conditions à exiger des instituteurs privés doivent se rencontrer, et à un plus haut degré, dans les instituteurs communaux. Nous avons placé à la suite de l'article 25 quelques observations sur les instituteurs communaux actuellement en exercice. Quant au mode de nomination de ces fonctionnaires, les articles 22 de la loi et 28 de l'ordonnance, règlent la forme à suivre à cet égard.

TITRE IV.

DES AUTORITÉS PRÉPOSÉES A L'INSTRUCTION PRIMAIRE.

La loi sur l'instruction primaire ne fait aucune mention des fonctionnaires de l'Université, parce qu'elle n'a pas voulu préjuger les questions qui pourront être soulevées par la loi d'instruction publique en général, et dont celle-ci n'est qu'une première partie. Mais ces fonctionnaires existent; et quoiqu'il n'ait pas encore été statué législativement à leur égard, ils n'en sont pas moins les agents directs du ministère de l'instruction publique, ses intermédiaires naturels entre lui et les comités; ils devront en conséquence concourir avec les préfets à l'exécution de la loi : le ministre de l'instruction publique s'est exprimé d'une manière formelle à cet égard.

« Le ministère de l'instruction publique, a-t-il dit, exerce son action, d'une part, par l'administration spéciale de l'instruction publique, formée des inspecteurs généraux, des recteurs, des inspecteurs d'académie; d'autre part, par l'administration générale, formée des préfets et des sous-préfets.

« Chacune de ces hiérarchies a ses attributions indiquées par la nature même des choses. Ainsi l'intervention des préfets et sous-préfets est nécessaire lorsqu'il faut traiter avec les communes ou avec les conseils généraux de départements, pour les dépenses de l'instruction primaire; mais s'il s'agit du choix des instituteurs, du personnel des écoles, de la direction des études, de la surveillance de l'enseignement et des méthodes, ce n'est plus à l'administration générale, aux préfets et aux sous-préfets, c'est à l'administration spéciale, c'est-à-dire aux recteurs, aux inspecteurs, que le ministre s'adresse. La loi ne pouvait régler ces détails: elle ne pose que les principes généraux, et laisse les détails d'application, soit aux réglements administratifs, soit à l'exécution journalière de la loi. »

Cette déclaration du ministre de l'instruction publique servira dès à présent à déterminer la part faite aux préfets, et celle qui est réservée aux recteurs dans l'exécution de la loi. Les comités eux-mêmes en tiendront compte pour régler leur correspondance journalière. Des instructions spéciales doivent être d'ailleurs adressées à ce sujet

Art. 17.

Il y aura près de chaque école communale un comité local de surveillance composé du maire ou adjoint, président, du curé ou pasteur, et d'un ou plusieurs habitants notables désignés par le comité d'arrondissement.

La composition et l'existence même d'un comité local de surveillance ont donné lieu, dans les chambres, à de longues et graves discussions. Il est vrai que ce pouvoir nouveau introduit par la loi peut gêner l'action des comités ordinaires, et faire naître des divisions funestes (1). Mais, d'un autre côté, il est bien difficile à un comité siégeant au chef-lieu d'arrondissement d'exercer une surveillance active sur tous les établissements de son ressort; et l'expérience a prouvé que

(1) Voir les observations faites à l'article 23, à l'égard des instituteurs actuellement en exercice.

jamais école ne prospère sans un contrôle immédiat et de tous les instants.

Quant à la composition même du comité local, nous n'entrerons pas dans le détail de toutes les questions qu'elle a soulevées. Il est clair que l'instruction religieuse ayant été adoptée comme objet indispensable de l'enseignement dans les écoles primaires, cette instruction devait avoir au comité son représentant, son surveillant naturel. La loi, comme l'a répété le ministre de l'instruction publique, est une loi toute de pratique et de franchise, qui, pour être appliquée avec succès dans les différentes parties de la France, devait rallier et utiliser les diverses influences qu'offre le pays.

Le choix des habitants notables a été confié au comité d'arrondissement, et non au conseil municipal, comme on l'avait proposé, parce que ce comité semble plus à même, par sa position, de juger sainement des capacités requises et des besoins de l'école, sans autres considérations que celles du bien public. Le maire, élu par le conseil municipal, est d'ailleurs président du comité; et ce conseil lui-même a sa part d'action et d'influence déterminée par la loi. Cependant le conseil municipal, qui ne peut choisir les membres d'un comité local, est apte à présenter l'instituteur, ce qui semble une contradiction.

Dans les communes dont la population est répartie entre différents cultes reconnus par l'état, le curé ou le plus ancien des curés, et un des ministres de chacun des autres cultes, désigné par son consistoire, fera partie du comité de surveillance.

Cette réunion des ministres des différents cultes dans un même comité n'aura lieu que pour les écoles mixtes, où des enfants de diverses religions seront admis. Dans le cas où, faisant application de l'art. 9 de la loi, des communes entretiendraient plusieurs écoles pour les différents cultes, chaque école aurait alors son comité spécial, conformément au paragraphe premier de l'art. 17.

Plusieurs écoles de la même commune pourront être réunies sous la surveillance du même comité.

D'après ce qui vient d'être établi au paragraphe précédent, cette réunion de plusieurs écoles sous un même comité ne paraît pas devoir s'appliquer aux écoles de différents cultes. Le dernier paragraphe de l'art. 22 indique par quelle autorité cette question sera décidée.

Lorsqu'en vertu de l'article 9, plusieurs communes se seront réunies pour entretenir une école, le comité d'arrondissement désignera, dans chaque commune, un ou plusieurs habitants notables pour faire partie du comité. Le maire de chacune des communes fera en outre partie du comité.

Le nombre d'habitants notables devra être égal pour les différentes communes réunies, et la présidence sera réservée au maire de la commune où est située l'école, à moins que le comité, pour un motif quelconque, ne se réunisse extraordinairement dans une des autres communes, dans lequel cas le maire du lieu de la convocation préside.

Sur le rapport du comité d'arrondissement, le ministre de l'instruction publique pourra dissoudre un comité local de surveillance, et le remplacer par un comité spécial, dans lequel personne ne sera compris de droit.

Le curé ou pasteur ayant été introduit dans le comité comme membre de droit (ce qui était juste), il a paru nécessaire d'adopter ce dernier paragraphe pour éviter, ou plutôt pour remédier à des collisions fâcheuses qui trop souvent existent entre les diverses autorités de la commune. Cependant cette disposition qui confère au ministre un pouvoir excessif, qu'on ne retrouve pas dans les autres articles de la loi, sera d'une application difficile (1); et il faut espérer que la sagesse des diverses opinions évitera d'y recourir souvent.

ART. 18.

Il sera formé dans chaque arrondissement de sous-préfecture, un comité spécialement chargé de surveiller et d'encourager l'instruction primaire.

L'origine des comités d'arrondissement remonte déjà loin : la loi du 7 brumaire an 2 établissait par district « une commission composée d'hommes éclairés et recommandables, « chargés du placement des instituteurs, du choix des maisons d'écoles, et de l'examen des personnes qui se présentaient pour se dévouer à l'éducation nationale dans « les premières écoles. » Mais ces commissions n'eurent point vie; l'ordonnance du 20 février 1816 est la première qui ait véritablement organisé les comités, et par conséquent l'instruction primaire. D'après cette ordonnance il devait y avoir autant de comités que de cantons, c'est-à-dire 2846 :

(1) Opinion de M. Dubois, à la chambre des députés (séance du 17 juin).

ils ne purent être établis nominativement que dans 1,091 cantons; et même, sur ce nombre, il n'y en a guère eu plus de 200 qui aient eu une réalité effective. C'est pourquoi l'ordonnance de 1828, confirmée en cela par celle de 1830 et par la loi nouvelle, ne rendit obligatoire qu'un comité par arrondissement.

Le ministre de l'instruction publique pourra, suivant la population et les besoins des localités, établir dans le même arrondissement plusieurs comités dont il déterminera la circonscription par cantons isolés ou agglomérés.

Dans les localités où les comités cantonnaux existent *réellement*, et où ils sont susceptibles de faire un véritable bien, ils seront maintenus. L'intention du législateur n'est pas de soumettre l'instruction publique à un régime systématique qui fasse violence aux faits; la loi n'empêche pas d'établir des comités cantonnaux là où il y aura possibilité et avantage de le faire; mais le principe d'un seul comité par arrondissement est généralement appliqué.

(Déclaration du ministre de l'instruction publique à la chambre des députés, séance du 2 mai; rapport de M. Renouard.)

ART. 19.

Sont membres des comités d'arrondissement : le maire du chef-lieu, ou le plus ancien des maires du chef-lieu de la circonscription;

Le juge de paix ou le plus ancien des juges de paix de la circonscription;

Il faut évidemment lire, comme dans le premier paragraphe : « ou le plus ancien des juges de paix du *chef lieu* de la circonscription. » De même dans le paragraphe suivant : « ou le plus ancien des curés du *chef-lieu* de la circonscription. »

(Décision du conseil royal, approuvée par le ministre.)

Le curé ou le plus ancien des curés de la circonscription; un ministre de chacun des autres cultes reconnus par la loi, qui exercera dans la circonscription et qui aura été désigné comme il est dit au second paragraphe de l'article 17;

Un proviseur, principal de collége, professeur, régent, chef d'institution ou maître de pension, désigné par le ministre de l'instruction publique, lorsqu'il existera des colléges, institutions ou pensions dans la circonscription du comité (*a*);

Un instituteur primaire, résidant dans la circonscription du comité, et désigné par le ministre de l'instruction publique (*b*);

Trois membres du conseil d'arrondissement ou habitants notables désignés par ledit conseil (*c*);

Les membres du conseil-général du département, qui auront leur domicile réel dans la circonscription du comité.

Lorsque les conseils d'arrondissement auront omis de faire les désignations indiquées par la loi, le préfet, s'il s'agit de l'arrondissement chef-lieu, ou les sous-préfets des autres arrondissements, sont autorisés à nommer d'office des candidats, choisis, autant que possible, parmi les membres du conseil. Les candidats siégeront provisoirement dans les comités, jusqu'à ce que les conseils d'arrondissement aient pu se réunir et procéder à des nominations définitives.

Les membres qui ne font plus partie des conseils d'arrondissement cessent également de faire partie des comités, puisqu'alors ils se trouvent avoir perdu la qualité qui seule avait déterminé leur admission, conformément à la loi.

(Décisions du 4 août et du 3 septembre 1833.)

(a) Il était juste que les fonctionnaires qui par état s'occupent d'instruction publique et d'enseignement fussent appelés à faire partie du comité : ils y apporteront nécessairement des lumières spéciales et les conseils de l'expérience. L'ordonnance de 1816 désignait déjà le principal de collége comme membre de droit. Le membre de l'instruction publique serait convenablement choisi pour les fonctions de secrétaire du comité.

(b) Cette disposition ne peut servir qu'à relever les fonctions d'instituteur et à exciter partout le zèle et l'émulation : il n'est point présumable qu'elle devienne jamais une occasion de basse jalousie.

(c) A l'égard des membres nommés par élection ou sur présentation, nous croyons utile de reproduire quelques passages d'une circulaire du ministre sur le choix des personnes à faire.

« Les services que les comités peuvent rendre, dans leur « noble et généreuse mission, dépendent essentiellement de « la manière dont ils seront composés. Il faut d'abord n'y « faire entrer que de véritables amis de l'instruction pri- « maire, des hommes exempts de préjugés, animés d'intentions « droites, assez éclairés pour apprécier l'utilité des meilleures « méthodes d'enseignement, assez zélés pour en accélérer la « propagation, décidés en un mot à faire les efforts les plus « soutenus et les plus persévérants afin de procurer le bienfait « de l'instruction élémentaire à toutes les classes. Le choix « des membres de comité doit en outre être fait parmi les ci- « toyens qui jouissent au plus haut degré de la considération « publique. La présence et la coopération d'hommes généra- « lement estimés peuvent seules imprimer aux mesures « prises ou provoquées par les comités le caractère d'autorité « morale qui leur est indispensable pour réussir. Il est une « autre condition qui ne doit pas être perdue de vue; c'est

« que tous les notables qui seront désignés pour siéger « dans les comités puissent se livrer aux travaux qui sont « inhérents à ces fonctions gratuites. Il y aurait inconvé- « nient grave à nommer des hommes qui ne pourraient « dérober à leurs affaires personnelles assez de temps pour « assister régulièrement aux séances, pour visiter les écoles, « pour prendre enfin leur part de tous les soins auxquels « le comité doit suffire. Il en serait de même, si les personnes « sur lesquelles le choix se fixera étaient trop avancées en « âge: le zèle des jeunes gens est en général plus actif; la « jeunesse embrasse naturellement avec plus d'ardeur tout « ce qui se rattache aux grands intérêts de la société; ses « généreux sentiments l'y entraînent. Il convient de mettre « ces dispositions à profit et de donner ainsi la préférence « aux jeunes gens, qui joignent d'ailleurs à un zèle bien con- « nu assez de lumières et assez de gravité pour concourir à « la bonne direction des écoles primaires. »

(Circulaire du ministre de l'instruction publique du 30 octobre 1830.)

Le préfet préside de droit tous les comités du département, et le sous-préfet tous ceux de l'arrondissement (*a*). Le procureur du roi est membre de droit de tous les comités de l'arrondissement (*b*).

(*a*) Il s'élevait souvent des difficultés au sujet de la présidence des comités. D'après l'ordonnance du 16 octobre 1830, le maire de la commune chef-lieu était de droit président. Lorsque le sous-préfet et le procureur du roi assistaient à la séance, ils présidaient également. La loi ne reconnaît plus qu'un président de droit, le préfet ou sous-préfet, et un vice-président, qui est choisi par le comité lui-même. En cas d'absence, le comité est présidé par le doyen d'âge, d'après l'article 25 de l'ordonnance du 15 juillet 1833.

Du droit de présidence résulte naturellement le droit de convocation, comme du droit de convocation le droit de présidence.

(*b*) Les procureurs du roi, légalement absens, peuvent-ils être remplacés dans les comités par leurs substituts, comme les maires par leurs adjoints? Cette question, qui avait d'abord été résolue affirmativement, a été depuis décidée en sens contraire, attendu que le droit conféré aux procureurs du roi est évidemment tout personnel. Ce droit est inhérent à l'importance de la place qu'ils occupent, et il ne saurait être délégué à leurs substituts, puisqu'il s'agit, dans l'espèce, de fonctions étrangères aux attributions judiciaires.

Il n'en est point de même des maires, qui, dans tous les cas, peuvent se faire remplacer par l'un ou l'autre de leurs adjoints.

(Décision du 18 juin 1832.)

Même décision pour les juges de paix à l'égard de leurs suppléants, et pour le curé à l'égard du vicaire de la paroisse.

Le comité choisit tous les ans son vice-président et son secrétaire. Il peut prendre celui-ci hors de son sein. Le secrétaire, lorqu'il est choisi hors du comité, en devient membre par sa nomination.

Le secrétaire tient registre des délibérations.

(Ordonnance du 21 avril 1828, art. 8.)

Les fonctions de secrétaire sont incompatibles avec celles de président. En cas d'absence, le secrétaire est remplacé par le plus jeune des membres présents.

(Ordonnance du 2 août 1820, article 5.)

Art. 20.

Les comités s'assembleront au moins une fois par mois. Ils pourront être convoqués extraordinairement sur la demande d'un délégué du ministre : ce délégué assistera à la délibération.

Les comités ne pourront délibérer s'il n'y a au moins cinq membres présents pour les comités d'arrondissement, et trois pour les comités communaux. En cas de partage, le président aura voix prépondérante.

L'ordonnance du 2 août 1820 avait également fixé le nombre cinq pour les comités cantonnaux; mais, dans les cas urgents et extraordinaires, elle permettait de délibérer en présence de trois membres seulement.

Les séances ont lieu dans une salle de la maison commune.

(Ordonnance du 21 avril 1828, art. 6.)

Les décisions sont prises à la majorité absolue des membres présents.

(Ordonnance du 2 août 1820, art. 12.)

Les délibérations sont signées par tous les membres présents à la séance.

(Arrêté du 30 juin 1829, art. 2.)

A la fin de la séance le président fixe et inscrit au procès-verbal, s'il y a lieu, l'époque d'une séance plus rapprochée que celle qui a été fixée pour chaque mois dans la première réunion annuelle. La séance ainsi indiquée d'avance a lieu sans qu'aucune convocation spéciale soit nécessaire.

(Ordonnance du 2 août 1820, art. 6 et 7, et du 16 juillet 1833, article 24.)

Toute séance extraordinaire doit être indiquée par bille à domicile.

(Ordonnance du 2 août 1820, art. 11.)

Le préfet et le recteur doivent veiller à ce que les séances ordinaires se tiennent exactement.

(*Ibid.* art. 10.)

Tout membre d'un comité qui, sans avoir justifié d'une excuse valable, n'aura pas assisté à trois séances ordinaires consécutives sera censé avoir donné sa démission, et sera remplacé.

(Ordonn. du 16 octobre 1830, art. 4, et du 16 juillet 1833, art. 26.)

Cette disposition ne s'applique pas aux membres de droit, qui ne peuvent donner de démission proprement dite, et dont le refus à cet égard ne peut être considéré que comme une simple déclaration de ne point assister aux séances.

(Décision du 28 juin 1831.)

La communication des registres des comités ne peut être refusée aux fonctionnaires qui ont le droit de les convoquer.

(Ordonnance du 2 août 1820, art. 15.)

Les divers comités d'une même ville, à Paris par exemple, pourront, sur la demande du recteur, se réunir pour concerter des mesures uniformes.

(Arrêté du 30 juin 1829, art. 20.)

Les fonctions des notables qui font partie des comités dureront trois ans. Ils seront indéfiniment rééligibles.

Les anciennes ordonnances prescrivaient le renouvellement par tiers, chaque année. Les membres sortants étaient, comme aujourd'hui, rééligibles. Ces renouvellements peuvent paraître indispensables pour des fonctions gratuites, et qui exigent du dévouement et des sacrifices de plus d'un genre. La loi ne statue rien pour le renouvellement des membres nommés par le ministre. Le même principe du renouvellement triennal pourrait leur être appliqué, en ayant soin pourtant que ce renouvellement ne coïncidât pas avec celui des autres membres. Le ministre est toujours libre d'ailleurs de révoquer les nominations par lui faites.

ART. 21.

Le comité communal a inspection sur les écoles publiques ou privées de la commune. Il veille à la salubrité des écoles et au maintien de la discipline, sans préjudice des attributions du maire en matière de police municipale.

Les comités communaux devront inspecter au moins deux fois par mois les écoles de la commune ; ils feront faire les exercices sous leurs yeux ; interrogeront lés élèves et tiendront notes de leurs réponses. Des réglements d'administration pourraient aussi leur enjoindre de rendre compte au comité d'arrondissement, et à des époques fixes, du degré de zèle de l'instituteur, des progrès des élèves, et en général de la situation de l'école.

Il s'assure qu'il a été pourvu à l'enseignement gratuit des enfants pauvres.

Le principe de gratuité absolue pour tous les enfants avait été posé par la constitution de 1791, et appliqué par le décret du 19 décembre 1793. Mais à peine deux ans se furent-ils écoulés, que la loi du 3 brumaire an IV (1795) donna pour unique traitement aux instituteurs la rétribution payée par les élèves ; un quart seulement d'entre eux pouvait être exempté de la rétribution : en 1802 ce quart fut réduit au cinquième. L'ordonnance de 1816 obligea les communes à veiller à ce que *tous* les enfants pauvres reçussent gratuitement l'instruction ; mais ce principe si juste ne pouvait être réalisé qu'au moyen d'une loi qui assurât, d'autre part, le sort des instituteurs.

Il arrête un état des enfants qui ne reçoivent l'instruction primaire ni à domicile ni dans les écoles privées ou publiques.

En Allemagne, la loi attache une sanction pénale à l'obligation d'envoyer les enfants à l'école. Chez nous, la loi de 1793 condamnait aussi les parents qui négligeaient ce devoir à une amende égale au quart de leurs contributions; en cas de récidive l'amende était double, et le jugement, en police correctionnelle, affiché aux frais des délinquants. Les enfants ne pouvaient être admis dans les écoles avant six ans accomplis et devaient y être envoyés avant huit ans, pour y rester au moins trois années consécutives. La loi nouvelle, plus en rapport avec nos mœurs, ne contient d'autre prescription qu'une mesure purement censoriale. Ce sera au temps et aux progrès de la civilisation à suppléer à l'insuffisance de la loi à cet égard (1).

Il fait connaître au comité d'arrondissement les divers besoins de la commune sous le rapport de l'instruction primaire.

En cas d'urgence, et sur la plainte du comité communal, le maire peut ordonner provisoirement que l'instituteur sera suspendu de ses fonctions, à la charge de rendre compte dans les vingt-quatre heures, au comité d'arrondissement, de cette suspension et des motifs qui l'ont déterminée.

Le conseil municipal présente au comité d'arrondissement les candidats pour les écoles publiques, après avoir préalablement pris l'avis du comité communal.

Ainsi se trouve combinée et mise en jeu l'action des différents pouvoirs locaux. Un comité spécial a la surveillance

(1) Voir le rapport de M. Cousin, page 320.

et l'inspection, parce que, si l'on veut que ce devoir soit bien rempli, il faut le confier à des hommes choisis exprès pour cela, et qui puissent s'occuper de cette mission. Mais toute l'administration des écoles ne pouvait leur être déléguée d'une manière absolue. Il était juste que le conseil municipal, qui alloue les fonds nécessaires, eût la présentation de l'instituteur. Cependant il doit prendre l'avis du comité pour éclairer son choix. Le maire, outre sa part d'influence comme président du comité et comme premier magistrat de la commune, a le droit de suspendre provisoirement l'instituteur, sur la plainte du comité. Il n'usera de ce droit qu'avec circonspection et ménagement, puisque la suspension prononcée par lui devra être soumise le jour même à l'examen du comité d'arrondissement.

ART. 22.

Le comité d'arrondissement inspecte, et au besoin fait inspecter par des délégués pris parmi ses membres ou hors de son sein, toutes les écoles primaires de son ressort (1). Lorsque les délégués ont été choisis par lui hors de son sein, ils ont droit d'assister à ses séances, avec voix délibérative.

Les membres des comités se partagent les écoles de leur ressort, et rendent compte, à chacune de leurs réunions, de l'inspection qu'ils en ont faite, de l'état de l'instruction, et de la ponctualité plus ou moins grande avec laquelle les réglements sont suivis.

(Arrêté du 25 septembre 1819, articles 1, 8 et 9.)

La surveillance des comités, qui comprend déjà les écoles

(1) A Paris, les comités formés par arrondissements municipaux remplissent les fonctions de comités communaux : un comité supérieur, don le préfet est président, remplit les fonctions de comité d'arrondissementt

communales et les écoles privées, doit-elle s'étendre également sur les classes primaires annexées à quelques colléges; ou bien cette surveillance doit-elle rester dans les attributions des bureaux d'administration des établissements dont il s'agit? — Le décret du 17 mars 1808 établit les bureaux d'administration comme surveillants de tout ce qui se fait dans les colléges, pour le matériel et l'enseignement, sans aucune exception; mais il est à désirer que les deux autorités marchent de concert dans un but d'utilité publique. La double inspection ne peut offrir que des avantages.

Quant aux institutions et pensions, qui sont des établissements particuliers, sans bureaux d'administration ou de surveillance, ils peuvent être autorisés à joindre à leur établissement une classe primaire, où ils recevront des externes, s'ils remplissent d'ailleurs les conditions légales pour l'instruction primaire, c'est-à-dire s'ils ont un maître muni d'un brevet de capacité et de moralité. Mais les écoles de ce genre que les chefs d'institution et maîtres de pension peuvent tenir seront soumises à la surveillance des comités, comme les autres écoles primaires, sans que pour cela cette surveillance puisse s'étendre aux autres parties de l'institution ou du pensionnat. Ne sont point comprises dans les dispositions précédentes, les classes que les chefs d'institution et maîtres de pension tiendraient pour leurs élèves internes seulement, à l'effet de les préparer à recevoir l'instruction supérieure.

(Arrêté du 21 août 1818, articles 1er, 2 et 3.)

Si le chef d'établissement pour l'instruction secondaire veut diriger lui-même l'école primaire élémentaire ou supérieure annexée à son établissement, il doit se munir du brevet de capacité correspondant au degré de l'école dont il s'agit, les diplômes obtenus dans les facultés ne pouvant, dans aucun cas, suppléer au titre spécial que l'article 4 de la loi exige des instituteurs.

(Décisions du 11 et du 15 octobre 1833.)

Lorsqu'il le juge nécessaire, il réunit plusieurs

écoles de la même commune sous la surveillance du même comité, ainsi qu'il a été prescrit à l'article 17.

Les anciens comités n'étaient que consultatifs : mais, ainsi qu'on le voit par l'ensemble de l'article 22, les nouveaux obtiennent une autorité bien plus directe sur les écoles, et une part plus grande dans l'administration de l'instruction primaire. Ils jugent, ils nomment, ils révoquent les instituteurs ; et ce sont là des attributions importantes dont peut dépendre tout l'avenir de l'instruction primaire. Les comités doivent en outre veiller à l'observation des réglements pour le maintien de la discipline et la direction des études. Ils proposent eux-mêmes pour chaque école de leur ressort des réglements particuliers, où sont indiqués les heures de classes, les jours de vacances et de congés, les divers genres de punition et de récompense, tout ce qui intéresse enfin les maîtres et les élèves.

Il envoie chaque année, au préfet et au ministre de l'instruction publique, l'état de situation de toutes les écoles primaires du ressort.

Les ordonnances de 1816 et de 1828 obligeaient déjà les comités à adresser chaque année, au mois de mai, un tableau de toutes les écoles de leur ressort (1). Une décision royale du 5 octobre 1831 exige en outre que tous les trois ans il soit présenté et distribué aux chambres une statistique générale de l'instruction primaire, qui serve à en constater la situation et à en mesurer les progrès. Les éléments de cette statistique ne peuvent être que les tableaux annuels envoyés par les comités ; il convient donc de les rédiger avec le plus grand

(1) D'après de nouvelles dispositions, ce tableau doit être envoyé, dans le mois d'août, au recteur, qui en fait le résumé et le transmet au ministre pour le mois d'octobre.

soin possible. On trouvera à la fin de ce volume un modèle de tableau statistique à remplir, que le ministre a adressé, le 30 novembre 1832, à tous les comités (1).

Il donne son avis sur les secours et les encouragements à accorder à l'instruction primaire.

Outre les sommes qui peuvent être accordées comme encouragement, ou pour complément de traitement, les instituteurs jouissent encore de plusieurs autres avantages qu'il

---

(1) Le relevé général de la statistique de 1832 présente les résultats suivants :

Nombre total des communes		38,149
Communes pourvues d'écoles		26,710
Id. privées d'écoles		11,439
Écoles de garçons		31,420
Écoles de filles		10,672
Total des écoles		42,092
Écoles communales		32,520
Écoles privées		9,572
Écoles du 1er degré	garçons	504
	filles	1,014
Écoles du 2e degré		20,234
Écoles du 3e degré		20,340
Écoles d'enseignement mutuel.	garçons	1,205
	filles	129
Écoles d'enseignement simultané		24,173
Écoles d'enseignement individuel		16,185
Nombre d'élèves (garçons).	hiver	1,200,715
	été	696,163
Nombre d'élèves (filles).	hiver	734,909
	été	418,331
Élèves gratuits		242,776
Total des élèves		1,935,624
Enfans de l'âge de 5 à 12 ans		4,802,356

est utile de rappeler, et pour lesquels l'intervention des comités est nécessaire.

D'abord ils sont exempts de tous droits et contributions envers l'université.

(Article 34 de l'ordonnance du 29 février 1816, arrêté du 5 décembre 1820, art. 8.)

Ils sont dispensés du service militaire.

(Loi du 21 mars 1832.)

Des livres adoptés par le conseil royal de l'instruction publique leur sont envoyés gratuitement pour leur usage, ou pour celui de leurs élèves; et chaque année une distribution de médailles de bronze ou d'argent est faite en faveur des plus méritants.

Enfin ils peuvent être autorisés, après certaines formalités, à recevoir dans leur école des élèves pensionnaires; ce qui augmente leurs ressources (1).

Il provoque les réformes et les améliorations nécessaires.

Il nomme les instituteurs communaux sur la présentation du conseil municipal, procède à leur installation, et reçoit leur serment.

Le serment prescrit par la loi du 31 août 1830 doit-il être exigé des membres des comités eux-mêmes? — Le serment a été quelquefois demandé aux membres des anciens comités; mais le ministre n'a jamais transmis d'ordre à cet égard. Les membres des comités ne sont pas compris dans les termes de la loi du 31 août 1830, attendu qu'ils n'exercent pas des fonctions de l'ordre administratif ou judiciaire. Ils ne remplissent qu'une mission toute gratuite, mission de philantropie et de bienfaisance, qui ne les met pas au rang de fonctionnai-

(1) Nous réservons un chapitre spécial sur chacun de ces différents objets d'encouragement ou de récompense. Voir la deuxième partie.

res publics ; ils peuvent, sous ce rapport, être assimilés aux membres des conseils de discipline de la garde nationale, qui, aux termes d'un arrêt de la cour de cassation, ne sont pas soumis au serment. Diverses décisions du ministre de l'intérieur et des cultes ont également dispensé du serment les membres des bureaux de bienfaisance et les marguilliers des églises, dont les fonctions peuvent paraître analogues à celles des comités (1).

(Décision du 23 novembre et du 20 juin 1831.)

Une lettre du ministre, en date du 13 août 1831, porte aussi que, jusqu'à nouvel ordre, les Frères ainsi que tous les autres instituteurs sont dispensés de l'obligation du serment, attendu que jusqu'à présent rien ne leur donne d'une manière bien déterminée le caractère de fonctionnaires publics. Il n'en sera plus de même aujourd'hui que les fonctions d'instituteur *communal* sont nettement indiquées, et que l'obligation du serment est prescrite par la loi à tous les instituteurs communaux qui seront nommés par suite de la loi.

Voici la teneur du serment que doivent prêter les fonctionnaires publics, conformément à la loi du 31 août 1830.

« Je jure fidélité au roi des Français, obéissance à la « charte constitutionnelle et aux lois du royaume. »

Les instituteurs communaux doivent être institués par le ministre de l'instruction publique.

Cette institution par le ministre, qui consistera dans la signature d'un diplôme, ainsi que pour tous les autres emplois d'instruction publique, est une garantie pour l'instituteur, et un droit au recours qu'il a à exercer, dans certains cas, devant le ministre ou le conseil royal de l'instruction publique. On

---

(1) La chambre des députés a décidé dans ce sens une question qui lui était soumise à l'occasion du serment à demander aux membres des comités. (Séance du 17 juin.)

paru craindre que cette formalité de l'institution ministérielle n'entraînât à de longs délais, par l'obligation où se trouverait le ministre d'examiner un si grand nombre de dossiers. Mais toutes les personnes qui connaissent l'administration savent qu'il n'en peut être ainsi. L'instruction de chaque affaire relative à la demande, à la présentation et à la nomination d'un instituteur, sera faite sur les lieux mêmes près du comité, par l'autorité universitaire représentant le ministre; et chaque dossier, avant d'arriver à l'administration centrale, aura déjà été l'objet d'un examen spécial et attentif de la part du chef de la circonscription académique, qui pourra recueillir tous les documents et les apprécier. Ce fonctionnaire enverra le résultat de son travail. Il n'y aura plus d'examen détaillé, minutieux, à faire par le ministre; mais il y aura possibilité que cet examen ait lieu, et cela seul suffira pour prévenir les erreurs et les négligences : car ce qui importe, ce n'est pas que chaque affaire soit examinée, c'est qu'une affaire quelconque puisse être saisie et portée sous l'œil de l'autorité supérieure. Cette garantie comminatoire est décisive; elle ne peut être qu'avantageuse à l'instituteur (1).

(Opinion de M. Villemain, à la chambre des pairs, séance du 28 mai.)

ART. 23.

En cas de négligence habituelle, ou de faute grave de l'instituteur communal, le comité d'arrondissement, ou d'office, ou sur la plainte adressée par le comité communal, mande l'instituteur inculpé; après l'avoir entendu, ou dûment appelé, il le réprimande ou le suspend pour un

(1) En attendant l'institution du ministre, le recteur pourra autoriser provisoirement l'instituteur à exercer ses fonctions. Article 28 de l'ordonnance du 16 juillet 1833.

mois, avec ou sans privation de traitement, ou même le révoque de ses fonctions.

L'instituteur frappé d'une révocation pourra se pourvoir devant le ministre de l'instruction publique en conseil royal. Ce pourvoi devra être formé dans le délai d'un mois, à partir de la notification de la décision du comité, de laquelle notification il sera dressé procès-verbal par le maire de la commune. Toutefois, la décision du comité est exécutoire par provision.

Le recours au conseil royal résulte pour les instituteurs de leur caractère de fonctionnaires publics. Aucun membre de l'instruction publique ne peut être révoqué de ses fonctions sans jugement et sans avoir été entendu ou dûment appelé. L'ordonnance du 21 avril 1828 consacrait déjà en partie ce principe en faveur des instituteurs. Aujourd'hui le comité d'arrondissement remplace le conseil académique pour le jugement en première instance; et cette modification semble être à l'avantage des instituteurs : leurs juges, se trouvant plus rapprochés d'eux, seront plus à même de prononcer en parfaite connaissance de cause.

Pendant la suspension de l'instituteur, son traitement, s'il en est privé, sera laissé à la disposition du conseil municipal, pour être alloué, s'il y a lieu, à un instituteur remplaçant.

Est-il libre à un conseil municipal, avant que la suspension ou la révocation ait été régulièrement prononcée, de priver sans jugement l'instituteur de son état, en refusant de continuer l'allocation précédemment votée en sa faveur? — D'après les dispositions précises de la loi, les conseils municipaux n'ont pas le droit de retirer à l'instituteur communal soit le logement, soit le traitement, avant que cet instituteur n'ait été jugé par le tribunal ou par le comité d'instruction primaire, conformément à la loi.

(Décision du 2 septembre 1833.)

ART. 24.

Les dispositions de l'article 7 de la présente loi, relatives aux instituteurs privés, sont applicables aux instituteurs communaux.

D'après l'ordonnance du 29 février 1816, le recteur de l'académie avait le droit de révoquer l'autorisation spéciale accordée par lui à chaque instituteur, et même d'annuler, de sa propre autorité, le brevet. En cas d'urgence ou de scandale, le comité, comme aujourd'hui le maire, pouvait prononcer la suspension. Mais l'ordonnance de 1828 avait déjà accordé plus de garanties aux instituteurs, en statuant que nul d'entre eux ne pourrait être condamné sans que l'accusation ne fût éclaircie, à charge et à décharge.

ART. 25.

Il y aura dans chaque département une ou plusieurs commissions d'instruction primaire chargées d'examiner tous les aspirants aux brevets de capacité, soit pour l'instruction primaire élémentaire, soit pour l'instruction primaire supérieure, et qui délivreront lesdits brevets, sous l'autorité du ministre (1). Ces commissions seront également chargées de faire les examens

---

(1) Il ne suit pas de là que le ministre se soit réservé le droit de réviser, par lui ou par ses délégués, les décisions des commissions d'examen. Ces décisions, comme celles des jurys, ont été reconnues sans appel. Les brevets délivrés d'après la loi sont valables pour toute la France.

d'entrée et de sortie des élèves de l'école normale primaire (1).

Les membres de ces commissions seront nommés par le ministre de l'instruction publique.

Les examens auront lieu publiquement et à des époques déterminées par le ministre de l'instruction publique.

Un réglement du conseil royal, en date du 19 juillet 1833, que l'on trouvera ci-après, détermine la forme des brevets et le mode des examens pour les aspirants aux brevets de capacité. Les anciens brevets étaient de trois degrés ; le recteur les délivrait en son nom. Cependant les procès-verbaux d'examen pour le premier degré devaient être préalablement transmis au conseil royal, en vertu des décisions du 14 juin 1816 et du 14 novembre 1820. Ce n'était qu'après cette vérification, utile et souvent nécessaire, que le recteur était autorisé à délivrer le brevet. Le nouveau réglement n'indique plus que deux sortes de brevets, l'un pour les écoles élémentaires, l'autre pour les écoles supérieures. Celui du troisième degré était si incomplet, qu'il convenait à peine pour les communes les plus pauvres. Les recteurs devaient fixer une époque, dans chaque académie, après laquelle il n'en aurait plus été accordé. Dans aucun cas il ne pouvait être délivré de brevet du troisième degré pour les chefs-lieux de canton (décision du 25 septembre 1819) ; et pendant long-temps ce brevet n'a pas été valable pour les engagements décennaux, les pensionnats primaires et les distributions de médailles.

(Circulaire du 13 janvier 1819 et du 31 janvier 1829.)

L'instituteur actuellement en fonctions sera-t-il obligé de se pourvoir d'un nouveau brevet, si la commune désire le

(1) Voir, dans la deuxième partie, le réglement des écoles normales.

conserver. — Nullement. Les anciens brevets, même ceux qui n'auraient pas été suivis d'autorisation, conservent toute leur valeur. Les instituteurs pourvus d'un brevet du troisième degré peuvent, comme les autres, aspirer aux fonctions d'instituteur communal pour l'instruction élémentaire; ceux que la loi a trouvés en possession de leur état n'ont pas besoin d'être nommés de nouveau par les comités. La loi a voulu éviter tout effet rétroactif. Quant aux écoles primaires supérieures, cette classe nouvelle d'établissements n'existant pas avant la promulgation de la loi, l'ancien brevet du premier degré n'a pas été reconnu valable et suffisant pour ces écoles. Leur direction ne peut donc être confiée qu'aux personnes munies d'un brevet d'instruction primaire supérieure, délivré dans les formes spéciales établies par le réglement du 19 juillet 1833.

(Décision du 1er octobre 1833.)

L'obligation de subir de nouveaux examens et de se pourvoir de nouveaux brevets n'est donc pas imposée : une révision générale à cet égard porterait le trouble dans un trop grand nombre d'existences. Un brevet de capacité, légalement obtenu, est une propriété acquise à l'instituteur; l'en priver serait commettre une injustice à son égard. Tout ce que l'administration peut prescrire, c'est un échange pour une époque plus ou moins rapprochée; cet échange même n'est que facultatif. Cependant les instituteurs, s'ils veulent jouir en toute sûreté des avantages que la loi leur assure, ne devront point reculer devant quelque épreuve, pour prouver aux communes que leur enseignement n'est pas au-dessous de ce qu'exige cette loi. Autrement ils se trouveraient bientôt dépassés par cette foule de jeunes maîtres que les besoins de l'instruction et le vœu formel de la loi vont produire sur tous les points de la France.

Les sous-maîtres, dans une école communale ou privée, doivent-ils être assujettis aux formalités et aux conditions que la loi du 28 juin impose aux instituteurs? — La loi n'ayant parlé que des instituteurs proprement dits, on ne peut soumettre aux conditions et aux formalités qu'elle prescrit les individus qui, sous le titre de *surveillants*, d'*aides*, de *moniteurs*, d'*aspirants* ou de *sous-maîtres*, sont employés par le véritable instituteur. Comme ils n'ont point les garanties de la loi, ils ne doivent pas être assujettis aux obligations qu'elle impose. Seulement, en vertu des règles générales de discipline et de bon ordre qui régissent toutes les écoles placées sous la surveillance de l'université, nul ne peut être employé pour l'enseignement, ni pour la discipline, par un instituteur primaire, soit communal, soit privé, que le recteur de l'académie n'en ait été prévenu, et qu'il n'ait donné son consentement exprès ou tacite. L'instituteur est, dans tous les cas, responsable des faits de tous ceux qu'il emploie dans son école. Il est bien entendu que nul sous-maître n'est admis à participer aux dispenses de service militaire, s'il ne remplit toutes les conditions imposées sous ce rapport aux membres de l'instruction publique.

(Décision du 3 septembre 1833.)

N. B. Un dernier article du projet de loi avait pour objet les écoles spéciales de filles. Cet article a été retiré. (Voir, à cet égard, le chapitre XV de la deuxième partie, page 222, et, pour d'autres écoles spéciales qui se rattachent de même à l'instruction primaire, le chapitre XVI, page 233.)

CIRCULAIRE DE M. LE MINISTRE DE L'INSTRUCTION PUBLIQUE A MM. LES PRÉFETS ET RECTEURS.

Paris, le 4 juillet 1833.

Monsieur, la loi sur l'instruction primaire vient d'être promulguée. Je me propose de soumettre incessamment au roi un projet d'ordonnance qui en règlera l'exécution, spécialement en ce qui concerne l'intervention des conseils généraux et des conseils municipaux, dans la fondation des écoles et le sort des instituteurs. Je prépare également, de concert avec le conseil royal de l'instruction publique, les instructions nécessaires sur l'organisation des comités de surveillance et des commissions d'examen, sur le régime intérieur des écoles, les caisses d'épargne départementales, les attributions respectives des recteurs et des préfets en cette matière, sur toutes les questions, en un mot, que soulève la loi, et dont la solution précise peut seule en assurer les résultats.

Vous ne tarderez donc pas à recevoir ces diverses instructions, ainsi que l'ordonnance royale dont elles seront le complément. Mais je puis et je veux dès aujourd'hui appeler votre attention sur le but général et la portée de cette loi, sur les divers genres d'écoles dont la fondation successive doit la rendre complétement efficace, et sur les travaux préparatoires auxquels vous êtes immédiatement appelé.

En posant en principe (art. 1er) que « l'instruction primaire est élémentaire ou supérieure, » la loi n'a point entendu limiter à deux sortes d'écoles tous les établissements qui peuvent avoir l'instruction populaire pour objet, ni statuer que les écoles primaires élémentaires d'une part, et les écoles primaires supérieures de l'autre, seront toutes absolument semblables et uniformes dans leur destination ou leur régime. Les besoins sociaux auxquels cette loi se propose de satisfaire sont non seulement très nombreux, mais très variés; et pour les atteindre tous, pour accomplir réellement le vœu du pays et la pensée du législateur, des écoles de genres divers doivent se combiner, s'enchaîner les unes aux autres, et se prêter un mutuel appui.

En première ligne se présentent les écoles les plus élémentaires de toutes, celles qui sont connues sous le nom de *salles d'asile*, et où sont reçus les petits enfants de l'âge de deux à six ou sept ans, trop jeunes encore pour fréquenter les écoles primaires proprement dites, et que leurs parents, pauvres et occupés, ne savent comment garder chez eux. Les établissements de ce genre, depuis long-temps en vigueur dans quelques pays voisins, commencent à se multiplier parmi nous; et plusieurs villes, notamment Paris, Lyon, Rouen, Nîmes, en ont déjà reconnu les bons effets. Indépendamment des avantages de sûreté et de salubrité qu'elles offrent pour les petits enfants, si souvent et si dangereusement délaissés dans les classes pauvres, les salles d'asile ont le mérite de leur faire contracter, dès l'entrée de la vie, des habitudes d'ordre, de discipline, d'occupation régulière, qui sont un commencement de moralité; et, en même temps, ils y reçoivent de premières instructions, des notions élémentaires qui les préparent à suivre avec plus de fruit l'enseignement que d'autres établissements leur offriront plus tard. L'utilité physique, intellectuelle et morale des salles d'asile est donc incontestable; elles sont la base, et pour ainsi dire le berceau de l'éducation populaire; elles profitent enfin directement aux parents eux-mêmes; car les mères, libres des soins qu'exigaient d'elles leurs jeunes enfants, peuvent se livrer sans inquiétude au travail, et tirer constamment un salaire de leur journée.

Après les salles d'asile viennent les écoles primaires proprement dites, élémentaires ou supérieures, qui sont l'objet spécial et explicite de la loi. Je ne vous en entretiendrai point aujourd'hui; l'ordonnance royale et les instructions que je vous ai annoncées régleront tout ce qui les concerne. Mais, ainsi que les salles d'asile sont nécessaires pour préparer aux écoles primaires les enfants à qui leur jeune âge ne permet pas encore de les suivre, de même il doit exister au-delà des écoles primaires, et pour les jeunes gens ou les hommes faits qui n'ont pu en profiter, des établissements spéciaux, où la génération déjà laborieuse, déjà engagée dans la vie active, puisse venir recevoir l'instruction qui a manqué à son enfance.

Je veux parler des *écoles d'adultes*. J'ai la confiance que, dans quelques années, lorsque la loi qui nous occupe aura porté ses fruits, le nombre des hommes qui auront ainsi besoin de suppléer au défaut de toute instruction primaire diminuera sensiblement; mais on ne saurait se dissimuler qu'il est considérable aujourd'hui, et que long-temps encore l'incurie des parents, l'ignorance profonde des classes pauvres, et l'apathie morale qui l'accompagne presque toujours, empêcheront que les enfants ne reçoivent tous, ou à peu près tous, l'instruction que nous nous empressons de leur offrir. Long-temps encore les écoles d'adultes seront donc nécessaires, dans les lieux surtout où l'industrie réunit un grand nombre d'ouvriers, à qui l'activité d'un travail fait en commun et l'émulation qu'elle excite font bientôt sentir l'importance des connaissances élémentaires qui leur manquent, et la nécessité de les acquérir.

Les salles d'asile, les écoles primaires élémentaires et supérieures, les écoles d'adultes, tel est le système général de l'instruction primaire; tels sont les établissements divers qui, par leur co-existence et leur harmonie, embrassent, à cet égard, tous les faits, et répondent à tous les besoins de la société. La loi n'a déclaré obligatoire qu'une école primaire élémentaire par commune ou agglomération de communes, et une école primaire supérieure dans les chefs-lieux de département et dans les villes de plus de six mille âmes de population. C'est un acte de haute sagesse dans le législateur de ne point se laisser entraîner par un esprit d'ambition systématique, de ne poser que les principes essentiels, et de ne prescrire que ce qui est généralement nécessaire et possible. Mais les développements que s'est interdits la loi, l'administration doit les tenter; le bien que, dans sa prudente réserve, la loi ne prescrit point, l'administration peut et doit travailler à l'obtenir successivement, partiellement, en profitant de la flexibilité de ses moyens d'action, et de la bonne volonté qu'elle peut rencontrer dans les portions du territoire déjà assez éclairées pour désirer et seconder de nouveaux progrès. Je vous invite donc,

1° A faire tous vos efforts pour que la population au milieu de laquelle vous vivez comprenne l'utilité des divers genres d'écoles dont l'ensemble constitue, comme je viens de vous l'exposer, le système général de l'instruction primaire, et pour qu'elle sache bien que l'administration supérieure est disposée à en seconder la création. Ne négligez aucun moyen pour répandre ces idées, et pour inspirer le désir de voir fonder des salles d'asile, des écoles primaires supérieures, des écoles d'adultes, partout où en existe le besoin.

2° Vous vous appliquerez dès aujourd'hui à rechercher quels sont, dans votre ressort, les localités, villes ou gros bourgs, où ces divers établissements seraient à la fois d'une nécessité déjà sentie et d'une exécution immédiatement ou prochainement possible. Les travaux dont vous aurez à vous occuper pour la fondation des écoles primaires, élémentaires et supérieures, que la loi a déclarées obligatoires, vous mettront en mesure de recueillir, sur les développements ultérieurs que peut exiger ou admettre autour de vous l'éducation populaire, tous les renseignements désirables. Je vous adresserai prochainement, sur l'organisation matérielle et personnelle des salles d'asile, des écoles primaires supérieures et des écoles d'adultes, des instructions détaillées qui vous aideront à en faire, pour ainsi dire, toucher au doigt les avantages et à provoquer le zèle, soit des autorités locales, soit de la population en général. Je compte sur le vôtre, monsieur; soyez assuré que, de mon côté, je m'appliquerai sans relâche à vous seconder dans l'accomplissement de la grande tâche qui nous est imposée par la loi nouvelle, et qui doit avoir pour notre patrie de si salutaires résultats.

Recevez, monsieur, l'assurance de ma considération distinguée.

Le ministre de l'instruction publique,

Signé GUIZOT.

LETTRE DE M. LE MINISTRE DE L'INSTRUCTION PUBLIQUE AUX INSTITUTEURS.

MONSIEUR,

Je vous transmets la loi du 28 juin dernier, sur l'instruction primaire, ainsi que l'exposé des motifs qui l'accompagnait lorsque, d'après les ordres du roi, j'ai eu l'honneur de la présenter, le 2 janvier dernier, à la chambre des députés.

Cette loi, monsieur, est vraiment la charte de l'instruction primaire; c'est pourquoi je désire qu'elle parvienne directement à la connaissance et demeure en la possession de tout instituteur. Si vous l'étudiez avec soin, si vous méditez attentivement ses dispositions, ainsi que les motifs qui en développent l'esprit, vous êtes assuré de bien connaître vos devoirs et vos droits, et la situation nouvelle que vous destinent nos institutions.

Ne vous y trompez pas, monsieur; bien que la carrière de l'instituteur primaire soit sans éclat, bien que ses soins et ses jours doivent le plus souvent se consumer dans l'enceinte d'une commune, ses travaux intéressent la société tout entière, et sa profession participe de l'importance des fonctions publiques. Ce n'est pas pour la commune seulement, et dans un intérêt purement local, que la loi veut que tous les Français acquièrent, s'il est possible, les connaissances indispensables à la vie sociale, et sans lesquelles l'intelligence languit, et quelquefois s'abrutit; c'est aussi pour l'état lui-même, et dans l'intérêt public; c'est parce que la liberté n'est assurée et régulière que chez un peuple assez éclairé pour écouter en toute circonstance la voix de la raison. L'instruction primaire universelle est désormais une des garanties de l'ordre et de la stabilité sociale. Comme tout dans les principes de notre gouvernement est vrai et raisonnable, développer l'intelligence, propager les lumières, c'est assurer l'empire et la durée de la monarchie constitutionnelle.

Pénétrez-vous donc, monsieur, de l'importance de votre mission; que son utilité vous soit toujours présente dans les travaux assidus qu'elle vous impose. Vous le voyez, la législation et le gouvernement se sont efforcés d'améliorer la condition et d'assurer l'avenir des instituteurs. D'abord le libre exercice de leur profession, dans tout le royaume, leur est garanti; et le droit d'enseigner ne peut être ni refusé ni retiré à celui qui se montre capable et digne d'une telle mission. Chaque commune doit en outre ouvrir un asile à l'instruction primaire. A chaque école communale un maître est promis. A chaque instituteur communal un traitement fixe est assuré. Une rétribution spéciale et variable vient l'accroître. Un mode de perception à la fois plus conforme à votre dignité et à vos intérêts en facilite le recouvrement, sans gêner d'ailleurs la liberté des conventions particulières. Par l'institution des caisses d'épargne, des ressources sont préparées à la vieillesse des maîtres. Dès leur jeunesse, la dispense du service militaire leur prouve la sollicitude qu'ils inspirent à la société. Dans leurs fonctions, ils ne sont soumis qu'à des autorités éclairées et désintéressées. Leur existence est mise à l'abri de l'arbitraire ou de la persécution. Enfin l'approbation de leurs supérieurs légitimes encouragera leur bonne conduite et constatera leurs succès; et quelquefois même une récompense brillante, à laquelle leur modeste ambition ne prétendait pas, peut venir leur attester que le gouvernement du roi veille sur leurs services et sait les honorer.

Toutefois, monsieur, je ne l'ignore point : la prévoyance de la loi, les ressources dont le pouvoir dispose, ne réussiront jamais à rendre la simple profession d'instituteur communal aussi attrayante qu'elle est utile. La société ne saurait rendre à celui qui s'y consacre tout ce qu'il fait pour elle. Il n'y a point de fortune à faire, il n'y a guère de renommée à acquérir dans les obligations pénibles qu'il accomplit. Destiné à voir sa vie s'écouler dans un travail monotone, quelquefois même à rencontrer autour de lui l'injustice ou l'ingratitude de l'ignorance, il s'attristerait souvent et succomberait peut-être, s'il ne puisait sa force et son courage ailleurs que dans les perspectives d'un intérêt immédiat et purement personnel. Il faut qu'un sentiment profond de l'importance morale de ses travaux le soutienne et l'anime, que l'austère plaisir d'avoir servi les hommes et secrètement contribué au bien public devienne le digne salaire que lui donne sa conscience seule. C'est sa gloire de ne prétendre à rien au-delà de son obscure et laborieuse condition,

de ses élèves. Autant il doit se garder d'ouvrir son école à l'esprit de secte ou de parti, et de nourrir les enfants dans des doctrines religieuses ou politiques qui les mettent pour ainsi dire en révolte contre l'autorité des conseils domestiques, autant il doit s'élever au-dessus des querelles passagères qui agitent la société, pour s'appliquer sans cesse à propager, à affermir ces principes impérissables de morale et de raison sans lesquels l'ordre universel est en péril, et à jeter profondément dans de jeunes cœurs ces semences de vertu et d'honneur que l'âge et les passions n'étoufferont point. La foi dans la Providence, la sainteté du devoir, la soumission à l'autorité paternelle, le respect dû aux lois, au prince, aux droits de tous, tels sont les sentiments qu'il s'attachera à développer. Jamais par sa conversation ou son exemple il ne risquera d'ébranler chez les enfants la vénération due au bien; jamais par des paroles de haine ou de vengeance il ne les disposera à ces préventions aveugles qui créent pour ainsi dire des nations ennemies au sein de la même nation. La paix et la concorde qu'il maintiendra dans son école doivent, s'il est possible, préparer le calme et l'union des générations à venir.

Les rapports de l'instituteur avec les parents ne peuvent manquer d'être fréquents. La bienveillance y doit présider: s'il ne possédait la bienveillance des familles, son autorité sur les enfants serait compromise, et le fruit de ses leçons serait perdu pour eux. Il ne saurait donc porter trop de soin et de prudence dans cette sorte de relations. Une intimité légèrement contractée pourrait exposer son indépendance, quelquefois même l'engager dans ces dissensions locales qui désolent souvent les petites communes. En se prêtant avec complaisance aux demandes raisonnables des parents, il se gardera bien de sacrifier à leurs capricieuses exigences ses principes d'éducation et la discipline de son école. Une école doit être l'asile de l'égalité, c'est-à-dire de la justice.

Les devoirs de l'instituteur envers l'autorité sont plus clairs encore et non moins importants. Il est lui-même une autorité dans la commune : comment donc donnerait-il l'exemple de l'insubordination ? comment ne respecterait-il pas les magistrats municipaux, l'autorité religieuse, les pouvoirs légaux qui maintiennent la sécurité publique ? Quel avenir il préparerait à la population au sein de laquelle il vit, si, par son exemple ou par des discours malveillants, il excitait chez les enfants cette disposition à tout méconnaître, à tout insulter, qui peut devenir dans un autre âge l'instrument de l'immoralité et quelquefois de l'anarchie !

Le maire est le chef de la commune ; il est à la tête de la surveillance locale : l'intérêt pressant comme le devoir de l'instituteur est donc de lui témoigner aussi en toute occasion la déférence qui lui est due. Le curé ou le pasteur ont aussi droit au respect ; car leur ministère répond à ce qu'il y a de plus élevé dans la nature humaine. S'il arrivait que, par quelque fatalité, le ministre de la religion refusât à l'instituteur une juste bienveillance, celui-ci ne devrait pas sans doute s'humilier pour la reconquérir ; mais il s'appliquerait de plus en plus à la mériter par sa conduite, et il saurait l'attendre. C'est au succès de son école à désarmer des préventions injustes ; c'est à sa prudence à ne donner aucun prétexte à l'intolérance. Il doit éviter l'hypocrisie à l'égal de l'impiété. Rien d'ailleurs n'est plus désirable que l'accord du prêtre et de l'instituteur : tous deux sont revêtus d'une autorité morale ; tous deux ont besoin de la confiance des familles ; tous deux peuvent s'entendre pour exercer sur les enfants, par des moyens divers, une commune influence. Un tel accord vaut bien qu'on fasse, pour l'obtenir, quelques sacrifices ; et j'attends de vos lumières et de votre sagesse que rien d'honorable ne vous coûtera pour réaliser cette union, sans laquelle nos efforts pour l'instruction populaire seraient souvent infructueux.

Enfin, monsieur, je n'ai pas besoin d'insister sur vos relations avec les autorités spéciales qui veillent sur les écoles, avec l'université elle-même : vous trouverez là des conseils, une direction nécessaire, souvent un appui contre des difficultés locales et des inimitiés accidentelles. L'administration n'a point d'autres intérêts que ceux de l'instruction primaire, qui au fond sont les vôtres. Elle ne vous demande que de vous pénétrer de plus en plus de l'esprit de votre mission. Tandis que de son côté elle veillera sur vos droits, sur vos intérêts, sur votre avenir, maintenez, par une vigilance continuelle, la dignité de votre état: ne l'altérez point par des spéculations inconvenantes, par des occupations incompatibles avec l'enseignement; ayez les yeux ouverts sur tous les moyens d'améliorer l'instruction que vous dispensez autour de vous. Les secours ne vous manqueront pas: dans la plupart des grandes villes, des cours de perfectionnement sont ouverts; dans les écoles normales, des places sont ménagées aux instituteurs qui voudraient venir y retremper leur enseignement. Il devient chaque jour plus facile de vous composer à peu de frais une bibliothèque suffisante à vos besoins. Enfin, dans quelques arrondissements, dans quelques cantons, des conférences ont déjà été établies entre les instituteurs : c'est là qu'ils peuvent mettre leur expérience en commun, et s'encourager les uns les autres en s'aidant mutuellement.

Au moment où, sous les auspices d'une législation nouvelle, nous entrons tous dans une nouvelle carrière; au moment où l'instruction primaire va être l'objet de l'expérience la plus réelle et la plus étendue qui ait encore été tentée dans notre patrie, j'ai dû, monsieur, vous rappeler les principes qui guident l'administration de l'instruction publique, et les espérances qu'elle fonde sur vous. Je compte sur tous vos efforts pour faire réussir l'œuvre que nous entreprenons en commun : ne doutez jamais de la protection du gouvernement, de sa constante, de son active sollicitude pour les précieux intérêts qui vous sont confiés. L'universalité de l'instruction primaire est, à ses yeux, l'une des plus grandes et des plus pressantes conséquences de notre Charte ; il lui tarde de la réaliser. Sur cette question, comme sur toute autre, la France trouvera toujours d'accord l'esprit de la Charte et la volonté du roi.

Recevez, etc.

Signé GUIZOT.

P. S. Je vous invite à m'accuser directement réception de cette lettre. Je tiens à m'assurer ainsi qu'elle vous est parvenue.

ORDONNANCE DU ROI

POUR L'EXÉCUTION DE LA LOI DU 28 JUIN 1833, SUR L'INSTRUCTION PRIMAIRE.

LOUIS-PHILIPPE, roi des Français, etc.

Vu la loi du 28 juin 1833 sur l'instruction primaire ;

Sur le rapport de notre ministre secrétaire-d'état au département de l'instruction publique ;

Notre conseil de l'instruction publique entendu ;

Nous avons ordonné et ordonnons ce qui suit :

TITRE 1er. — *De l'organisation des écoles primaires publiques.*

Art. 1er. Les conseils municipaux délibéreront chaque année, dans leur session du mois de mai, sur la création ou l'entretien des écoles primaires communales, élémentaires ou supérieures, sur le taux de la rétribution mensuelle, et du traitement fixe à accorder à chaque instituteur, et sur les sommes à voter, soit pour acquitter cette dernière dépense, soit pour acquérir, construire, réparer ou louer les maisons d'école.

Ils dresseront annuellement, dans leur session du mois d'août, l'état des élèves qui devront être reçus gratuitement à l'école primaire élémentaire.

Ils détermineront, s'il y a lieu, dans cette même session, le nombre des places gratuites qui pourront être mises au concours pour l'école primaire supérieure.

2. Dans le cas où des communes limitrophes ne pourraient entretenir, chacune pour son compte, une école primaire élémentaire, les maires se concerteront pour établir une seule école à l'usage desdites communes.

La réunion des communes à cet effet ne pourra être opérée que du consentement formel des conseils municipaux, et avec l'approbation de notre ministre de l'instruction publique.

A défaut de convention contraire de la part des conseils municipaux, les dépenses auxquelles l'entretien des écoles donnera lieu seront réparties entre les communes réunies, proportionnellement au montant de leurs contributions foncière, personnelle et mobilière. Cette répartition sera faite par le préfet.

Une réunion de communes ainsi opérée pourra être dissoute par notre ministre de l'instruction publique, sur la demande motivée d'un ou plusieurs conseils municipaux, mais à condition que ces conseils prendront l'engagement de pourvoir sans délai à l'établissement et à l'entretien des écoles de leurs communes respectives.

3. Les maires des communes qui ne possèdent point de locaux convenablement disposés, tant pour servir d'habitation à leurs instituteurs communaux que pour recevoir les élèves, et qui ne pourraient en acheter ou en faire construire immédiatement, s'occuperont sans délai de louer des bâti-

ments propres à cette destination. Les conditions du bail seront soumises au conseil municipal et à l'approbation du préfet.

Pendant la durée du bail, qui ne pourra excéder six années, les conseils municipaux prendront les mesures nécessaires pour se mettre en état d'acheter ou de faire construire des maisons d'école, soit avec leurs propres ressources, soit avec les secours qui pourraient leur être accordés par le département ou par l'état.

4. Lorsqu'une commune, avec ses ressources ordinaires, ainsi qu'avec le produit des fondations, donations ou legs qui pourraient être affectés aux besoins de l'instruction primaire, ne sera pas en état de pourvoir au traitement des instituteurs, et de procurer le local nécessaire, le conseil municipal sera appelé à voter, jusqu'à concurrence de trois centimes additionnels au principal des contributions foncière, personnelle et mobilière, une imposition spéciale à l'effet de pourvoir à ces dépenses.

5. Les délibérations par lesquelles les conseils municipaux auront réglé le nombre des écoles communales, fixé le traitement des instituteurs, arrêté les mesures ou les conventions relatives aux maisons d'école, et voté les fonds, seront envoyées avant le 1er juin, pour l'arrondissement chef-lieu au préfet, et pour les autres arrondissements aux sous-préfets, qui les transmettront dans les dix jours au préfet, avec leur avis.

6. Les préfets inséreront sommairement les résultats de ces délibérations sur un tableau dont le modèle leur sera transmis par notre ministre de l'instruction publique, et qui indiquera les sommes qu'ils jugeront devoir être fournies par le département, pour assurer le traitement des instituteurs communaux, et pour procurer des locaux convenables.

Ces tableaux seront présentés aux conseils généraux dans leur session ordinaire annuelle.

7. Dès que l'ordonnance royale de convocation des conseils généraux et des conseils d'arrondissement, pour leur

session ordinaire annuelle, aura été publiée, les préfets enverront à notre ministre de l'instruction publique une copie de ces tableaux.

Ils enverront en même temps l'état des communes qui n'auraient pas encore fixé le traitement de leurs instituteurs communaux, ni assuré un local pour l'école, avec indication des revenus de chaque commune, du produit annuel des fondations, donations ou legs, et de la portion de ce produit et de ces revenus que la commune pourrait affecter à cette dépense.

8. Dans le cas où les votes des communes n'auraient pas pourvu au traitement de l'instituteur et à l'établissement de la maison d'école, une ordonnance royale autorisera, s'il y a lieu, dans les limites fixées par la loi, une imposition spéciale sur ces communes, à l'effet de pourvoir à ces dépenses.

La somme ainsi recouvrée ne pourra, sous aucun prétexte, être employée à d'autres dépenses qu'à celles de l'instruction primaire.

9. Si des conseils généraux de département ne votaient pas, en cas d'insuffisance de leurs revenus ordinaires, l'imposition spéciale destinée à couvrir, autant qu'il se pourra, les dépenses nécessaires pour procurer un local et assurer un traitement aux instituteurs, cette imposition sera établie, s'il y a lieu, par ordonnance royale, dans les limites fixées par la loi.

10. Lorsque, dans le cas d'insuffisance des revenus ordinaires des communes et des départements, et des impositions spéciales qu'ils sont autorisés à voter, l'état devra concourir au paiement du traitement fixe des instituteurs, ce traitement ne pourra excéder le minimum fixé par l'article 12 de la loi du 28 juin dernier.

11. Au commencement de chaque mois l'instituteur communal remettra au maire l'état des parents des élèves

qui auront fréquenté son école pendant le mois précédent, avec l'indication du montant de la rétribution mensuelle due par chacun d'eux (1).

Le recouvrement de ce rôle sera poursuivi par les mêmes voies que celui des contributions directes.

Tous les frais autres que ceux de poursuites seront remboursés par la commune. Les réclamations auxquelles la confection du rôle pourrait donner lieu seront rédigées sur papier libre, et déposées au secrétariat de la sous-préfecture.

Elles seront jugées par le conseil de préfecture, sur l'avis du comité local et du sous-préfet, lorsqu'il s'agira de décharges et de réductions; par le préfet, sur l'avis du conseil municipal et du sous-préfet, lorsqu'il s'agira de remises et de modérations.

12. Les dépenses des écoles primaires et les diverses ressources qui y sont affectées font partie des recettes et dépenses des communes; elles doivent être comprises dans les budgets annuels et dans les comptes des receveurs municipaux; elles sont soumises à toutes les règles qui régissent la comptabilité communale.

13. Divers plans d'écoles primaires pour les communes rurales, accompagnés de devis estimatifs détaillés, seront dressés par les soins de notre ministre de l'instruction publique, et déposés au secrétariat des préfectures, des sous-préfectures, des mairies, des chefs-lieux de canton et des comités d'arrondissement, ainsi qu'au secrétariat de chaque académie (2).

14. Le tableau de toutes les communes du royaume, avec l'indication de leur population et de leurs revenus ordinaires et extraordinaires, divisé par départements, arrondissements et cantons, sera adressé tous les cinq ans par notre

(1) Voir à la fin du volume le modèle n° 5.

(2) Voir, pour cet objet deuxième partie, page 184.

ministre du commerce et des travaux publics à notre ministre de l'instruction publique.

15. Chaque année notre ministre de l'instruction publique fera dresser un état des communes qui ne possèdent point de maisons d'école, de celles qui n'en ont pas en nombre suffisant, à raison de leur population ; et enfin de celles qui n'en ont point de convenablement disposées.

Cet état fera connaître les sommes votées par les communes et par les départements, en exécution des art. 1er et suivants de la présente ordonnance, soit pour les instituteurs, soit pour les maisons d'école. Il indiquera généralement tous les besoins de l'instruction primaire, et sera distribué aux chambres.

TITRE II. — *Des écoles primaires privées.*

16. Aussitôt que le maire d'une commune aura reçu la déclaration à lui faite, aux termes de l'art. 4 de la loi, par un individu qui remplira les conditions prescrites et qui voudra tenir une école, soit élémentaire, soit supérieure, il inscrira cette déclaration sur un registre spécial, et en délivrera récépissé au déclarant.

Il enverra au comité de l'arrondissement et au recteur de l'académie des copies de cette déclaration, ainsi que du certificat de moralité que doit présenter l'instituteur.

17. Est considérée comme école primaire toute réunion habituelle d'enfants de différentes familles qui a pour but l'étude de tout ou partie des objets compris dans l'enseignement primaire.

18. Tout local destiné à une école primaire privée sera préalablement visité par le maire de la commune ou par un des membres du comité communal, qui en constatera la convenance et la salubrité.

19. Les instituteurs privés qui auront bien mérité de l'instruction primaire seront admis, mme les instituteurs

communaux, sur le rapport des préfets et des recteurs, à participer aux encouragements et aux récompenses que notre ministre de l'instruction publique distribue annuellement.

TITRE III. — *Des écoles normales primaires.*

20. Les préfets et les recteurs prépareront chaque année un aperçu des dépenses auxquelles donnera lieu l'école normale primaire que chaque département est obligé d'entretenir, soit par lui-même, soit en se réunissant à un ou plusieurs départements voisins.

Cet aperçu sera présenté aux conseils généraux dans leur session ordinaire annuelle.

21. Lorsque plusieurs départements se réuniront pour entretenir ensemble une école normale primaire, les dépenses de cette école, autres que celles qui seront couvertes par le produit des bourses fondées par les communes, les départements ou l'état, seront réparties entre eux dans la proportion de la population, du nombre des communes et du montant des contributions foncière, personnelle et mobilière.

Cette répartition sera faite par notre ministre de l'instruction publique.

22. Lorsqu'un conseil général n'aura pas compris dans le budget des dépenses du département la somme nécessaire pour l'entretien de l'école normale primaire, une ordonnance royale prescrira de l'y porter d'office au chapitre des dépenses variables ordinaires.

23. Dans les départements d'une étendue considérable, ou dont les habitants professent différents cultes, notre ministre de l'instruction publique, sur la demande des conseils généraux, ou sur celle des conseils municipaux, qui offriraient de concourir au paiement des dépenses nécessaires, et sur la proposition des préfets et des recteurs, pourra autoriser, après avoir pris l'avis du conseil royal, outre les

écoles normales, l'établissement d'écoles modèles qui seront aussi appelées à former des instituteurs primaires.

TITRE IV.—*Des autorités préposées à l'instruction primaire.*

24. Les comités d'arrondissement fixeront annuellement, dans leur réunion du mois de janvier, l'époque de chacun des autres mois où ils s'assembleront.

La séance ainsi indiquée aura lieu sans qu'aucune convocation spéciale soit nécessaire.

25. En l'absence du président de droit et du vice-président nommé par le comité d'arrondissement, le comité est présidé par le doyen d'âge.

26. Tout membre élu d'un comité qui, sans avoir justifié d'une excuse valable, n'aura point paru à trois séances ordinaires consécutives, sera censé avoir donné sa démission, et sera remplaeé conformément à la loi (1).

27. Les frais de bureau des comités communaux sont supportés par la commune, et ceux des comités d'arrondissement par le département (2).

28. Lorsque le comité d'arrondissement nommera un instituteur, il enverra immédiatement au recteur l'arrêté de nomination avec l'avis du comité local, la délibération du conseil municipal, la date du brevet de capacité, et une copie du certificat de moralité.

Le recteur transmettra ces pièces à notre ministre de l'instruction publique, qui donnera l'institution s'il y a lieu.

L'instituteur ne sera installé, et ne prêtera serment, qu'après que notre ministre de l'instruction publique lui

(1) Voir, pour les autres dispositions relatives aux comités, les articles 18 et 20 de la loi.

(2) Voir ci-après, page 194.

aura conféré l'institution; mais le recteur pourra l'autoriser provisoirement à exercer ses fonctions.

TITRE V. — *Dispositions transitoires.*

29. Les conseils municipaux délibèreront dans leur session ordinaire du mois d'août prochain sur l'organisation de leurs écoles primaires publiques pour 1834. Ils s'occuperont de tous les objets sur lesquels, aux termes du paragraphe 1er de l'art. 1er de la présente ordonnance, ils devront annuellement délibérer dans la session du mois de mai.

Les délibérations seront envoyées immédiatement aux préfets et aux sous-préfets, au plus tard avant le 20 août.

30. Les divers états que les préfets sont tenus d'adresser à notre ministre de l'instruction publique, aux termes de l'art. 7 de la présente ordonnance, aussitôt que l'ordonnance royale de convocation des conseils généraux et d'arrondissement a été publiée, lui seront envoyés, en 1833, avant le 5 septembre.

31. Les préfets présenteront aux conseils généraux, dans leur prochaine session, un aperçu des sommes nécessaires pour aider les communes à procurer un local et à assurer un traitement à leurs instituteurs pendant l'année 1834.

Les conseils généraux seront appelés à voter, conformément à l'art. 13 de la loi du 28 juin dernier sur l'instruction primaire, un crédit ou une imposition destinée à l'acquittement de cette dépense.

32. Les conseils généraux délibèreront également, dans leur prochaine session, sur les projets de statuts des caisses d'épargne et de prévoyance qui doivent être établies dans chaque département en faveur des instituteurs primaires communaux.

33. Dans le délai de trois mois, notre ministre de l'instruction publique réglera, conformément à l'art. 18 de la

loi du 28 juin dernier, le nombre et la circonscription des comités d'arrondissement.

Dans les trois mois qui suivront l'installation des comités d'arrondissement il sera procédé à l'organisation des comités communaux.

Jusqu'à l'installation des nouveaux comités, les comités actuels continueront leurs fonctions.

34. Pareillement jusqu'à l'installation des nouveaux comités, et lorsqu'il s'agira de nommer un instituteur communal, le conseil municipal présentera les candidats au comité placé au chef-lieu de l'arrondissement, après avoir pris l'avis du comité dont la commune ressort immédiatement. Le comité du chef-lieu d'arrondissement nommera l'instituteur, et se conformera aux dispositions de l'art. 28 de la présente ordonnance.

35. Dans le cas prévu par l'art. 23 de la loi du 28 juin dernier, le droit de suspension et de révocation sera de même exercé par le comité placé au chef-lieu de l'arrondissement, ou d'office, ou sur la plainte adressée par le comité dont ressortira immédiatement l'instituteur inculpé.

36. Nos ministres de l'instruction publique, du commerce et des travaux publics, et des finances sont chargés, chacun en ce qui le concerne, de l'exécution de la présente ordonnance.

Donné à Paris, au palais des Tuileries, le 16 juillet 1833.

Signé LOUIS-PHILIPPE.

Par le roi :

Le ministre secrétaire d'état au département de l'instruction publique,

Signé GUIZOT.

CIRCULAIRE DE M. LE MINISTRE DE L'INSTRUCTION PUBLIQUE, AUX PRÉFETS DES DÉPARTEMENTS POUR L'EXÉCUTION DE LA LOI ET DE L'ORDONNANCE DU 16 JUILLET 1833.

Paris, le 24 juillet 1833.

Monsieur le préfet, j'ai l'honneur de vous adresser, pour vous et pour MM. les sous-préfets de votre département, plusieurs exemplaires de la loi du 28 juin dernier sur l'instruction primaire, et de l'ordonnance royale du 16 de ce mois qui en règle l'exécution.

Pour atteindre à ce but, monsieur le préfet, votre concours est nécessaire, et j'y compte pleinement. Je n'ai pas besoin d'insister auprès de vous sur l'importance d'une telle œuvre; vous êtes trop éclairé pour ne pas la reconnaître. Mais, en même temps qu'elle est importante, elle est étendue, compliquée; elle exigera de longs travaux; elle rencontrera plus d'un obstacle: il est donc indispensable d'agir promptement, et sans prétendre tout faire en un jour, de n'en perdre du moins aucun.

D'ailleurs, la prochaine confection des rôles des contributions directes pour 1834, et la nécessité d'établir avant l'époque de cette opération les impositions que les communes et les départements auront à voter afin de pourvoir aux besoins de l'instruction primaire pendant cette année, nous commandent d'apporter la plus grande activité dans notre travail.

En parcourant les différents articles de la loi et de l'ordonnance du roi qui se rattachent à l'administration départementale et communale, je vais, monsieur le préfet, vous donner les principales explications dont chacune de ces dispositions me paraît susceptible. Plus tard, et soit d'après vos observations, soit de mon propre mouvement, j'ajouterai sur chaque question spéciale les éclaircissements qui pourront être nécessaires.

Délibérations des conseils municipaux.

L'article 1er de l'ordonnance indique les objets sur lesquels les conseils municipaux auront à délibérer chaque année, dans leur session de mai, relativement à l'instruction primaire. Cette session ayant déjà eu lieu pour 1833, l'article 31 leur enjoint de s'occuper de ces mêmes objets dans leur session d'août. Vous aurez en conséquence, monsieur le préfet, à transmettre à MM. les maires, aussitôt que cette lettre vous sera parvenue, les instructions nécessaires pour qu'ils fassent délibérer les conseils municipaux sur l'organisation des écoles primaires publiques pour 1834.

Nombre d'écoles publiques par commune.

L'article 9 de la loi impose à toute commune l'obligation d'entretenir, soit par elle-même, soit en se réunissant à une ou plusieurs communes voisines, au moins une école primaire élémentaire.

Dans les communes trop considérables pour qu'une seule école suffise, la loi ne règle point d'une manière générale quel sera le nombre d'écoles publiques que chaque commune devra entretenir en raison de sa population. Cette question est évidemment subordonnée au plus ou moins grand nombre d'écoles privées établies dans la commune, au plus ou moins d'aisance des habitants, et à d'autres circonstances de ce genre. On peut, je pense, regarder comme désirable qu'il y ait une école publique par chaque agglomération de deux mille à trois mille habitants. Mais je n'ai rien à prescrire à ce sujet. Vous saurez bien, monsieur le préfet, constater les besoins locaux, et exciter soit les autorités municipales, soit la population elle-même, à faire tout ce qui se pourra pour y satisfaire.

Réunion des communes pour entretenir une école primaire publique.

La loi laisse aux communes la faculté de se réunir pour entretenir ensemble une école primaire élémentaire. Ces réunions entraîneront presque toujours des inconvénients, soit que l'instituteur ait à se rendre dans chacune des communes ainsi agglomérées, soit que les enfants doivent se transporter dans la commune centrale, ou dans celle qui sera pourvue d'une maison d'école. Je sais qu'il est un cas malheureusement trop fréquent où la réunion est inévitable ; c'est lorsque les communes ont une population si faible qu'elles ne peuvent fournir à l'école qu'un très petit nombre d'enfants. Il ne faut point méconnaître cette nécessité là où elle existe, ni se montrer difficile à autoriser de telles agglomérations, lorsqu'elles sont l'unique moyen d'assurer l'établissement d'une école ; mais je vous recommande de veiller à ce que les communes qui auraient une population assez considérable, et des ressources suffisantes pour entretenir seules une école publique, n'abusent pas de la faculté que leur donne la loi, en se réunissant dans l'unique vue de diminuer les dépenses que chacune d'elles aurait à supporter pour cet objet. Vous m'adresserez, le 5 septembre au plus tard, un état des communes qui auront demandé à se réunir pour entretenir ensemble une école primaire publique, et vous me ferez connaître leur population, leurs revenus, et les motifs qui peuvent rendre la réunion nécessaire.

Création d'écoles plus particulièrement affectées à l'un des cultes reconnus par l'état.

Dans les communes dont les habitants professent différents cultes reconnus par l'état, des écoles plus particulièrement affectées à chacun de ces cultes peuvent être établies, le conseil municipal entendu, et avec mon autorisation. Il est, en général, désirable que les enfants dont les familles ne professent pas les mêmes croyances religieuses contractent de bonne heure, en fréquentant les mêmes écoles, ces habitudes de bienveillance réciproque et de tolérance mutuelle qui deviendront plus tard, entre les citoyens, de la justice et de l'harmonie. Il peut néanmoins être quelquefois nécessaire, dans l'intérêt même de la paix publique, que des écoles spéciales soient ouvertes, au sein de la même commune, pour chaque culte. Vous aurez soin de me transmettre, avant le 5 septembre, les délibérations prises à ce sujet par les conseils municipaux, avec votre avis. Il serait possible que, dans quelques communes mixtes, les élections n'eussent appelé au conseil municipal que des hommes d'une même religion, et des conseils ainsi formés pourraient se montrer enclins à n'entretenir qu'une seule école, bien que des circonstances locales, telles que d'anciennes et profondes dissidences, l'importance de la population, ou telle autre cause, rendissent l'ouverture d'une seconde école très convenable. Je vous recommande d'examiner avec le plus grand soin les réclamations qui s'élèveraient contre les délibérations de ces conseils municipaux. Vous les leur communiquerez pour avoir leur avis; vous me les enverrez ensuite avec le vôtre, et vous me ferez connaître le nombre des habitants de chaque communion, ainsi que tous les faits propres à éclairer la décision que j'aurai à prendre.

Ne perdez jamais de vue, monsieur le préfet, que l'efficacité aussi bien que la liberté de l'éducation religieuse, et la sécurité des familles à cet égard, sont les considérations dominantes qui doivent diriger en ceci l'administration.

Ouverture d'écoles primaires supérieures dans les communes qui ne se trouvent pas dans le cas prévu par l'article 10 de la loi.

L'article 10 de la loi du 28 juin impose aux communes chefs-lieux de département, et à celles dont la population excède 6,000 âmes (1), l'obligation d'avoir une école primaire supérieure. Je vous adresserai incessamment, sur ce genre d'établissements, des instructions spéciales. Je veux seulement vous prévenir aujourd'hui que, si des communes non comprises dans ces deux catégories veulent établir des écoles primaires supérieures, loin de m'y opposer, j'apprendrai avec plaisir qu'elles en ont voté la création, et je m'efforcerai de les seconder. Mais ayez soin de prévenir vos administrés que je ne pourrai accorder quelque subvention sur les fonds de l'état, pour concourir à de tels établissements, qu'autant que les communes qui voudront les posséder, sans y être légalement obligées, auront fait elles-mêmes, dans ce dessein, tous les sacrifices qui seront en leur pouvoir.

Location de maisons d'école.

En imposant aux communes l'obligation de fournir à chaque instituteur un local convenablement disposé, tant pour lui servir d'habitation que pour recevoir les élèves, le législateur n'a pas entendu contraindre celles qui en manquent à acheter ou à construire immédiatement des maisons d'école. Il suffira, pour accomplir le vœu de la loi, qu'elles se procurent un local provisoire par la voie la plus économique, celle de la location. Vous inviterez en conséquence les maires des communes qui ne possèdent point de maisons d'école, et qui ne peuvent en acquérir sur-le-champ, à visiter les locaux qui conviendraient le mieux à cet emploi, à s'entendre avec les propriétaires sur les conditions de la location, et à se tenir prêts à les soumettre au conseil municipal dans sa prochaine session. Vous aurez soin de vous assurer que ce local, choisi par le maire et les membres du conseil municipal, est effectivement, de tous ceux qui pouvaient être loués, le plus convenable pour

(1) Voir ci-après, page 157, le tableau de ces communes.

la tenue de l'école, et vous n'approuverez le bail qu'après en avoir acquis la certitude.

Construction, achat et réparation de maisons d'écoles.

Mais il est à désirer que toutes les communes se mettent, aussitôt qu'il se pourra, et soit par les sacrifices qu'elles feront, soit par les secours qu'elles recevront du département ou de l'état, en mesure de devenir propriétaires de maisons d'école; c'est un but qu'elles doivent s'efforcer d'atteindre, et vers lequel je vous recommande de les diriger. Dans l'espoir qu'on pourra y réussir en quelques années, l'article 3 de l'ordonnance du roi a décidé que la durée des baux ne pourrait dépasser six ans; le gouvernement viendra au secours des communes qui seraient dans l'impossibilité de réunir, avant l'expiration de ce délai, les sommes nécessaires pour se dispenser de recourir à des locations semblables. Je me propose de réserver annuellement, sur les fonds mis à la disposition de mon département pour encouragements à l'instruction primaire, une somme qui sera spécialement employée à aider les communes dans leurs projets d'acquisition, construction et réparation de maisons d'école.

Cette somme sera répartie entre elles, dans la proportion de leurs besoins et des fonds qu'elles voteront pour cette dépense. Je vous prie de faire connaître, aussi exactement que vous le pourrez, au conseil général, lors de sa prochaine session, la situation des communes de votre département sous ce rapport, et de lui proposer d'ouvrir, dans le budjet de 1834, un crédit destiné à y pourvoir (1).

Fixation du traitement des instituteurs.

Les conseils municipaux auront à régler, dans leur session du mois d'août, le traitement fixe de chaque instituteur. Ce traitement ne peut être au dessous de deux cents francs

(1) Voir dans la deuxième partie, page 134, un chapitre sur les votes des conseils généraux.

pour une école primaire élémentaire, et de quatre cents francs pour une école primaire supérieure. Les communes qui sont obligées de s'imposer tous les ans, pour suppléer à l'insuffisance de leurs revenus ordinaires, ne pourront guère dépasser ce minimum. Cependant la loi ne le leur interdit point; et elles pourront assigner à leur instituteur, sur le produit de leur imposition extraordinaire, le traitement qui leur paraîtra convenable. Quant aux communes qui ont des revenus ordinaires élevés, il est fort à désirer que, combinant le traitement fixe qu'elles accorderont à leurs instituteurs avec les produits qu'ils pourront retirer de la rétribution mensuelle, elles s'appliquent à leur assurer une existence honorable et qui les place au-dessus du besoin.

Vote d'impositions spéciales.

Si une commune ne peut avec ses revenus ordinaires, et avec le produit des fondations, donations ou legs affectés ou susceptibles d'être affectés aux besoins de l'instruction primaire, pourvoir au traitement fixe de l'instituteur et à la location d'une maison d'école, le conseil municipal doit prendre une délibération pour voter, jusqu'à concurrence de trois centimes additionnels au principal des contributions foncière, personnelle et mobilière, une imposition spéciale à l'effet de pourvoir à ces dépenses. Vous préviendrez expressément MM. les maires que, si les conseils municipaux des communes qui se trouvent dans la nécessité de recourir à cette imposition négligeaient de la voter, la loi donne au gouvernement le droit de l'établir par ordonnance royale, et qu'après un examen attentif des besoins et des moyens de la commune, le gouvernement n'hésiterait pas, s'il y avait lieu, à user de ce droit.

S'il arrivait que, faute d'instituteur, le montant de cette imposition, laissé momentanément sans emploi, fût placé au trésor royal, avec les autres fonds libres de la commune, conformément à l'article 8 de l'ordonnance du roi, les receveurs des finances et les receveurs municipaux auraient à veiller à ce que, sous aucun prétexte, cette somme ne pût être appliquée à d'autres dépenses qu'à celles de l'instruction primaire. Je vous prie de leur en adresser la recommandation expresse.

Envoi des délibérations aux préfets et sous-préfets.

L'article 30 de l'ordonnance royale prescrit à MM. les maires de faire parvenir immédiatement, et au plus tard avant le 20 août, à MM. les préfets et sous-préfet, les délibérations que doivent prendre les conseils municipaux. Veuillez bien leur recommander de ne point dépasser ce délai. Au fur et à mesure que ces délibérations parviendront dans vos bureaux et dans ceux des sous-préfectures, elles seront inscrites sommairement sur les cadres que je vous adresse. J'y joins un modèle offrant les divers cas qui peuvent se présenter (1).

Examen des ressources des communes.

Lors de la rédaction des budgets des communes, les conseils municipaux se bornent souvent à évaluer les recettes au taux nécessaire pour couvrir les dépenses. Vous aurez soin d'examiner, pour toutes les communes qui seront dans la nécessité de recourir à une imposition, si leurs revenus ne devraient pas être évalués à une somme plus élevée. Après cet examen, qui devra s'appliquer à toutes les sources du revenu municipal, vous aurez soin de faire, dans les budgets, les rectifications dont vous auriez reconnu la nécessité. Il ne serait ni juste ni conforme à la loi qu'une commune qui, en retirant de ses biens communaux tous les revenus qu'ils sont susceptibles de produire, pourrait pourvoir aux dépenses de l'instruction primaire avec ses propres ressources, fît acquitter une partie de ces dépenses par le département et par l'état.

(1) Nous donnons ces modèles à la fin du volume, ainsi que tous les autres dont il est fait mention dans le *Code*.

Réduction au minimum du traitement fixe des instituteurs, lorsque l'état doit en fournir le complément.

Le traitement fixe des instituteurs ne peut être complété sur les fonds de l'état que lorsqu'il n'atteint pas le minimum fixé par l'article 12 de la loi. Vous vérifierez en conséquence si le produit des fondations, donations et legs, les sommes votées par les conseils municipaux et le conseil général et les cinq centimes additionnels aux contributions foncière, personnelle et mobilière de 1834, peuvent fournir de quoi acquitter le traitement fixe accordé aux instituteurs. Dans le cas où ils ne suffiraient pas, vous veillerez à ce que ce traitement ne dépasse point le minimum légal, de telle sorte que l'état n'ait à fournir que ce qui sera nécessaire pour compléter ce minimum.

Rédaction du tableau des dépenses de l'instruction primaire.

Aussitôt que les états de répartition des contributions directes de 1834 vous auront été remis, vous calculerez, pour chaque commune, le montant des trois centimes additionnels au principal des contributions foncière, personnelle et mobilière; et au fur et à mesure que les dépenses qu'aura à faire chaque localité pour l'instruction primaire auront été réglées, vous indiquerez le montant de l'imposition spéciale qu'elle devra supporter. Vous pourrez charger MM. les sous préfets de faire la même opération dans les arrondissements autres que celui du chef-lieu.

Le 1er septembre vous déterminerez d'office, sauf approbaiion supérieure, les sommes que vous jugerez devoir être acquittées par les communes pour lesquelles les délibérations des conseils municipaux ne vous seraient pas encore parvenues, tant pour la location des maisons d'école, s'il y a lieu, que pour le traitement fixe de l'instituteur. Vous les ferez inscrire à l'encre rouge sur le tableau des dépenses auxquelles donnera lieu l'entretien des écoles communales publiques en 1834. Le prix de location sera réglé d'après les connaissances locales que vous pourriez posséder, et par analogie avec ce qui existe dans les communes dont la position est à peu près semblable. Le traitement fixe sera toujours le minimum réglé par la loi.

Envoi de ce tableau au ministère.

MM. les sous-préfets vous adresseront immédiatement ce tableau, après en avoir totalisé les diverses colonnes et avoir rempli le résumé qui se trouve au verso du dernier feuillet. Vous rédigerez sans délai deux tableaux conformes aux modèles n°s 2 et 3, qui présenteront : le premier, le relevé des communes qui n'auraient pas réglé les dépenses auxquelles doit donner lieu l'entretien des écoles primaires en 1834; le second, le relevé de celles qui, ayant réglé ces dépenses, n'auraient pas voté d'imposition spéciale pour y satisfaire. Deux expéditions de ces états me seront envoyées au plus tard le 5 septembre, avec une expédition des tableaux des dépenses de l'instruction primaire, auxquels seront annexés une récapitulation par arrondissement et un résumé général. La seconde expédition de ces derniers tableaux restera déposée à la préfecture.

Allocations de fonds pour les besoins de l'instruction primaire, et votes d'impositions, s'il y a lieu.

Les tableaux des dépenses auxquelles donnera lieu l'entretien des écoles primaires publiques pour 1834 devraient être mis sous les yeux du conseil général pour servir à déterminer les sommes qu'il aura à fournir ou l'imposition qu'il aura à voter, à l'effet de pourvoir à ces dépenses. La réunion très prochaine de ces conseils ne nous permet de leur présenter dans cette session que des approximations. Veuillez bien, monsieur le préfet, vous attacher dès à présent à établir aussi exactement que vous le pourrez : 1° Les dépenses qu'auront à faire en 1834 les diverses communes de votre département, soit pour la location des maisons d'école, soit pour le paiement du traitement fixe des instituteurs ; 2° les sommes que pourront fournir les communes, soit avec le produit des fondations, donations et legs affectés à l'instruction primaire, soit par leurs revenus ordinaires, soit au moyen des impositions que les conseils municipaux doivent voter ; 3° enfin les sommes que le département devrait fournir, soit sur ses revenus ordinaires, soit en s'imposant conformément aux dispositions de l'article 13 de la loi. Je suis persuadé que les conseils généraux qui ont déjà alloué l'an dernier des sommes considérables pour l'instruction primaire, dans l'attente de la loi qui vient d'être promulguée, ne refuseront pas, aujourd'hui qu'il s'agit de la mettre à exécution, les moyens de faire jouir le pays des bienfaits qu'elle doit lui procurer.

ÉCOLES NORMALES PRIMAIRES.

Réunion de plusieurs départements pour entretenir une école normale primaire.

La loi fait une obligation aux départements d'entretenir une école normale primaire, soit par eux-mêmes, soit en se réunissant à un ou plusieurs départements voisins. Il est désirable que chaque département ait son école normale primaire. Néanmoins, si vous pensiez que celui dont l'administration vous est confiée ne pût suffire seul à l'entretien d'une école de cette nature, vous voudrez bien vous concerter avec vos collègues des départements voisins, dans le ressort de la même académie, afin d'appeler les conseils généraux à délibérer sur la réunion des départements pour cet objet. Vous m'adresserez, dans le plus bref délai, copie de la délibération que le conseil général de votre département aura prise à ce sujet, avec votre avis, pour que je la soumette, s'il y a lieu, à l'approbation du roi.

Rédaction d'un aperçu des dépenses de l'école normale.

Vous vous concerterez immédiatement avec M. le recteur de l'académie pour rédiger, conformément à ma circulaire du 12 janvier dernier, un aperçu des dépenses auxquelles donnera lieu l'école normale primaire. Vous mettrez cet aperçu sous les yeux du conseil général, dans sa prochaine session, et vous lui proposerez de voter les dépenses nécessaires pour l'entretien, ou la création, s'il y a lieu, de cette école.

Nature des dépenses.

Ces dépenses sont de deux sortes : les unes sont fixes et ont pour objet les frais d'acquisition, d'appropriation ou de location de bâtiment, le traitement du directeur et des professeurs, l'achat et l'entretien du matériel et des diverses fournitures qui pourraient être faites gratuitement aux élèves, les encouragements accordés à ceux qui se distinguent, etc., etc.; les autres sont variables, et ont pour objet la nourriture, le chauffage, le blanchissage, etc., des élèves. Celles-ci doivent être acquittées, soit avec les pensions des élèves, soit avec le produit des bourses fondées par l'état, le département ou les communes. Le boni que peuvent présenter les dépenses de cette dernière classe doit servir en outre à acquitter celles de la première, concurremment avec les secours que j'allouerai à cet effet, s'il y a lieu, et avec les sommes fournies par le département ou par les départements réunis, d'après la triple base de la population, du nombre des communes et du principal des contributions foncière, personnelle et mobilière.

Création de bourses.

Le conseil général aura donc à fixer le taux de la pension de chaque élève et à créer un certain nombre de bourses ou de portions de bourses en faveur des aspirants qui n'auraient pas les moyens de payer, soit en totalité, soit en partie, leur pension. Il pourra déterminer en même temps leurs obligations spéciales vis-à-vis du département. De mon côté, je suis dans l'intention d'affecter une partie du crédit qui m'est ouvert dans le budget général de l'état pour encouragement à l'instruction primaire, soit à concourir aux dépenses fixes, soit à créer des bourses dans chaque école normale. Je vous engage à inviter les conseils municipaux des villes riches à fonder de semblables bourses, et ceux des communes rurales à payer tout ou partie de la pension de l'élève qu'ils voudraient avoir pour instituteur. Il y a lieu d'espérer que les personnes et les associations charitables créeront aussi des bourses dans ces établissements; les départements seront admis à recevoir les fondations, donations ou legs pour leurs écoles normales primaires; et il pourra arriver que les bourses deviennent un jour assez nombreuses, non-seulement pour couvrir toutes les dépenses, mais encore pour permettre de capitaliser des excédants de recettes, et donner ainsi aux écoles normales primaires, dont l'utilité, évidente par elle-même, est déjà prouvée par l'expérience, les moyens de se soutenir avec leurs propres revenus.

L'article 23 de l'ordonnance du 16 de ce mois permet de créer des écoles-modèles dans les départements d'une étendue considérable, ainsi que dans ceux dont les habitants professent différents cultes. Ces écoles peuvent être fort utiles, surtout pendant les premières années qui suivront la publication de la loi. Tel instituteur, aujourd'hui en fonctions, qui ne voudrait pas faire les frais d'un déplacement jusqu'au chef-lieu du département pour se perfectionner dans les diverses méthodes d'enseignement, hésitera moins à se déplacer s'il trouve près de sa résidence une école où il puisse acquérir les connaissances qui lui manquent. Dans les départements dont les habitants professent différents cultes, il sera peut-être nécessaire d'ouvrir ou de seconder une école-modèle destinée à former des instituteurs pour les enfants qui appartiennent à l'un de ces cultes. Si vous pensiez qu'il fût convenable de créer des écoles-modèles dans votre département, vous voudrez bien proposer au conseil général de voter quelques secours pour cet objet. Les communes qui y enverront des élèves, et l'état, si sur votre proposition je crois utile d'en autoriser l'ouverture, fourniront le complément des dépenses auxquelles donnerait lieu leur entretien.

Statuts des caisses d'épargne et de prévoyance.

L'article 15 de la loi du 28 juin porte qu'il sera établi, dans chaque département, une caisse d'épargne et de prévoyance en faveur des instituteurs primaires communaux; et l'article 16 de l'ordonnance royale prescrit aux conseils généraux de délibérer dans leur prochaine session sur les statuts de ces caisses. Je vous adresserai incessamment un projet de statuts que vous présenterez au conseil général, et vous m'enverrez, dans le plus bref délai, copie de la délibération qu'il aura prise à ce sujet (1).

Dons du département en faveur de la caisse d'épargne et de prévoyance.

Le mode prescrit par la loi, pour le cumul et le remboursement avec intérêts des retenues exercées sur le traitement des instituteurs, leur procurera quelques secours à la fin de leur carrière, mais sera loin de leur assurer une existence à l'abri du besoin. Peut-être le conseil général de votre département jugera-t-il convenable de voter annuellement un

(1) Voir ci-après, page 138, ce projet de statuts

crédit, quelque faible qu'il soit, qui serait versé à la caisse d'épargne à titre de don départemental, et qui contribuerait à soulager la vieillesse des hommes voués à l'humble et pénible condition d'instituteurs primaires dans les communes rurales. Veuillez appeler son attention sur cet objet.

Rôles de la rétribution mensuelle.

Les conseils municipaux auront à déterminer, dans leur session d'août, le taux de la rétribution mensuelle que doit recevoir l'instituteur. Celui-ci demeure toujours libre de faire avec les parents des élèves, quant au paiement en denrées de cette rétribution, les conventions que d'un commun accord ils croiront devoir adopter; et les noms des parents avec lesquels il se serait ainsi arrangé ne devront pas figurer sur l'état qu'il remettra au maire au commencement de chaque mois. Le maire visera cet état, le transmettra au sous-préfet, qui le rendra exécutoire, et après en avoir inscrit les résultats sur le tableau dont le modèle est ci-joint sous le numéro 4, le sous-préfet le fera parvenir immédiatement au percepteur. Le 15 de chaque mois, les sous-préfets feront passer aux receveurs particuliers des finances un état du montant des rôles qu'ils auront ainsi arrêtés. Ces comptables en débiteront le percepteur et surveilleront le recouvrement des rôles. Au commencement de chaque année, vous demanderez aux sous-préfets une copie de l'état général du montant des rôles qu'ils auront arrêtés pendant l'année précédente, et vous m'en ferez l'envoi.

Recouvrement et paiement de la rétribution.

L'article 14 de la loi et l'article 11 de l'ordonnance assimilent ces rôles, tant pour le recouvrement que pour les réclamations auxquelles ils pourraient donner lieu, aux rôles des contributions directes. Le percepteur en versera le montant dans la caisse du receveur municipal, d'où il sera retiré sur mandat du maire. Les frais de recouvrement, autres que ceux de poursuites, seront remboursés par la commune.

Réclamations.

Vous insérerez, dans l'arrêté que vous prenez annuellement pour régler le délai dans lequel doivent être présentées les réclamations en matière de contributions directes un article spécial pour les réclamations auxquelles pourraient donner lieu les rôles de la rétribution mensuelle des instituteurs primaires. Ces réclamations devront être déposées à la sous-préfecture dans les quinze jours qui suivront la remise de l'avertissement; vous délivrerez, comme pour les contributions directes, des ordonnances pour les dégrèvements qui seraient accordés soit par vous, soit par les conseils de préfecture.

Admission d'élèves indigents dans les écoles élémentaires et supérieures.

Enfin les conseils municipaux auront à dresser, dans cette même session d'août, l'état des élèves qui devront être reçus gratuitement à l'école primaire élémentaire. Ils auront à fixer, dans les communes chefs-lieux de département, ainsi que dans celles dont la population excède six mille ames, le nombre des places gratuites qui seront mises au concours pour l'école primaire supérieure, s'ils jugent à propos de créer des places de ce genre. Je vous invite à appeler leur attention sur tous ces objets. Vous leur ferez observer en même temps que l'admission gratuite d'un certain nombre d'élèves devant être le prix du logement et du traitement fournis par les communes à l'instituteur, celui-ci ne peut être assujetti, sous ce rapport, à aucune obligation rigoureuse pour le reste de l'année 1833, à moins qu'il ne jouisse déjà d'avantages analogues à ceux que la loi a déterminés.

Circonscription des comités d'arrondissement.

Trois membres du conseil d'arrondissement, ou habitants notables, désignés par ledit conseil, doivent siéger dans chaque comité d'arrondissement. Il est nécessaire que cette désignation soit faite dans la seconde partie de la session de ces conseils, qui aura lieu du 20 au 24 août prochain. Je ne puis d'ici à cette époque arrêter de nouvelles circonscriptions de comités; celles qui existent seront donc provisoirement maintenues. Ainsi, pour cette fois, les conseils des arrondissements qui n'ont qu'un comité choisiront trois notables; ceux des arrondissements partagés en deux ressorts en éliront six, et ainsi de suite. Ces membres élus se réuniront aux membres de droit, énumérés à l'article 9 de la loi, et la liste complète des membres de chaque comité me sera envoyée pour le 1er septembre, afin que, dans le courant dudit mois, toutes ces réunions, organisées selon les dispositions nouvelles qui les concernent, puissent entrer dans l'exercice de leurs fonctions.

Quant à la fixation définitive du nombre des comités et de leur circonscription, dont j'ai à m'occuper en vertu du paragraphe 2 de l'article 18 de la loi, j'attendrai à ce sujet des propositions concertées entre vous et M. le recteur de l'académie. Je vous invite seulement à remarquer que, d'après l'article 33 de l'ordonnance du 16 juillet, les nouvelles circonscriptions doivent être réglées dans le délai de trois mois. Je vous prie donc de vous occuper sans retard de ce travail, au sujet duquel je vous adresserai incessamment, ainsi qu'à MM. les recteurs, des instructions particulières.

Frais de bureau des comités.

L'article 27 de l'ordonnance du roi décide que les frais de bureau des comités communaux seront supportés par les communes, et ceux des comités d'arrondissement par le département. Vous donnerez les instructions nécessaires pour que ces dispositions reçoivent leur exécution. Les comités devant presque toujours se réunir, soit dans la maison commune, soit à l'hôtel de la sous-préfecture ou de la préfecture, leurs séances n'occasioneront que des frais extrêmement bornés (1).

Attributions des préfets et des recteurs.

Telle est, monsieur le préfet, la série des opérations que vous aurez à exécuter avant le 5 septembre prochain, pour assurer, en ce qui vous concerne, la mise en vigueur de la loi du 28 juin. Je vais donner également à MM. les recteurs des instructions détaillées sur l'action qu'ils ont à exercer en cette matière, et je vous transmettrai ces instructions, afin que vous en ayez prompte et complète connaissance, comme je donnerai communication à MM. les recteurs de celles qui vous sont adressées. Je sais, monsieur le préfet, qu'il s'est élevé quelquefois, je ne dirai pas un conflit, mais quelque embarras dans les attributions respectives des préfets et des recteurs en fait d'instruction primaire. On ne saurait prevoir et résoudre d'avance toutes les petites difficultés qui peuvent naître à ce sujet. Il est évident que, dans l'exécution de la loi nouvelle, tout ce qui se rattache à l'administration générale de l'état, notamment à l'administration des départements et des communes, est essentiellement de votre compétence, tandis que ce qui concerne le personnel des écoles, leur régime intérieur, l'enseignement, appartient à l'administration spéciale de l'instruction publique. Ainsi, les questions relatives à la fondation première des écoles, à leur circonscription, à la place qu'elles doivent occuper et aux moyens d'existence qu'elles doivent puiser dans les budgets départementaux et communaux, sont particulièrement de votre ressort; et d'autre part, la surveillance intellectuelle et morale des écoles, de la conduite et des mé-

(1) Voir dans la deuxième partie, page 193, un article spécial sur cet objet

thodes des instituteurs, les encouragements ou les reproches à leur adresser, la correspondance habituelle avec les comités communaux et d'arrondissements rentrent dans les attributions des fonctionnaires de l'instruction publique. C'est là le principe général d'après lequel doivent être réglés vos actes ainsi que ceux de MM. les recteurs, et qui, au besoin, servirait à résoudre les questions qui pourraient s'élever à ce sujet entre eux et vous. Mais je ne me dissimule pas, monsieur le préfet, qu'un principe général ne fournit pas toujours la solution prompte et claire des difficultés qui se rencontrent dans l'administration pratique ; et pour remédier à leurs inconvénients, je compte moins, je l'avoue, sur la délimitation donnée en principe et par avance des attributions diverses, que sur votre bon esprit et celui de MM. les recteurs dans l'exécution de la loi. Vous y avez les uns et les autres une large part; votre double intervention y est nécessaire. La vôtre notamment, monsieur le préfet, a beaucoup d'importance au moment où il s'agit de mettre en vigueur une loi nouvelle et de fonder beaucoup de nouvelles écoles. Il y a là des opérations pour lesquelles l'administrateur général du département est seul compétent ; mais, à raison de la situation qu'il occupe au centre de toutes les affaires, à raison de l'étendue et de la variété de ses attributions, sa bienveillance active, son concours fréquent en fait d'instruction primaire sont indispensables. Je les réclame avec pleine confiance, monsieur le préfet ; je me tiens pour assuré que non seulement vous ferez, en ce qui vous concerne, tout ce que vous pourrez, afin d'accomplir l'œuvre dont le roi et les chambres viennent de poser les bases, mais que vous prêterez en toute occasion, aux administrateurs spéciaux de l'université, force et appui. Je n'ignore pas, monsieur le préfet, que je vous demande un long travail, et que je vous le demande au moment où d'autres travaux d'une extrême importance, et qui ne sauraient être ajournés, absorbent presque entièrement votre temps et votre attention. Je compte cependant que vous saurez en trouver pour suffire à la nouvelle tâche qui vous est confiée, et pour imprimer à l'exécution de la loi sur l'instruction populaire ce premier et énergique mouvement qui doit en assurer le succès.

Recevez, monsieur le préfet, etc.

Le ministre de l'instruction publique,

Signé GUIZOT.

CIRCULAIRE ADRESSÉE AUX RECTEURS POUR L'EXÉCUTION DE LA LOI.

31 juillet 1833.

Monsieur le recteur, je vous envoie, soit pour vous-même, soit pour les principaux fonctionnaires de votre académie, des exemplaires de la loi du 28 juin dernier sur l'instruction primaire, de l'ordonnance royale du 16 de ce mois qui en règle l'exécution, et des instructions que je viens d'adresser le 24 à MM. les préfets pour les diriger dans les mesures administratives que la loi et l'ordonnance confient à leurs soins.

Quoique ces mesures, monsieur le recteur, presque toutes relatives à l'intervention des conseils municipaux et des conseils généraux de départements dans l'instruction primaire, soient du ressort de l'administration générale plutôt que du vôtre, vous serez souvent appelé à y prendre part, ne fût-ce que pour donner à MM. les préfets les renseignements et les avis propres à les éclairer. Je réclame tout votre zèle dans cette circonstance importante, et je vous engage à bien étudier les instructions que je vous communique, afin de prêter votre concours à l'administration générale, ou de réclamer le sien, toutes les fois que vous trouverez, à le faire, utilité ou seulement convenance. J'ai indiqué dans ces instructions le principe qui doit servir à poser la limite entre les attributions de MM. les préfets et les vôtres. Mais cette limite ne saurait être rigoureusement tracée : beaucoup de choses ne peuvent être faites que de concert et en commun. C'est de votre bonne intelligence avec l'administration générale que dépend le succès réel et définitif de la loi nouvelle. J'y compte pleinement, monsieur le recteur, et j'ai la ferme confiance que vous trouverez dans MM. les préfets les mêmes dispositions.

Quant aux parties de la loi et de l'ordonnance royale qui rentrent spécialement dans vos attributions, j'ai pensé qu'il convenait mieux d'en faire l'objet d'autant d'instructions distinctes, qui vous seront successivement adressées. Ainsi, je vous envoie 1° l'indication des mesures nécessaires pour préparer une inspection générale des écoles primaires que je me propose d'ordonner (1); 2° un réglement délibéré en conseil royal de l'instruction publique sur les brevets de capacité, et les commissions d'examen chargées de les délivrer, ainsi que les explications auxquelles ce réglement donne lieu. Je vous entretiendrai très prochainement des écoles primaires superieures, des caisses d'épargne et de prévoyance départementales pour les instituteurs primaires, de l'organisation des comités communaux et d'arrondissement, ainsi que de plusieurs autres mesures nécessaires à l'exécution de la loi, et qu'il vous appartient de diriger (2).

Je vous invite à examiner soigneusement de votre côté, monsieur le recteur, toutes les questions que la loi du 28 juin peut faire naître, à me communiquer vos observa-

(1) Cet objet n'étant pas réglémentaire ne trouvera point place dans le *Code de l'instruction primaire*.

(2) Le journal l'*Instituteur primaire* fait connaître ces instructions, à mesure qu'elles paraissent.

tions, les faits que vous découvrirez, les difficultés que vous rencontrerez, les diverses solutions qui vous paraîtront convenables et possibles. Je m'empresserai toujours de répondre à vos communications : c'est par nos efforts réunis et persévérants que nous accomplirons le bien que la loi promet à notre pays.

Recevez, etc.

Le ministre de l'instruction publique,

Signé GUIZOT.

RÉGLEMENT

SUR LES BREVETS DE CAPACITÉ ET LES COMMISSIONS D'EXAMEN.

19 Juillet 1833.

Le conseil royal de l'instruction publique,

Vu la loi du 28 juin 1833, art. 1, 4 et 25 (1),

Sur le rapport du conseiller chargé de ce qui concerne les écoles primaires,

Arrête ce qui suit :

1. Il y aura deux sortes de brevets de capacité, l'un pour

---

(1) Art. 1er. L'instruction primaire est élémentaire ou supérieure.

L'instruction primaire élémentaire comprend nécessairement l'instruction morale et religieuse, la lecture, l'écriture, les éléments de la langue française et du calcul, le système légal des poids et mesures.

L'instruction primaire supérieure comprend nécessairement, en outre, les éléments de la géométrie et ses applications usuelles, spécialement le dessin linéaire et l'arpentage; des notions des sciences physiques et de l'histoire naturelle, applicables aux usages de la vie; le chant, les éléments de l'histoire et de la géographie, et surtout de l'histoire et de la géographie de la France.

Selon les besoins et les ressources des localités, l'instruction primaire

l'instruction primaire élémentaire, l'autre pour l'instruction primaire supérieure.

Ces brevets seront délivrés après examen par les commissions d'instruction primaire, dans la forme qui sera ci-après déterminée.

2. Il y aura dans chaque ville chef lieu de département une commission d'instruction primaire chargée d'examiner tous les aspirants aux brevets de capacité. Cette commission sera renouvelée tous les trois ans. Les membres en seront indéfiniment rééligibles.

3. La commission d'instruction primaire sera composée de sept membres, dont trois seront nécessairement

---

pourra recevoir les développements qui seront jugés convenables.

Art. 4. Tout individu âgé de dix-huit ans accomplis pourra exercer la profession d'instituteur primaire, et diriger tout établissement quelconque d'instruction primaire, sans autre condition que de présenter au maire de la commune où il voudra tenir école,

1° Un brevet de capacité obtenu, après examen, selon le degré de l'école qu'il veut établir ;

2° Un certificat constatant que l'impétrant est digne, par sa moralité, de se livrer à l'enseignement. Ce certificat sera délivré, sur l'attestation de trois conseillers municipaux, par le maire de la commune ou de chacune des communes où il aura résidé depuis trois ans.

Art. 25. Il y aura dans chaque département une ou plusieurs commissions d'instruction primaire chargées d'examiner tous les aspirants aux brevets de capacité, soit pour l'instruction primaire élémentaire, soit pour l'instruction primaire supérieure, et qui délivreront lesdits brevets sous l'autorité du ministre. Ces commissions seront également chargées de faire les examens d'entrée et de sortie des élèves de l'école normale primaire.

Les membres de ces commissions seront nommés par le ministre de l'instruction publique.

Les examens auront lieu publiquement et à des époques déterminées par le ministre de l'instruction publique.

pris parmi les membres de l'instruction publique.

Ces membres seront :

Le recteur, ou un inspecteur par lui délégué, dans les villes où est le siége de l'académie ; le proviseur ou le censeur et un professeur, dans les villes où existe un collége royal ; un ou deux fonctionnaires du collége communal, dans les villes qui possèdent un établissement de cet ordre.

4. A moins de circonstances extraordinaires, sur lesquelles il sera prononcé par le recteur de l'académie, les commissions d'instruction primaire ne procéderent à l'examen des aspirants aux brevets de capacité que de six mois en six mois. Elles se rassembleront à cet effet dans les cinq premiers jours de mars et de septembre.

5. La présence de quatre membres au moins sera nécessaire pour les examens des aspirants aux brevets de capacité.

Dans tous les cas, le brevet ne pourra être délivré qu'à la majorité des voix.

6. Tout individu âgé de dix-huit ans accomplis pourra, en produisant son acte de naissance, se présenter devant une commission d'instruction primaire, pour subir l'examen de capacité.

Il sera seulement tenu de s'inscrire vingt-quatre heures d'avance au secrétariat de la commission.

7. Les examens auront lieu publiquement, dans une salle dépendant d'un établissement public.

Ils seront annoncés quinze jours d'avance par un arrêté du recteur, qui sera publié et affiché.

8. L'aspirant au brevet de capacité pour l'instruction primaire élémentaire devra satisfaire aux questions qui lui seront faites d'après le programme suivant :

Instruction morale et religieuse.....	Catéchisme.	
	histoire sainte...	Ancien Testament.
		Nouveau Testament.

Lecture...........	Imprimés........	français. latins.
	Manuscrits ou cahiers lithographiés.	

Écriture..........	bâtarde ronde cursive	en lettres.......	ordinaire. majuscules.

Procédés pour l'enseignement de la lecture et de l'écriture.

Éléments de la langue française.	Grammaire.................	Analyse grammaticale de phrases dictées.
	Orthographe.............	Théorie. Pratique.

Éléments du calcul..........	Théorie. Pratique	Numération.	
		Addition...... Soustraction.. Multiplication Division.......	Appliquées aux nombres entiers et aux fractions décimales.

Système légal des poids et mesures; conversion des anciennes mesures en nouvelles.

Premières notions de géographie, d'histoire.

9. L'aspirant au brevet de capacité pour l'instruction primaire supérieure devra satisfaire aux questions qui lui seront faites d'après le programme suivant :

1° Tout ce qui est compris dans le programme pour l'instruction primaire élémentaire ;

Et en outre, pour l'instruction morale et religieuse, quelques développements ;

Pour l'arithmétique, les proportions, les règles de trois et de société.

2° Notions de géométrie :

Angles perpendiculaires, parallèles ; surface des triangles ;

des polygones, du cercle; volume des corps les plus simples;

Dessin linéaire;

Applications usuelles de la géométrie { à l'arpentage. au toisé. au lever des plans.

Notions des sciences physiques et d'histoire naturelle applicables aux usages de la vie, et comprenant les définitions des machines les plus simples;

Éléments de la géographie et de l'histoire générales; de la géographie et de l'histoire de France;

Notions de la sphère;

Chant. { Musique Plain-chant } Théorie et Pratique;

Méthode d'enseignement { simultané. mutuel.

10. Le procès-verbal sera dressé, séance tenante, d'après un des modèles joints au présent réglement (1). Il sera signé de tous les examinateurs et du récipiendaire.

Un duplicata, revêtu des mêmes formalités, sera transmis au recteur de l'académie par le président de la commission, et restera déposé aux archives.

11. Un brevet conforme à l'un des modèles ci-joints (2) sera immédiatement délivré au candidat qui en aura été jugé digne.

12. Le brevet de capacité sera signé par les examinateurs et par l'impétrant.

Mention de la délivrance du brevet sera faite à l'instant sur un registre spécial, qui sera signé du président de la

---

(1) Voir, à la fin du volume, les modèles n. 5 et 6.

(2) Modèles, n. 7 et 8.

commission et de l'impétrant, qui restera déposé au secrétariat de la commission.

13. Après chaque séance, les juges indiqueront leur jugement sur chacun des candidats reçus, par un de ces termes : *très bien, bien, assez bien.*

A la fin de la session, la commission d'examen dressera, par ordre de mérite, la liste de tous les candidats reçus.

Cette liste sera envoyée au recteur pour être communiquée aux autorités.

14. Les inspecteurs généraux, dans leurs tournées, se feront représenter les procès-verbaux des examens de capacité et les listes des candidats reçus; et ils adresseront au ministre les observations auxquelles ces procès-verbaux et ces listes pourraient donner lieu.

15. Outre la commission qui sera formée au chef-lieu du département, et qui aura droit d'examiner tous les aspirants aux brevets de capacité, il pourra être établi, dans chaque arrondissement de sous-préfecture, une commission d'instruction primaire à l'effet d'examiner les aspirants au brevet de capacité pour l'instruction primaire élémentaire.

Cette commission sera composée de sept membres, et elle se conformera à toutes les dispositions des art. 4, 5, 6, 7, 8, 10, 11 et 12 du présent réglement.

Dispositions transitoires.

16. Pendant trois ans, le brevet de capacité pour l'instruction primaire supérieure pourra être accordé aux candidats qui n'auraient pas satisfait à la partie de l'examen relative au chant.

Mention expresse de cette circonstance sera faite sur le brevet.

17. Les commissions actuelles d'examen continueront leurs fonctions jusqu'à l'établissement des nouvelles commissions ; elles se conformeront aux dispositions de la loi

du 28 juin et à celles du présent réglement, en ce qui concerne les examens et la délivrance des brevets.

Les commissions établies aux chefs-lieux des académies pourront seules faire les examens et délivrer les brevets de capacité pour l'instruction primaire supérieure.

La présence de quatre membres au moins sera nécessaire pour tous les examens.

Le conseiller exerçant les fonctions de vice-président,
Signé VILLEMAIN.

Le conseiller exerçant les fonctions de secrétaire,
Signé V. COUSIN.

Approuvé, conformément à l'article 21 de l'ordonnance de 1829.

Le ministre de l'instruction publique,
Signé GUIZOT.

CIRCULAIRE ADRESSÉE AUX RECTEURS SUR LES BREVETS DE CAPACITÉ.

3 août 1833.

Monsieur le recteur, il était indispensable, pour l'exécution de la loi du 28 juin dernier, sur l'instruction primaire, d'adopter de nouvelles dispositions à l'égard des brevets de capacité, et des examens d'après lesquels ces brevets devront être délivrés à l'avenir.

Je viens d'arrêter en conseil royal les mesures propres à réaliser, en cette matière, les intentions du législateur, et j'ai l'honneur de vous adresser le réglement qui en prescrit l'application.

Aux termes de l'article 25 de la loi, il doit y avoir, dans chaque département, une ou plusieurs commissions d'instruction primaire nommées par le ministre de l'instruction publique, et chargées 1° d'examiner publiquement, à des époques déterminées, tous ceux qui veulent obtenir des brevets de capacité, soit pour l'instruction primaire élémentaire, soit pour l'instruction primaire supérieure; 2° de délivrer les brevets aux aspirants qui en auront été jugés dignes (1).

Ainsi, monsieur le recteur, la loi veut que, dans chaque département, il existe une commission d'examen; elle permet d'en établir plusieurs. Sur ce dernier point, j'aurai besoin de recueillir les observations que l'expérience vous aura suggérées. C'est à vous à me dire s'il vous paraît que, dans l'intérêt des candidats, comme pour le bien du service, il convienne de placer une de ces commissions dans chaque arrondissement de sous-préfecture, ou s'il suffirait d'en former une seule au chef-lieu du département. J'attendrai vos propositions à ce sujet : je vous prie de me les adresser aussi promptement qu'il vous sera possible.

Il ne vous échappera pas que, d'après les articles 2 et 15 du réglement, il y aurait une différence essentielle entre la commission établie au chef-lieu du département, et les autres commissions. Celles-ci ne s'occuperaient que des examens et des brevets pour l'instruction primaire élémentaire : celle-là ferait les examens et délivrerait les brevets, non-seulement pour l'instruction primaire élémentaire, mais aussi pour l'instruction primaire supérieure. D'une part, le nombre beaucoup moins considérable des aspirants au brevet du degré supérieur; d'autre part, la certitude de trouver dans tous les chefs-lieux de département un collége royal ou communal, dont les fonctionnaires seront naturellement disposés à faire partie des commissions d'examen, expliquent cette différence d'attributions.

Dans tous les cas, vous comprenez combien il importe que ces commissions soient composées d'hommes éclairés, ayant fortement à cœur les progrès de l'instruction primaire, et

(1) Voir ci-après, page 141, pour une autre attribution des commissions d'examen.

resolus de s'acquitter avec zèle de la mission que la loi leur confie. Le brevet de capacité et le certificat de moralité étant désormais les seules conditions imposées à quiconque voudra se charger de l'instruction et de l'éducation de l'enfance, on ne saurait apporter trop de soins à s'assurer que ces deux conditions sont effectivement remplies, et à empêcher qu'elles ne dégénèrent en vaines formalités.

L'article 4 du réglement donne à cet égard aux familles et à la société les garanties désirables, soit par le nombre des membres qui composeront chaque commission d'examen, soit par l'admission de droit, au sein de ces commissions, de plusieurs membres appartenant déjà à l'instruction publique. Des hommes voués à l'étude des sciences possèderont à coup sûr les connaissances nécessaires pour bien juger de l'instruction des aspirants au brevet de capacité; des hommes exercés aux fonctions de l'enseignement sauront apprécier à quel point les aspirants sont au courant des bonnes méthodes et en état de les pratiquer. Enfin, des membres de l'université, soigneux de son honneur, veilleront avec scrupule à ce que les brevets qui seront, pour ainsi dire, le premier grade de sa hiérarchie, ne soient conférés qu'à des hommes capables et dignes d'y prendre place.

Au nombre des personnes qui devront, de concert avec trois membres de l'instruction publique, former les commissions d'examen sera certainement appelé, monsieur le recteur, un ministre de la religion. La loi a mis l'instruction morale et religieuse en tête de l'instruction primaire; il faut donc que l'instituteur ait prouvé qu'il saura transmettre aux enfants confiés à ses soins ces importantes notions, première règle de la vie. Nul doute que tout fonctionnaire de l'instruction publique, tout père de famille qui sur votre proposition aura été nommé membre d'une commission d'examen, sera en état d'apprécier l'instruction morale et religieuse des candidats; mais il convient que les futurs instituteurs fassent leurs preuves de capacité en ce genre, sous les yeux des hommes que leur caractère propre et leur mission spéciale appellent plus particulièrement à en être juges.

En ce qui touche les connaissances physiques et mathématiques, dont les éléments à des degrés divers sont également compris dans l'enseignement primaire, j'ai la confiance que, indépendamment des membres de l'université, vous trouverez de zélés coopérateurs parmi les hommes habituellement occupés de l'étude des sciences et de leurs applications. Des ingénieurs des ponts et chaussées, des architectes, d'anciens élèves de l'école Polytechnique, se prêteront volontiers à rendre au pays un service de plus, en contribuant à lui garantir des instituteurs qui puissent donner aux générations naissantes tout ce que la loi leur promet.

Du reste, toutes les précautions sont prises pour que les examens soient sérieux et produisent tous leurs fruits. Publicité, formules claires et précises, procès-verbaux rédigés à l'instant et signés de tous les juges, listes des candidats reçus dressées d'après l'ordre de mérite, envoi de ces listes et des procès-verbaux au chef de l'académie, tout a été combiné pour qu'à l'avenir, avec l'aide d'une administration vigilante, l'enfance n'ait que des maîtres vraiment capables de l'instruire.

Il me reste à vous parler des dispositions transitoires.

La loi du 28 juin a posé en principe que le chant ferait partie de l'instruction primaire supérieure. L'expérience a déjà prouvé, chez plusieurs peuples, la sagesse d'une telle disposition. Il est reconnu que, dans les écoles populaires, non-seulement le chant est un délassement agréable à l'enfance, mais qu'il contribue à élever les ames, à adoucir les mœurs, et peut devenir, entre les mains d'un maître habile, un utile moyen d'éducation morale. Malheureusement, pendant quelque temps encore, l'application du principe posé par la loi ne saurait être très rigoureuse. Il a paru nécessaire d'accorder un délai que, dans certaines contrées, il sera peut-être possible d'abréger.

Les nouvelles commissions d'instruction primaire ne pourront, quelque diligence que vous mettiez dans vos recherches et dans les propositions que vous avez à me faire, être en activité aussitôt que le besoin du service le demanderait; il faut donc continuer à profiter du dévouement des commissions actuelles pour l'examen des candidats, et pour la délivrance des brevets. Seulement vous remarquerez, monsieur le recteur, que les anciennes commissions auxquelles vous aviez délégué le pouvoir de faire les examens, et qui peut-être n'étaient pas toutes composées d'un aussi grand nombre de personnes, devront être provisoirement complétées par vous et portées au nombre de sept membres, de telle sorte que quatre juges au moins procèdent aux examens.

Le réglement détermine, dans le cours ordinaire des choses, deux époques principales pour ces examens. Mais s'il se présentait des cas urgents, où il vous parût à propos de convoquer extraordinairement les commissions, vous pourriez le prescrire, et les aspirants seraient admis à subir les épreuves.

Recevez, monsieur le recteur, etc.

Le ministre de l'instruction publique,

Signé GUIZOT.

PROJET DE STATUTS

POUR LES CAISSES D'ÉPARGNE ET DE PRÉVOYANCE A ÉTABLIR EN FAVEUR DES INSTITUTEURS PRIMAIRES COMMUNAUX (1).

ART. 1er. La caisse d'épargne et de prévoyance établie en faveur des instituteurs primaires communaux, dans chaque département, conformément aux dispositions de l'art. 15 de la loi du 28 juin 1833 sur l'instruction primaire, est placée sous la surveillance spéciale d'une commission composée :

Du préfet, président;

Du recteur de l'académie ou de son délégué;

De trois membres du conseil général désignés par ledit conseil;

D'un membre de chacun des conseils d'arrondissement, désigné par lesdits conseils;

D'un instituteur primaire communal par arrondissement, nommé par le ministre de l'instruction publique, sur la proposition du recteur.

Le directeur des contributions directes du département remplira près de la commission les fonctions de commissaire liquidateur.

Art. 2. Les membres de la commission autres que le préfet, le recteur ou son délégué, et le directeur des contributions directes, sont renouvelés par tiers tous les ans : ils sont indéfiniment rééligibles.

Lors de la première organisations, les membres sortant à

---

(1) Ce projet a été transmis par M. le ministre à tous les préfets des départements, pour servir de base aux délibérations que les conseils généraux doivent prendre conformément à l'article 16 de l'ordonnance royale du 16 juillet 1833.

l'expiration des première et deuxième années seront désignés par la voie du sort.

Art. 3. Les instituteurs sont autorisés à verser dans la caisse d'épargne et de prévoyance, indépendamment du vingtième de la retenue sur leur traitement fixe, toutes les sommes qu'ils voudront placer à ladite caisse.

Art. 4. Un état de situation par instituteur, des fonds versés à la caisse d'épargne et de prévoyance, ainsi que des dons et legs, avec les intérêts capitalisés, sera soumis tous les ans, dans les mois de janvier et de juillet, à l'examen de la commission de surveillance.

Une expédition de ces états sera déposée au secrétariat général de la préfecture, ainsi qu'aux secrétariats des sous-préfectures, où chaque instituteur pourra en prendre connaissance.

Un bulletin constatant la situation des fonds placés à la caisse d'épargne et de prévoyance par chaque instituteur lui sera remis dans les mois de janvier et de juillet de chaque année.

Art. 5. Lorsqu'un instituteur se retirera ou viendra à décéder, la demande formée soit par lui, soit par sa veuve ou ses héritiers, à l'effet d'obtenir le remboursement des sommes par lui versées à la caisse d'épargne et de prévoyance, avec les intérêts capitalisés, sera adressée au préfet, président de la commission de surveillance qui la communiquera à cette commission lors de ses réunions ordinaires.

Après que le montant des sommes appartenant à l'instituteur aura été définitivement liquidé, le préfet président en ordonnera le remboursement.

Si l'instituteur ou ses héritiers se trouvaient dans le besoin, le préfet président, après avoir pris l'avis du commissaire liquidateur, et sans attendre l'époque de la réunion ordinaire de la commission de surveillance, pourrait ordonner le remboursement des sommes qui seraient jugées leur appartenir jusqu'à concurrence des quatre cinquièmes.

Art. 6. Lorsque des dons et legs auront été faits à une caisse d'épargne et de prévoyance, l'instituteur ou ses héritiers auront droit sur le montant de ces dons et legs, avec les intérêts capitalisés, à une part proportionnelle à celle qui leur appartiendra dans le montant total des retenues opérées sur le traitement fixe de tous les instituteurs en fonctions.

Si les dons et legs n'ont été faits qu'en faveur des instituteurs d'un arrondissement, d'un canton, de ceux pourvus d'un brevet de capacité, soit de premier, soit de deuxième degré, de ceux d'un âge déterminé, etc., on prendra pour règle de la part proportionnelle revenant à l'instituteur dans le montant de ces dons et legs et des intérêts capitalisés, le montant total des retenues opérées sur le traitement fixe de tous les instituteurs en fonctions de la même catégorie.

Art. 7. Lorsqu'un instituteur passera d'un département dans un autre, la commission de surveillance liquidera le montant des sommes lui appartenant dans la caisse d'épargne et de prévoyance. Elle y joindra la part proportionnelle qui lui reviendra dans le montant des dons et legs faits à ladite caisse.

Aussitôt que cette liquidation sera définitivement arrêtée, le montant des sommes ainsi liquidées sera versé dans la caisse d'épargne et de prévoyance du département dans lequel passera l'instituteur.

Le préfet président donnera avis de ce versement à son collégue de ce département.

Art. 8. Les dispositions des art. 6 et 7, relatives au partage des dons et legs faits aux caisses d'épargne et de prévoyance ne s'appliquent qu'aux dons et legs faits sans conditions.

Si des conditions particulières existaient, elles seraient religieusement observées.

Art. 9. Pour régler la part proportionnelle revenant aux instituteurs dans les dons et legs, on ne prendra pour bases que les retenues du vingtième faites sur leur traitement fixe. Les sommes qu'ils auraient versées à tout autre titre, à la caisse d'épargne et de prévoyance, ne sauraient leur donner droit à une plus forte part dans la répartition de ces dons et legs.

Art. 10. Les diverses dépenses auxquelles donnera lieu la tenue de la caisse d'épargne et de prévoyance sont une charge de département.

Décision réglementaire pour les examens d'entrée et de sortie des élèves-maitres des écoles normales primaires. (13 août 1833.)

1° La commission d'instruction primaire formée dans une ville chef-lieu de département pour examiner les aspirants aux brevets de capacité, sera également chargée de faire les examens d'entrée et de sortie des élèves de l'école normale primaire établie dans ladite ville.

Ces examens auront lieu publiquement, à l'époque du mois de septembre, une de celles qui sont indiquées par le réglement du 19 juillet pour les examens des aspirants aux brevets de capacité.

2° Un ou plusieurs membres de la commission de surveillance de l'école normale primaire assisteront auxdits examens d'entrée et de sortie.

3° Trois membres au moins de la commission d'examen devront être réunis pour les examens d'entrée; quatre au moins seront nécessaires pour les examens de sortie.

4° Pour l'examen d'entrée, le candidat devra faire preuve des connaissances exigées par l'article 2 du réglement général du 14 décembre 1832.

Pour l'examen de sortie, l'élève-maître devra satisfaire aux questions qui lui seront faites d'après l'un ou l'autre des programmes mentionnés dans les articles 8 et 9 du réglement du 19 juillet 1833.

5° Le résultat de tous les examens, soit d'entrée, soit de sortie, sera constaté pour chacun des candidats par un procès-verbal séparé.

Tous les candidats admis aux écoles normales primaires, d'après les examens d'entrée, seront inscrits par ordre de mérite sur une liste qui restera déposée aux archives de l'école, et dont un double sera envoyé au recteur de l'académie.

Il sera de même dressé une liste par ordre de mérite de tous les élèves-maîtres qui, d'après l'examen de sortie, auront été jugés dignes d'obtenir leurs brevets de capacité, conformément à ce qui est prescrit par l'article 13 du réglement du 19 juillet.

6° Lorsqu'une école normale primaire ou modèle sera établie dans une ville chef-lieu d'arrondissement, ou dans une commune du ressort, la commission d'instruction primaire formée dans ladite ville sera chargée de faire les examens d'entrée et de sortie des élèves de cette école, en se conformant aux dispositions qui précèdent.

DÉCISION DU CONSEIL ROYAL DE L'INSTRUCTION PUBLIQUE SUR LES ÉCOLES PRIMAIRES SUPÉRIEURES.

Séance du 20 septembre 1833.

Le conseil royal de l'instruction publique,

Consulté sur différentes questions relatives aux écoles primaires supérieures,

Vu les articles 1, 4, 16 et 22 de la loi du 28 juin 1833, concernant l'instruction primaire, et l'ordonnance du 16 juillet,

Est d'avis des résolutions suivantes :

I. Toute école primaire supérieure, soit isolée, soit annexée à un autre établissement, collége, institution, pension ou école normale primaire, devra avoir son chef spécial, qui sera un instituteur primaire, muni d'un brevet de capacité du degré supérieur, et remplissant d'ailleurs toutes les formalités et conditions prescrites par la loi du 28 juin.

S'il s'agit d'une école primaire communale, le candidat dûment breveté, et muni en outre d'un certificat de moralité, aux termes de l'art. 4 de la loi précitée, devra être nommé par le comité d'arrondissement, sur la présentation du conseil municipal, après avis du comité communal, institué par le ministre, et installé par le comité d'arrondissement, avec prestation de serment.

S'il s'agit d'une école privée, le candidat, muni d'un brevet du degré supérieur et du certificat exigé par la loi, fera sa déclaration au maire de la commune où il voudra tenir école, et copie de cette déclaration sera aussitôt envoyée au comité de l'arrondissement et au recteur de l'académie, conformément à l'art. 16 de l'ordonnance du 16 juillet 1833.

II. Les autres maîtres auxquels une partie de l'enseignement primaire serait confiée, sous la direction de l'instituteur en chef de l'école (1), ne seront point assujettis aux formalités rappelées dans l'article précédent; ils devront toutefois être agréés par le recteur de l'académie.

L'agrément du recteur sera de même nécessaire, lorsque ces autres maîtres seront déjà attachés à un collége communal en qualité de régents ou de maîtres d'études.

III. Une école primaire supérieure, annexée à un collége communal ou à une école normale primaire, demeure sou-

---

(1) Une partie essentielle de l'enseignement sera toujours attribuée au chef spécial de l'école primaire supérieure.

mise à l'inspection et à la surveillance du comité communal et du comité d'arrondissement.

IV. Lorsqu'une école primaire supérieure sera annexée à une école normale primaire, elle devra toujours avoir ses deux sections, l'une élémentaire et l'autre supérieure, sous deux maîtres distincts, l'instituteur primaire, chef de l'école, et un maître adjoint.

V. Dans une école primaire supérieure communale, nul élève ne sera admis à la section supérieure, sans qu'un examen préalable n'ait constaté que cet élève possède suffisamment l'instruction élémentaire.

VI. Les élèves des écoles primaires supérieures annexées à un collége ou autre établissement d'instruction secondaire, devront toujours être placés dans un local distinct de celui qui est occupé par les élèves de l'école secondaire.

VII. Toute commune qui doit ou qui veut avoir une école primaire supérieure, devant fournir au moins le *maximum* du traitement fixe que la loi assigne à l'instituteur, et l'ordonnance du 16 juillet, article 10, ne permettant d'allouer sur les fonds de l'état aucun traitement au-delà du *minimum*, lesdits fonds de l'état ne devront contribuer à la fondation des écoles primaires supérieures que pour les frais de premier établissement.

Le conseiller vice-président,
Signé VILLEMAIN.

Le conseiller exerçant les fonctions de secrétaire,
Signé V. COUSIN.

Approuvé, conformément à l'article 21 de l'ordonnance du 26 mars 1829,

Le ministre de l'instruction publique,
Signé GUIZOT.

DEUXIÈME PARTIE.

PIÈCES OFFICIELLES ET DOCUMENTS DIVERS

SERVANT A COMPLÉTER L'ENSEMBLE DES DISPOSITIONS SUR L'INSTRUCTION PRIMAIRE (1).

I.

MÉTHODES D'ENSEIGNEMENT.

(Article 1er de la loi. — Programme des écoles primaires.)

Les diverses méthodes d'enseignement, dont le choix est si important pour l'application du programme d'études des écoles primaires, peuvent toutes se réduire à trois principales :

1° La méthode d'*enseignement individuel*, qui consiste à faire lire, écrire, calculer et réciter les élèves, séparément, *les uns après les autres*, de manière que nul élève ne profite des leçons données aux autres. Chaque enfant placé seul, à son tour, devant le maître, ne reçoit que quelques minutes de leçon. La discipline alors est difficile à maintenir parmi les autres, et l'émulation est nulle entre eux.

2° La méthode d'*enseignement simultané*, qui divise les élèves en différentes classes, suivant leurs forces, et fait

---

(1) Ces pièces, qui ont été indiquées par renvoi, dans la première partie du *Code*, à chacun des articles de la loi auxquels elles se rattachent, auraient trouvé place dans les commentaires que nous avons donnés de la loi elle-même, si leur étendue et le grand nombre de tableaux qui y sont joints n'avaient obligé d'en faire une division à part.

suivre *en même temps* à toute une classe les mêmes exercices de lecture, d'écriture et de calcul. Le maître passe successivement d'une classe à l'autre, en occupant d'un travail quelconque celles qu'il quitte par intervalle. Les élèves, toujours en présence les uns des autres, s'animent réciproquement, et profitent de tous les instants de la leçon. Souvent un seul maître ne peut suffire pour toutes les classes, surtout si l'école est nombreuse: des maîtres-adjoints ou sous-maîtres deviennent alors indispensables. Il en existe dans beaucoup d'écoles, sous le titre d'*aides-instituteurs*.

3° La méthode d'*enseignement mutuel*, qui n'est que la méthode simultanée à son plus haut degré, et qui instruit les élèves *les uns par les autres*. Un seul maître suffit pour toute l'école, quelque nombreuse qu'elle soit: mais il y a, à la tête de chaque classe, un élève appelé *moniteur*, qui remplace le maître, et qui transmet aux autres élèves la leçon que lui-même a reçue dans une classe supérieure. Le maître n'a qu'à régler les divers mouvements, et à surveiller chaque leçon. Cette méthode est assez compliquée pour avoir rendu nécessaires des traités spéciaux sur sa théorie et sa pratique.

Il est une quatrième méthode, qui tient à la fois des deux précédentes, et qui est désignée sous le nom de méthode *simultanée-mutuelle*. Elle diffère des deux autres modes pris à part, en ce qu'elle réunit ces deux avantages essentiels, l'un d'employer constamment un grand nombre d'élèves-maîtres ou *moniteurs*, et l'autre de faire intervenir plus fréquemment dans la leçon, et d'une manière plus immédiate, le chef de l'école.

L'enseignement individuel est jugé depuis long-temps, comme tout-à-fait défectueux, et devant être banni des écoles publiques. Cependant il est encore pratiqué par les deux tiers des instituteurs primaires.

L'enseignement simultané, créé par de Lasalle, a été légué par lui à la *Congrégation de la doctrine chré-*

tienne, dont il est le fondateur. La première école d'enseignement simultané fut établie à Reims, en 1680. Les frères des écoles chrétiennes ont constamment suivi cette méthode, et ont profité des améliorations qu'elle a reçues.

L'enseignement mutuel avait déjà été pratiqué chez les anciens (1), et recommandé en France, au dix-huitième siècle, par Rollin; mais il ne fut véritablement introduit dans ce pays qu'en 1815, par les soins d'une société d'hommes dévoués à l'instruction élémentaire. Le 27 juin 1816 la commission d'instruction publique en autorisa l'usage dans les écoles primaires. En 1817 elle établit une école-modèle pour cet enseignement dans vingt-quatre départements, et recommande aux recteurs de veiller à ce que la méthode ne s'altère pas dans les écoles où elle est suivie. Enfin en 1818 des examens spéciaux ont lieu pour former des maîtres à cette méthode. Mais tout ce zèle s'arrête en 1824, sous la domination du clergé, et n'est repris qu'en 1828, sous un ministre ami des progrès intellectuels (2). Souvent même, à cette dernière époque, l'encouragement des bonnes méthodes alla jusqu'à l'exclusion des autres, comme on le verra par quelques uns des documents officiels qui vont suivre. Ainsi l'instituteur ne pouvait contracter d'engagement décennal, recevoir de médailles, ou tenir des élèves en pension, s'il pratiquait « la « plus mauvaise de toutes les méthodes, celle qui est la cause « habituelle de tant d'abus et de désordres, celle qui est « réprouvée par tous les hommes raisonnables, et qu'on ne « saurait trop tôt parvenir à supprimer, dans le double intérêt « de l'instruction et des mœurs (3). »

La révolution de juillet a rétabli les véritables principes,

(1) De Gérando, *Cours Normal des instituteurs.*

(2) Dans cette période de 1824 à 1828, sept cents écoles mutuelles ont été fermées.

(3) Circulaire du ministre, en date du 31 janvier 1829.

tels qu'ils sont maintenant consacrés par la loi sur l'instruction primaire. Aucune méthode n'est imposée; mais les encouragements, les récompenses du gouvernement devront être toujours pour les plus expéditives, les plus économiques, et les plus favorables à l'émulation des élèves.

Des primes d'encouragement sont distribuées chaque année aux élèves qui ont le mieux rempli les fonctions de moniteurs. Les distributions générales de livres uniformes ont également pour but de délivrer les écoles primaires d'une foule d'ouvrages absurdes, et de répandre partout plus sûrement et plus activement l'usage des méthodes mutuelles ou simultanées (1).

Ces secours et ces encouragements, offerts par l'administration, doivent être pour les instituteurs un motif de plus de renoncer enfin au mode absurde de l'enseignement individuel, et pour les amis de l'instruction populaire, les zélés propagateurs des saines méthodes, une récompense de leur dévouement et de leur zèle philantropique.

II.

ÉCOLES MIXTES POUR LES ÉLÈVES DES DIFFÉRENTS CULTES.

(Article 2 de la loi.—Instruction religieuse.)

Tout instituteur est libre de recevoir des enfants de diverses communions, selon le vœu des familles, et sans qu'il soit besoin pour cela d'autorisation spéciale. Seulement, l'instituteur ne peut être tenu de donner une instruction religieuse différente de celle que comporte sa religion.

(Avis du conseil royal, en date du 1er octobre 1833.)

Dans une commune composée d'un tiers de catholiques et de deux tiers de protestants, l'instituteur a été choisi de

(1) Une commission spéciale pour la révision de tous les livres élémentaires a été établie près le ministère de l'instruction publique, par décision royale du 12 août 1831. Pour ce qui concerne les distributions de livres, voir ci-après, page 207.

cette dernière religion. Mais, pour donner à tous une preuve de sage tolérance, le maire convint avec lui que l'instruction religieuse ne serait donnée aux enfants qu'en dehors de l'école par les pasteurs des deux religions et d'après le vœu des parents. D'accord avec le conseil municipal, il fit en conséquence insérer dans le réglement de l'école les deux articles suivants :

« Aucune prière ne sera faite dans la classe ; aucun dogme n'y sera enseigné. L'instituteur se bornera à inspirer à ses élèves les principes de la morale commune à tous les citoyens.

« Il y aura congé les dimanche et jeudi, les quatre jours de fêtes conservées, et en outre deux jours à Pâques, à la Pentecôte et à Noël. »

Le premier de ces articles ayant paru au recteur de l'académie contraire non seulement aux réglements actuels, mais à la loi proposée sur l'instruction primaire, ce fonctionnaire, avant de donner son approbation au réglement, crut devoir en référer au ministre, qui a répondu en ces termes :

« J'ai attentivement examiné les différentes pièces relatives au sieur N., instituteur dans la commune de....

« L'engagement que cet instituteur a pris de ne faire aucune prière dans son école aurait pu paraître d'abord dicté par des sentiments blâmables ; mais un examen attentif de l'affaire a eu pour résultat de me convaincre qu'en promettant de s'abstenir de tout enseignement religieux, dans une localité dont les deux tiers de la population sont protestants, le sieur N., d'accord en cela avec le conseil municipal, n'a eu d'autre but que de ménager la susceptibilité des croyances parmi la minorité catholique de la commune. Cette précaution part d'un principe de tolérance qui ne mérite que des éloges.

« Il paraît toutefois convenable d'adresser à ce sujet quelques observations au conseil municipal.

« Dès qu'il est constant que les ressources de la commune ne permettent pas d'y entretenir deux écoles, et qu'il est indispensable de réunir dans un seul local les élèves des deux communions, il y aurait lieu, non pas de renoncer à toute espèce d'instruction religieuse, mais d'introduire dans l'école un usage qui est généralement établi dans les écoles mixtes de la Hollande.

(Rapport de M. Cuvier sur ces écoles.)

« Cet usage consiste à faire traiter le dimanche, pour chacun, dans son église et par ses ministres, les dogmes particuliers à chaque communion chrétienne. Les dogmes généraux dont tous les chrétiens conviennent, l'Histoire du Nouveau Testament, la Vie et la Doctrine de J.-C., sont expliqués dans les écoles. Il résulte de cet état de choses que les consciences des familles ne sont jamais alarmées, et que les enfants ne sont pas élevés sans aucune espèce d'idées religieuses, ce qui serait un mal réel; car les vérités communes à tous les cultes ressortent partout, et se lient à toutes les branches de l'enseignement, dont elles forment le complément nécessaire.

« Je ne doute pas que le conseil municipal et le sieur N., dont le zèle et les connaissances, comme instituteur, paraissent d'ailleurs incontestables, ne comprennent parfaitement mes vues à cet égard, et ne soient disposés à les bien remplir (1). »

(Lettre du ministre de l'instruction publique, en date du 11 juin 1833.)

---

(1) L'école est maintenant organisée : le maire a suivi les recommandations du ministre, et la concorde n'a pas été troublée un seul instant parmi les habitants de différents cultes.

III.

LISTE DES ASSOCIATIONS

LÉGALEMENT AUTORISÉES POUR L'INSTRUCTION ÉLÉMENTAIRE.

(Art. 3 de la loi.)

Associations charitables.

Frères de la doctrine chrétienne ou *de Saint-Yon*, pour toute la France. Le siége de la société est établi à Paris, rue du faubourg St-Martin, n. 165.

(Existence légale reconnue par le décret du 17 mars 1808, et autres actes du gouvernement.)

Société des frères Saint-Antoine, pour toute la France. Le siége de la société est établi à Paris, rue St-Jacques, n. 189.

(Ordonnance royale du 23 juin 1820.)

Frères de la doctrine chrétienne du diocèse de Strasbourg, pour les départements du Haut et du Bas-Rhin; à Strasbourg.

(Ordonnance royale du 5 décembre 1821.)

Congrégation de l'instruction chrétienne, pour les départements composant l'ancienne Bretagne; à Ploërmel.

(Ordonnance royale du 1er mai 1822.)

Frères de la doctrine chrétienne du diocèse de Nancy, pour les départements de la Meurthe, de la Meuse et des Vosges; à Veselise (Meurthe).

(Ordonnance royale du 17 juillet 1822.)

Congrégation de l'instruction chrétienne du diocèse de Valence, pour les départements des Hautes-Alpes, de la Drôme et de l'Isère; à St-Paul-trois-Châteaux (Drôme).

(Ordonnance royale du 11 juin 1823.)

Congrégation des frères Saint-Joseph du diocèse du Mans, pour les départements de la Sarthe et de la Mayenne; à Ruillé-sur-Loir (Sarthe).

(Ordonnance royale du 25 juin 1823.)

Frères de l'instruction chrétienne du Saint-Esprit, pour les départements de Maine-et-Loire, Vienne, Deux-Sèvres,

Charente-Inférieure et Vendée; à Saint-Laurent (Vendée).

(Ordonnance royale du 17 septembre 1823)

Congrégation des frères de Saint-Joseph, pour les communes rurales du département de la Somme; à Amiens.

(Ordonnance royale du 3 décembre 1823.)

Société des frères de l'instruction chrétienne du diocèse de Viviers, pour les départements de la Haute-Loire et de l'Ardèche; à Viviers.

(Ordonnance royale du 10 mars 1825.)

Frères de la Croix, pour les départements de l'Oise, Eure, Seine-et-Oise, Eure-et-Loir et Seine-et-Marne; à Saint-Germain-en-Laye (Seine-et-Oise).

(Ordonnance royale du 15 juin 1825.)

Frères de Marie, pour toute la France; à Bordeaux.

(Ordonnance royale du 16 novembre 1825.)

Sociétés d'encouragement (1).

Société d'encouragement pour l'instruction primaire dans le département du Rhône; à Lyon.

(Ordonnance royale du 15 avril 1829.)

Société d'encouragement pour l'instruction primaire parmi les protestants de France; à Paris, rue de l'Oratoire, n. 3.

(Ordonnance royale du 15 juillet 1829.)

Société d'encouragement pour l'instruction élémentaire dans toute la France; à Paris, rue Taranne, n. 12.

(Ordonnance royale du 29 avril 1831.)

Société d'encouragement pour l'enseignement mutuel élémentaire; à Angers.

(Ordonnance royale du 29 septembre 1831.)

Sociétés de bienfaisance, établies dans le département de Seine-et-Oise, à Montfort-l'Amaury, à Houdan et à Mantes, pour la propagation et l'amélioration de l'instruction primaire parmi les classes indigentes.

(Ordonnance royal du 8 avril 1832.)

(1) Il existe plusieurs autres sociétés locales d'encouragement, à l'égard desquelles il n'est point intervenu d'ordonnances. Voir ci-dessus les observations sur l'article 3 de la loi.

IV.

LIBERTÉ D'ENSEIGNEMENT.

(Article 4 de la loi.)

LETTRE DU MINISTRE DE L'INSTRUCTION PUBLIQUE SUR LA LIBRE CONCURRENCE DES INSTITUTEURS (1).

Monsieur le recteur, plusieurs comités vous ont fait observer que l'application du principe de la libre concurrence des instituteurs pourrait offrir des inconvénients, et ils pensent que, dans tous les cas, le droit d'ouvrir une école nouvelle, dans une commune où il en existe déjà, devrait être réservé aux comités.

Ces considérations sont graves et méritent une sérieuse attention; mais en présence de l'article 69 de la charte le principe de libre concurrence ne pouvait plus être contesté. Ce principe offre d'ailleurs des avantages supérieurs aux inconvénients qu'il pourrait entraîner, et qui vous ont été signalés par les comités.

De ce que les comités n'ont plus à s'occuper d'autorisations à accorder pour exercer en telle ou telle commune, il ne s'ensuit pas que leur rôle devienne absolument passif (2). Leur activité doit s'accroître à mesure que leur surveillance s'étendra sur un plus grand nombre d'instituteurs; et plus il y aura de concurrents, plus on sera en droit d'être sévère, soit dans l'examen pour les brevets de capacité, soit dans les visites d'inspection. Il doit résulter nécessairement de la libre concurrence une louable émulation entre les maîtres. Cependant, si, au lieu de rivaliser d'efforts, ils venaient, comme vous l'appréhendez, à se conduire de manière à troubler l'ordre ou la paix publique, s'ils prétendaient acheter leurs succès auprès des parents et des enfants par de

(1) Les observations auxquelles cette lettre répond ont été adressées avant la promulgation de la loi.

(2) La loi leur accorde au contraire des attributions bien plus importantes qu'auparavant.

coupables tolérances, ils s'exposeraient à des peines de discipline que les comités ont le droit d'infliger.

Il y a lieu de penser, au surplus, que les instituteurs communaux qui auront été choisis avec discernement, jouissant de quelques ressources attachées à leur titre, auront toujours sur les instituteurs particuliers des avantages qui diminueront beaucoup pour eux les dangers de la concurrence.

V.
VOTES DES DÉPARTEMENTS
EN FAVEUR DE L'INSTRUCTION PRIMAIRE.

(Article 8 de la loi.)

CIRCULAIRE DU MINISTRE DE L'INSTRUCTION PUBLIQUE, A L'OCCASION DE LA SESSION ANNUELLE DES CONSEILS GÉNÉRAUX.

Paris, le 11 mai 1832.

Monsieur le préfet, à l'approche de la session annuelle des conseils généraux des départements, je crois devoir faire un appel particulier à votre zèle, en faveur des écoles primaires. Il est aujourd'hui plus que jamais nécessaire de répandre l'instruction dans toutes les classes de la société, et de généraliser ce bienfait aussi promptement que possible. C'est une des conséquences indispensables de la révolution qui a fondé parmi nous des institutions nationales ; c'est le vœu de tous les hommes dévoués au bonheur et à la gloire de la France ; ce sera le but des efforts les plus persévérants et les plus actifs de la part du gouvernement.

Vous savez, monsieur le préfet, que pour être réellement efficace et produire des résultats durables, l'action du gouvernement a besoin d'être secondée et soutenue dans tous les lieux où elle s'exerce. Il y a encore, dans presque tous les départements, un nombre assez considérable de communes qui n'ont pas d'écoles primaires ; d'autres ne possèdent que des moyens d'instruction tout-à-fait insuffisants. Des secours ont été promis et seront accordés aux uns et aux autres, d'après les propositions que vous m'adresserez, de concert avec l'administration académique. Mais il faut que ces communes fassent elles-mêmes les premiers sacrifices, soit pour la fondation d'écoles nouvelles, soit pour l'amélioration des écoles existantes. Les sommes allouées sur le budget de l'état ne peuvent former que le complément des ressources locales; elles doivent s'employer surtout en frais de premier établissement des écoles, en acquisition de mobilier et de matériel pour l'enseignement. Lorsque les communes sont trop pauvres pour prendre part à la dépense, il est naturel et juste qu'elles soient aidées par le budget départemental. L'instruction répandue dans ces communes ne doit-elle pas être en effet d'une immense utilité à la population de tout le département, en multipliant au milieu d'elle les sources du bien-être, en ouvrant à son commerce et à son industrie des voies nombreuses de perfectionnement jusqu'à présent inconnues?

Je vous prie, monsieur le préfet, de ne rien négliger pour que le conseil général de votre département envisage sous ce point de vue la question des secours à accorder aux communes qui sont dépourvues d'écoles, et qui ne peuvent ni s'en procurer au moyen de leurs revenus ordinaires, ni s'imposer extraordinairement à cette fin. Les informations que vous aurez dû recueillir pour répondre à la circulaire du 30 novembre 1831 (1) vous ont fait connaître les besoins de diverse nature auxquels il s'agit de pourvoir : vous savez quelles sont les communes qui n'ont point de maison d'école; celles qui n'ont qu'un local mal approprié à sa destination; celles qui ont en propriété un terrain où l'école communale pourrait être construite; celles où il serait préférable de louer une maison; celles qui ne peuvent rétribuer convenablement un instituteur; celles enfin où rien n'a été fait encore pour l'instruction des filles. Il vous est facile d'apprécier

(1) Circulaire relative à la répartition des fonds. Voir ci-après, pour cet objet, page 188.

le montant des dépenses nécessaires selon la position spéciale de chaque commune. D'un autre côté vous pouvez juger, du moins approximativement, dans quelles proportions le gouvernement concourra à l'acquittement de ces dépenses. Il est à désirer que tous les documents qui sont à votre disposition deviennent l'objet d'un rapport que vous présenterez au conseil général, afin de l'engager à voter une espèce de fonds commun de secours, destiné à propager l'enseignement élémentaire.

Une sollicitude particulière doit être acquise, de la part des conseils généraux, aux écoles normales primaires. Ces écoles ont rendu les plus grands services aux départements qui les ont fondées ou qui ont concouru à leur fondation. Elles procurent chaque année, aux communes qui en ont besoin, des instituteurs dûment préparés à leurs fonctions, pénétrés des devoirs de leur état, habitués à la pratique des meilleures méthodes d'enseignement, et doués, même pour des occupations étrangères à leurs attributions proprement dites, d'une aptitude que l'autorité administrative peut souvent metre à profit. C'est là, monsieur le préfet, une des causes les plus évidentes de la supériorité où s'élèvent ces départements, en fait d'instruction, d'industrie commerciale et manufacturière, de civilisation. Il est donc du plus grand intérêt de bien assurer l'entretien de ces établissements, et d'en créer de nouveaux pour les départements ou les ressorts d'académie qui en sont encore privés (1). Je vous prie de faire au conseil général les propositions qui vous paraîtront les plus propres à déterminer, selon les circonstances, l'un ou l'autre de ces résultats. J'invite M. le recteur de l'académie à vous adresser sur-le-champ toutes les communications qu'il jugerait utiles au succès de vos demandes (2).

Recevez, monsieur le préfet, etc.

(1) Voir ci-après ce qui concerne les écoles normales primaires, p. 165.

(2) Une circulaire semblable a été adressée pour la session des conseils généraux en 1833.

TABLEAU des votes des conseils généraux de départements, pour 1833.

DÉPARTEMENTS.	SOMMES.	
	fr.	
Ain	8,000	»
Aisne	9,904	»
Allier	22,000	»
Alpes (Basses-)	1,200	»
Alpes (Hautes-)	3,000	»
Ardèche	9,407	03
Ardennes	16,000	»
Ariége	8,176	84
Aube	27,444	»
Aude	13,000	»
Aveyron	5,000	»
Bouches-du-Rhône	6,000	»
Calvados	13,300	»
Cantal	3,200	»
Charente	6,000	»
Charente-Inférieure	18,700	»
Cher	35,000	»
Corrèze	15,000	»
Corse	15,300	»
Côte-d'Or	10,100	»
Côtes-du-Nord	38,500	»
Creuse	14,100	»
Dordogne	600	»
Doubs	200	»
Drôme	2,125	»
Eure	20,351	48
Eure-et-Loir	18,800	»
Finistère	16,000	»
Gard	17,800	»
Garonne (Haute-)	6,000	»
Gers	7,900	90
Gironde	9,200	»
Hérault	8,000	»
Ille-et-Vilaine	23,623	49
Indre	10,600	»
Indre-et-Loire	10,000	»
Isère	13,259	»
Jura	7,000	»
Landes	6,000	»
Loir-et-Cher	3,000	»
Loire	6,000	»
Loire (Haute-)	14,814	92
Loire-Inférieure	17,000	»
Loiret	4,000	»
A REPORTER	520,606	66

DÉPARTEMENTS.	SOMMES.	
	fr.	
REPORT	520,606	66
Lot	10,550	»
Lot-et-Garonne	2,000	»
Lozère	3,000	»
Maine-et-Loire	27,800	»
Manche	6,800	»
Marne	7,400	»
Marne (Haute-)	3,666	65
Mayenne	8,000	»
Meurthe	6,750	»
Meuse	5,500	»
Morbihan	18,000	»
Moselle	18,000	»
Nièvre	4,000	»
Nord	22,275	»
Oise	31,924	62
Orne	12,800	»
Pas-de-Calais	3,600	»
Puy-de-Dôme	10,000	»
Pyrénées (Basses-)	4,650	»
Pyrénées (Hautes-)	17,876	»
Pyrénées-Orientales	10,300	»
Rhin (Bas-)	10,600	»
Rhin (Haut-)	81,938	87
Rhône	6,000	»
Saône (Haute-)	17,167	85
Saône-et-Loire	20,000	»
Sarthe	13,100	»
Seine	24,800	»
Seine-Inférieure	19,289	»
Seine-et-Marne	20,000	»
Seine-et-Oise	20,000	»
Sèvres (Deux-)	5,000	»
Somme	21,600	»
Tarn	20,000	»
Tarn-et-Garonne	5,000	»
Var	10,000	»
Vaucluse	15,360	»
Vendée	10,010	»
Vienne	12,000	»
Vienne (Haute-)	4,700	»
Vosges	15,000	»
Yonne	12,000	»
TOTAL GÉNÉRAL	1,119,064	65

En 1832 les conseils généraux ont voté	775,769	»
En 1831	119,982	»

VI.

ÉCOLES SUPÉRIEURES.

TABLEAU DES VILLES CHEFS-LIEUX DE DÉPARTEMENT ET DES COMMUNES AYANT PLUS DE 6,000 AMES DE POPULATION, OU CES ÉCOLES DOIVENT ÊTRE ÉTABLIES.

(Article 10 de la loi.)

ACADÉMIES	DÉPARTEMENTS.	COMMUNES.	ÉCOLES EXISTANTES.					
			INSTRUCTION SECONDAIRE.			INSTRUCTION PRIMAIRE.		
			colléges royaux.	colléges communaux.	écoles industrielles.	écoles du 1er. degré.	écoles d'adultes.	écoles normales.
Aix.	Basses-Alpes.....	Digne........	»	1				
	Bouches-du-Rhône	Marseille......	1	»	2	7	1	1 proj.
		Aix...........	»	1	»	3	»	1 proj.
		Aubagne......						
		Arles.........	»	1				
		Martigues.....						
		Tarascon......	»	1				
	Var............	Draguignan....	»	1				
		Brignolles.....	»	»	»	»	»	1
		Grasse........	»	1				
		Hyères........						
		Toulon.......	»	1	»	2		
	Corse..........	Ajaccio.......	»	1	»	»	»	1
		Bastia	»	1				
Amiens.	Aisne..........	Laon.........	»	1	»	»	»	1
		Soissons.......	»	1				
		St-Quentin.....	»	1				
	Oise............	Beauvais......	»	1	1			
		Compiègne	»	1				
	Somme..........	Amiens.......	1	»	2	»	1	1
		Abbeville	»	1				
Angers.	Maine et-Loire...	Angers	1	»	»	»	1	1
		Cholet........	»	1				
		Saumur	»	1	»	1	1	
	Mayenne........	Laval.........	»	1	»	»	»	1 projetée.
		Mayenne......	»	1				
	Sarthe..........	Le Mans......	»	1				
Besançon.	Doubs..........	Besançon......	1	»	1	3	»	1 projetée.
	Jura............	Lons-le-Saulnier	»	1	»			
		Dôle.........	»	1	1			
		Poligny.......	»	1				
		Salins........	»	1	»	»	»	1 projetée.
	Haute-Saône.....	Vesoul........	»	1	»	»	»	1 projetée.

ACADÉMIES	DÉPARTEMENTS.	COMMUNES.	ÉCOLES EXISTANTES.					
			INSTRUCTION SECONDAIRE.			INSTRUCTION PRIMAIRE.		
			colléges royaux.	colléges communaux.	écoles industrielles.	écoles du 1er. degré.	écoles d'adultes.	écoles normales.
Bordeaux.	Charente........	Angoulême....	»	1	»	1	»	1
	Dordogne	Périgueux.....	»	1				
		Bergerac......	»	1				
	Gironde.........	Bordeaux......	1	»	»	»	»	1
		Libourne......	»	1				
Bourges..	Cher...........	Bourges.......	1	»	»	»	»	1
		St-Amand.....	»	1				
		Vierzon.......						
	Indre...........	Chateauroux ..	»	1				
		Issoudun......	»	1				
	Nièvre..........	Nevers........	»	1				
		Cosne.........	»	1				
Caen.	Calvados........	Caen.........	1	»	1	3	1	1
		Bayeux	»	1				
		Falaise	»	1				
		Honfleur......	»					
		Lisieux..... ..	»	1				
		Vire..........	»	1				
	Manche.........	St-Lô.........	»	1	»	»	»	1
		Avranches.....	»	1	»	2		
		Cherbourg....	»	1	»	2		
		Coutances... .	»	1				
		Granville......	»	»	»	1		
		Valognes......	»	1				
	Orne...........	Alençon.......	»	1	»	»	»	1
		Argentan......	»	1	»	1		
Cahors.	Gers............	Auch.........	»	1	»	»	»	1
		Condom.......	»	1				
		Lectoure......	»	1				
	Lot............	Cahors........	1	»	»	»	»	1
		Figeac.......	»	1				
	Lot-et-Garonne...	Agen.........	»	1				
		Marmande.....	»	1				
		Nérac........						
		Penne........						
		Tonneins......	»	»	»	1		
		Tournon......						
		Villeneuve d'Agen	»	1				

ACADÉMIES	DÉPARTEMENTS.	COMMUNES.	ÉCOLES EXISTANTES.					
			INSTRUCTION SECONDAIRE			INSTRUCTION PRIMAIRE.		
			collèges royaux.	collèges communaux.	écoles industrielles.	écoles du 1er degré.	écoles d'adultes.	écoles normales.
Clermont.	Allier	Moulins	1	»	»	»	»	1 projetée.
	Cantal	Aurillac	»	1				
		St-Flour	»	1				
	Haute-Loire	Le Puy	»	1	1	»	»	1
	Puy-de-Dôme	Clermont	1	»	1	»	»	1
		Ambert	»	1				
		Riom	»	1	»	»	1	
		Thiers	»	1				
Dijon.	Côte-d'Or	Dijon	1	»	»	1	»	1
		Beaune	»	1				
	Haute-Marne	Chaumont	»	1				
		Langres	»	1				
		St-Dizier	»	1	1	1		
	Saône-et-Loire	Mâcon	»	1	»	»	»	1
		Autun	»	1				
		Châlons	»	1	»	1		
Douai.	Nord	Lille	»	1	»	6	3	
		Armentières	»	1				
		Bailleul	»	1				
		Cambrai	»	1	»	1		
		Condé	»	»				
		Douai	1	»	»	1	»	1 projetée.
		Dunkerque	»	1	»	2		
		Estaire	»	1				
		Hazebrouck	»	1	»	2		
		Maubeuge	»	1				
		Roubaix	»	»		1		
		St-Amand	»	1				
		Turcoing	»	1				
		Valenciennes	»	1				
	Pas-de-Calais	Arras	»	1	»	13	3	
		Aire	»	1				
		Béthune	»	1	»	2		
		Boulogne	»	»	»	4		
		Calais	»	»				
		St-Omer	»	1				
Grenoble.	Drôme	Valence	»	1				
		Montélimart	»	1	»	1		
		Romans	»	»				
	Isère	Grenoble	1	»	2	»	1	1
		Vienne	»	1	»	2		
		Voiron	»	»				
	Hautes-Alpes	Gap	»	1	»	»	»	1 projetée.

ACADÉMIES	DÉPARTEMENTS.	COMMUNES.	ÉCOLES EXISTANTES. INSTRUCTION SECONDAIRE.			INSTRUCTION PRIMAIRE.		
			colléges royaux.	colléges communaux.	écoles industrielles.	écoles du 1er. degré.	écoles d'adultes.	écoles normales.
Limoges.	Corrèze.........	Tulle.........	»	1	»	»	5	1
		Brives........	»	1	»	»	6	
	Creuse..........	Guéret........	»	1	»	»	»	1
	Haute-Vienne....	Limoges.......	1	»	1	1	15	1
		St-Yrieix......	»	»	»	»	5	
Lyon.	Ain.............	Bourg........	»	1	»	1	»	1
	Loire...........	Montbrison....	»	»	»	»	»	1
		Rive de Giers..						
		Roanne.......	»	1				
		St-Chamond....	»	1				
		St-Étienne.....	»	1	»	1		
	Rhône	Lyon.........	1	»	1	»	3	
		La-Croix-Rousse						
		La Guillotière..	»	»	»	»	1	
		Tarare........						
Metz.	Ardennes........	Mézières......	»	»	»			»
		Charleville....	»	1	»	1	2	1
		Rethel........	»	1				
		Sédan........	»	1	»	»	1	
	Moselle	Metz.........	1	»	1	2	»	1
Montpellier.	Aude...........	Carcassonne ...	»	1	»	2	»	1 projetée.
		Castelnaudary..	»	1		2		
		Limoux.......		1				
		Narbonne.....						
	Aveyron........	Rodez	1	»	»	»	»	1 projetée.
		Milhau.......	»	1				
		Sainte-Afrique..	»	1				
		Villefranche ...	»	1				
	Hérault.........	Montpellier....	1	»	»	2	»	1
		Agde.........	»	1				
		Beziers.......	»	1				
		Cette........						
		Clermont.....	»	1				
		Lodève.......	»	1				
		Lunel........	»		»	1		
		Pézenas.......	»	1				
		St-Pons.......	»	»	»	2		
	Pyrénées-Orient..	Perpignan.....	»	1	»	»	»	1 pro-

ACADÉMIES	DÉPARTEMENTS.	COMMUNES.	ÉCOLES EXISTANTES.					
			INSTRUCTION SECONDAIRE.			INSTRUCTION PRIMAIRE.		
			collèges royaux.	collèges communaux.	écoles industrielles.	écoles du 1er. degré.	écoles d'adultes.	écoles normales.
Nancy.	Meurthe	Nancy	1	»	1	1	»	1
		Lunéville	»	1	»	1		
		Pont-à-Mousson	»	1				
		Toul	»	1	1	1		
	Meuse	Bar-le-duc	»	1	1	1	»	1
		Verdun	»	1	1	1		
	Vosges	Épinal	»	1	1	1		
		St-Dié	»	1				
Nîmes.	Ardèche	Privas	»	»	»	»	»	1
		Annonay						
	Gard	Nîmes	1	»	»	»	»	1
		Alais	»	1				
		Beaucaire		»				
		Uzès	»	1				
	Lozère	Mende	»	1	»	»	»	1
	Vaucluse	Avignon	1	»	1	1	1	1
		Carpentras	»	1				
		Cavaillon						
		Orange	»	1				
Orléans.	Indre-et-Loire	Tours	1					
		Chinon	»	1				
	Loir-et-Cher	Blois	»	1				
		Romorantin	»	1				
		Vendôme						
	Loiret	Orléans	1	»	»	»	»	1
		Montargis	»	1				
Paris.	Aube	Troyes	»	1	»	2	»	1 projetée.
	Eure-et-Loir	Chartres	»	1	»	1	»	1
		Chateaudun	»	1				
		Dreux	»	»	»	1		
		Nogent le Rotrou	»	1				
	Marne	Châlons	»	1	»	3	»	1
		Reims	1	»	»	1		
	Seine	Paris	5	2	2	29	40	
		Batignolles						
		Belleville						
		Gentilly						
		St-Denis						
		Vaugirard						
	Seine-et-Marne	Melun	»	1	»	»	»	1
		Fontainebleau						
		Meaux	»	1	»	1		

ACADÉMIES	DÉPARTEMENTS.	COMMUNES.	ÉCOLES EXISTANTES. INSTRUCTION SECONDAIRE. colléges royaux.	colléges communaux.	écoles industrielles.	INSTRUCTION PRIMAIRE. écoles du 1er. degré.	écoles d'adultes.	écoles normales.
Paris. (Suite.)	Seine-et-Oise	Versailles	1	»	1	8	»	1
		Étampes	»	1	»	»	»	1
		St-Germain	»	»	»	1		
	Yonne	Auxerre	»	1				
		Sens	»	1				
Pau.	Basses-Pyrénées	Pau	1	»	1	5	»	1
		Bayonne	»	»	»	1		
		Oléron	»	»	»	1		
		Orthez	»	1				
		Salies						
	Hautes-Pyrénées	Tarbes	»	1	»	»	1	1 projetée.
		Bagnères	»	1				
	Landes	Mont-de-Marsan	»	1	»	»	»	1 projetée.
Poitiers.	Charente-Inférieure	La Rochelle	»	1				
		Rochefort	»	1	»	1		
		Saintes	»	1	»	2		
		St-Jean-d'Angél.	»	1	»	1		
	Deux-Sèvres	Niort	»	1	»	»	»	1 projetée.
	Vendée	Bourbon-Vend.	»	1				
		Fontenay	»	1				
	Vienne	Poitiers	1	»	»	3	»	1
		Chatellerault	»	1				
Rennes.	Côtes-du-Nord	St-Brieuc	»	1	»	»	»	1
		Guingamp	»	1				
		Loudéac						
	Finistère	Quimper	»	1	»			
		Brest	»	»	»	1		
		Crozon						
		Lambézellec						
		Morlaix						
		St-Pol-de-Léon	»	1				
	Ille-et-Vilaine	Rennes	1	»	»	»	2	1
		Fougères	»	1				
		Pleurtuit						
		St-Malo						
		St-Servan	»	1				
		Vitré	»	1				
	Loire-Inférieure	Nantes	1	»	1	1	»	1
		Guérande						

ACADÉMIES	DÉPARTEMENTS.	COMMUNES.	ÉCOLES EXISTANTES.					
			INSTRUCTION SECONDAIRE.			INSTRUCTION PRIMAIRE.		
			colléges royaux.	colléges communaux.	écoles industrielles.	écoles du 1er. degré.	écoles d'adultes.	écoles normales.
Rennes. (Suite.)	Morbihan	Vannes	»	1				
		Languidic						
		Larzeau						
		Lorient	»	1				
		Ploërmel	»	1				
		Pontivy	1					
Rouen.	Seine-Inférieure	Rouen	1	»	2	4	»	1
		Bolbec	»	»	»	1		
		Dieppe	»	1				
		Elbeuf						
		Fécamp						
		Le Havre	»	1	»	1		
		Yvetot						
	Eure	Évreux	»	1	»	1	»	1
		Bernay	»	1	»	1		
		Louviers						
Strasbourg	Bas-Rhin	Strasbourg	1	1	1	14	»	1
		Bischwiller	»	»	»	2		
		Haguenau	»	1	»	2		
		Schelestadt	»	1	»	2		
		Wissembourg	»	1				
	Haut-Rhin	Colmar	»	1		2	»	1
		Mulhausen	»	1	1	2		
		Ribauvillé						
		Sainte-Marie	»	»	»	1		
		Thann	»	1	»	1		
Toulouse.	Ariége	Foix	»	1				
		Massat						
		Pamiers	»	1				
	Haute-Garonne	Toulouse	1	»	1	1	»	1
		St-Gaudens	»	1				
		Villemur						
	Tarn	Alby	»	1	»	1	»	1
		Castres						
		Gaillac	»	1				
		Lavaur						
		Mazamet						
		Puy-Laurens						
		Rabastens						
	Tarn-et-Garonne	Montauban	»	1				
		Castel-Sarrasin	»	1				
		Moissac	»	1				

Ainsi, sur les 273 villes portées à ce tableau, 34 ont un collége royal, 174 ont un collége communal, 32 ont une école industrielle, 70 ont une école primaire du premier degré, 21 ont une école d'adultes, 65 ont ou auront bientôt une école normale: 50 seulement ne possèdent aucun des établissements ci-dessus indiqués.

VII.

ÉCOLES NORMALES PRIMAIRES.

(Article 11 de la loi.)

CIRCULAIRE ADRESSÉE AUX PRÉFETS DES DÉPARTEMENTS OU IL EXISTE UNE ÉCOLE NORMALE.

Paris, 12 janvier 1833.

Monsieur le préfet, l'expérience démontre chaque jour plus hautement l'utilité des écoles normales destinées à former de bons instituteurs primaires. Dans tous les départements où, comme dans le vôtre, l'administration est parvenue à organiser un établissement de cette nature, l'instruction populaire fait de rapides et de véritables progrès.

Fondées successivement par des moyens très divers, selon les ressources qui se sont trouvées disponibles, et qui ont été fournies soit par des citoyens généreux et des associations philantropiques, soit par les communes et les départements, soit enfin par l'état, les écoles normales primaires n'ont pas toujours reçu, au moment de leur naissance, une organisation aussi complète et aussi régulière qu'on eût pu le désirer. Il m'a paru utile et convenable d'introduire dans leur régime intérieur plus d'ensemble et d'unité. J'ai donc invité le conseil royal de l'instruction publique à rédiger à ce sujet un réglement général qui pût servir désormais de modèle à tous les établissements de ce genre. Après un long et scrupuleux examen, ce réglement a été adopté dans la séance du 14 décembre dernier, et je viens de l'approuver. Je vous en envoie plusieurs exemplaires (1); et mon intention est d'en provoquer et d'en surveiller l'application dans toutes les écoles normales existantes. Leur existence en sera, je crois, consolidée, et leur influence plus efficace.

---

(1) Voir ce réglement ci-après, page 170.

S'il arrivait cependant que quelques dispositions de ce réglement général fussent contraires aux réglements spéciaux déjà en vigueur dans certaines écoles normales, mon intention n'est point d'abolir ces derniers : ils devront au contraire être observés jusqu'à plus ample examen ; car on doit les supposer mieux appropriés aux circonstances et aux diversités locales.

Je désire, monsieur le préfet, que vous donniez communication de ce réglement au conseil général de votre département, dans sa prochaine session. Vous demanderez en même temps le renouvellement et, s'il y a lieu, l'augmentation du crédit affecté par le conseil à l'entretien de l'école normale.

Je n'ai pas besoin de vous inviter à joindre à l'appui de cette demande les divers renseignements que vous jugerez propres à faire ressortir tous les avantages que le département retire, ou doit retirer de cette institution.

Je vous prie de vouloir bien m'adresser, dans le courant de février prochain, la délibération qui aura lieu dans votre conseil général, sur ce qui fait l'objet de cette lettre.

Recevez, monsieur le préfet, etc.

CIRCULAIRE ADRESSÉE AUX PRÉFETS DES DÉPARTEMENTS OU IL N'EXISTE PAS D'ÉCOLE NORMALE.

Paris, 12 janvier 1833.

Monsieur le préfet, l'expérience démontre chaque jour plus hautement l'utilité des écoles normales destinées à former de bons instituteurs primaires. Le nombre de ces écoles s'est élevé, depuis deux ans, de treize à quarante-sept (1). Il importe beaucoup que tous les départements du royaume soient bientôt en possession d'établissements de ce genre ; c'est le vœu formel du projet de loi que j'ai eu l'hon-

(1) Il est aujourd'hui de 56. (Voir ci-après la liste des écoles normales, pag. 180.)

neur de présenter à la chambre des députés(1). Mais, en attendant que ce projet ait traversé les épreuves des débats législatifs, et au moment où les conseils-généraux vont se réunir, je crois devoir rappeler, sur ce sujet, toute votre attention, et vous exhorter à ne négliger aucun soin, aucune démarche, pour accomplir d'avance, dans votre département, ce qui sera bientôt, je l'espère, la volonté de la loi.

Je vous envoie, dans cette intention, plusieurs exemplaires d'un réglement général sur les écoles normales primaires, délibéré en conseil royal de l'instruction publique, et que je viens d'approuver. Vous y trouverez, sur le régime intérieur et l'administration de ces écoles, tous les renseignements qu'on peut désirer. La connaissance de ce réglement me paraît propre à exciter, en faveur de tels établissements, le zèle soit du conseil général de votre département, soit de toutes les personnes qui s'intéressent aux progrès de l'instruction populaire. Je vous invite donc à le leur communiquer, à leur faire bien sentir l'utilité de ses diverses dispositions, et, en sollicitant leur patriotisme, à leur promettre formellement de ma part le concours indiqué dans les articles 5 et 8 du réglement que je vous transmets.

Déjà, partout où les efforts et les sacrifices locaux n'ont pas suffi pour couvrir les frais de premier établissement d'une école normale primaire, les suppléments de fonds, dont le besoin a été constaté, ont été accordés sur le budget de l'instruction publique. Je me fais un devoir d'offrir aux départements où de telles écoles manquent encore le même encouragement et le même appui.

En demandant au conseil général de votre département un vote pour la fondation d'une école normale primaire, il est désirable que vous puissiez lui présenter des moyens d'exé-

(1) Un amendement introduit dans la loi a permis aux départements de se réunir pour cet objet.

cution prompts et déterminés; que le choix d'un local, par exemple, soit à peu près arrêté d'avance (1); qu'il ait été dressé un aperçu des dépenses nécessaires pour l'approprier à sa nouvelle destination; que vous ayez recueilli quelques renseignements sur la participation probable des principales communes à l'institution projetée, et sur le nombre des bourses qu'elles y pourraient fonder, etc., etc.

Vous rendrez ainsi le succès de vos propositions plus facile et plus certain. Cependant, si ces documents vous manquaient, en tout ou en partie, et s'il vous était impossible de vous les procurer avant l'époque très prochaine des délibérations de votre conseil général, il n'en faudrait pas moins insister pour obtenir un vote favorable. L'emploi des fonds accordés serait immédiatement réglé; vous vous empresseriez de préparer les mesures d'exécution; et le conseil en prendrait connaissance dans la session suivante.

Je vous invite, monsieur le préfet, à me transmettre sans le moindre délai, et au plus tard dans le courant de février prochain, les délibérations que pourra prendre le conseil général de votre département sur ce qui fait l'objet de cette lettre; vous pouvez compter, de ma part, sur un concours prompt et efficace.

Recevez, monsieur le préfet, etc.

---

(1) Dans une circulaire, en date du 13 août 1831, M. le ministre avait indiqué les petites villes comme pouvant convenir davantage pour le siége des écoles normales. Les différents objets de consommation y sont moins chers; il est quelquefois plus facile d'y trouver des locaux bien disposés sous le rapport de la salubrité, et offrant des ressources pour l'enseignement agricole: mais l'expérience a prouvé que le choix des grandes villes avait encore plus d'avantages que d'inconvénients. En effet, on y trouve des maîtres plus généralement instruits; et les grandes écoles pratiques, que l'on peut annexer aux écoles normales, facilitent beaucoup l'instruction des élèves-maîtres.

RÉGLEMENT CONCERNANT LES ÉCOLES NORMALES PRIMAIRES.

Séance du 14 décembre 1832.

Le conseil royal de l'instruction publique,

Sur le rapport du conseiller chargé des écoles primaires ;

Vu les décrets et ordonnances concernant l'instruction primaire ;

Voulant réunir et coordonner les principales dispositions d'après lesquelles les écoles normales primaires actuellement existantes dans les diverses académies de l'université ont été successivement organisées, conformément aux vœux des autorités locales et aux propositions des recteurs ;

Arrête ce qui suit :

TITRE PREMIER.

Des objets de l'enseignement.

Art. 1er. Dans toute école destinée à former des instituteurs primaires, l'enseignement comprend :

L'instruction morale et religieuse ;

La lecture ;

L'arithmétique, y compris le système légal des poids et mesures ;

La grammaire française ;

Le dessin linéaire, l'arpentage, et les autres applications de la géométrie pratique ;

Des notions des sciences physiques applicables aux usages de la vie ;

La musique et la gymnastique ;

Les éléments de la géographie et de l'histoire, et surtout de la géographie et de l'histoire de France.

L'instruction religieuse est donnée aux élèves-maîtres,

suivant la religion qu'ils professent, par les ministres des divers cultes reconnus par la loi.

2. Le cours d'études est partagé en deux années.

Le programme des leçons est arrêté chaque année par le conseil royal, sur la proposition du recteur.

3. Durant les six derniers mois du cours normal, les élèves-maîtres sont particulièrement exercés à la pratique des meilleures méthodes d'enseignement, dans une ou plusieurs classes primaires annexées à l'école normale.

On les forme également à la rédaction des actes de l'état civil et des procès-verbaux (1).

On leur enseigne la greffe et la taille des arbres.

4. Une bibliothèque à l'usage des élèves-maîtres est placée dans les bâtiments de l'école normale. Une somme est consacrée tous les ans à l'acquisition des ouvrages que le conseil royal juge utiles à l'instruction des élèves-maîtres ou en général à l'enseignement primaire.

Chaque année le catalogue des livres est vérifié.

TITRE II.

Du directeur et des maîtres adjoints.

5. L'école normale et les classes primaires qui y sont annexées sont confiées à un directeur que le ministre de l'instruction publique nomme sur la présentation du préfet du département et du recteur de l'académie.

Le traitement du directeur est payé, en tout ou en partie, sur les fonds généraux affectés à l'instruction primaire.

6. Le directeur est toujours chargé d'une partie importante du cours d'études.

7. Les maîtres qu'il est nécessaire d'adjoindre au direc-

(1) Quelques préfets avaient exprimé le vœu que le programme des écoles normales primaires pût comprendre un cours pratique de

teur, pour diverses parties de l'enseignement, sont choisis par le recteur, sur le rapport de la commission spéciale chargée de la surveillance de l'école, et sauf l'approbation du ministre de l'instruction publique.

---

construction des chemins vicinaux, dans lequel on enseignerait :

1° Les divers modes de construction à employer, selon la nature des fonds et des matériaux, pour la formation des chaussées ;

2° Les méthodes les plus convenables pour assurer l'entretien de ces chemins ;

3° Les premiers éléments de la coupe des pierres et des bois destinés à la construction ou à la restauration des arches ou ponceaux.

Les élèves-maîtres reçoivent déjà, sur la tenue des registres de l'état civil et sur la comptabilité communale, des leçons qui les mettent à même de cumuler plus tard les fonctions de secrétaire de mairies avec celles d'instituteur. Le cours de construction serait le complément de leur instruction administrative et des leçons qui leur sont données sur le dessin linéaire et les éléments de la géométrie appliqués à l'arpentage; les instituteurs, connaissant ainsi l'art du tracé et des nivellements, deviendraient, pour les communes rurales, des *conducteurs* capables de diriger des travaux d'entretien ou de construction de chemins, qui trop souvent s'exécutent d'une manière très imparfaite. De cette manière les communes ne dépenseraient pas chaque année des sommes énormes en pure perte, et l'argent qu'on épargnerait de ce côté pourrait retourner au profit de l'instruction primaire.

Telles étaient les propositions faites au ministre : mais le conseil royal de l'instruction publique, consulté à cet égard, a pensé que, « dans l'état actuel des choses, pour cet objet comme pour tout autre, il convenait de ne pas détourner, par des études trop multipliées, l'attention des élèves-maîtres de l'objet principal qu'ils doivent avoir en vue. Lorsque par la suite les jeunes gens entreront dans les écoles normales avec plus d'instruction, il sera possible de revenir à un projet qui n'est qu'ajourné et qui pourra avoir de bons résultats. »

TITRE III.

De l'admission des élèves-maîtres.

8. Dans les écoles normales primaires, des bourses entières ou partielles peuvent être fondées par les départements, par les communes, par l'université, par des donateurs particuliers, ou par des associations charitables.

9. Les bourses fondées par l'université sont toujours données au concours.

Il est facultatif, pour les autres fondateurs, de déterminer s'ils entendent que les bourses par eux fondées soient données par la voie du concours, ou à la suite d'examens individuels.

10. Les formes et les conditions des examens et des concours sont réglées par le conseil royal, pour chaque académie, sur le rapport de la commission de surveillance et la proposition du recteur.

11. Nul n'est admis comme élève-maître, soit interne, soit externe, s'il ne remplit les conditions suivantes :

Il doit 1° être âgé de seize ans au moins;

2° Produire des certificats attestant sa bonne conduite (1), et, en outre, un certificat du médecin constatant qu'il n'est sujet à aucune infirmité incompatible avec les fonctions d'instituteur, et qu'il a été vacciné ou qu'il a eu la petite vérole;

3° Prouver, par le résultat d'un examen ou d'un concours, qu'il sait lire et écrire correctement; qu'il possède les premières notions de la grammaire française et du calcul; et qu'il a une connaissanee suffisante de la religion qu'il professe.

Les examinateurs et les juges ne se bornent pas à constater jusqu'à quel point les candidats possèdent les connaissances exigées; ils s'attachent aussi à connaître les dispo-

(1) Ces certificats, comme ceux des instituteurs, doivent être délivrés sur l'attestation de trois conseillers municipaux. (Décision du 25 oct.)

sitions des candidats, leur caractère, leur degré d'intelligence et d'aptitude.

12. Nul n'est admis comme boursier s'il ne prend l'engagement de servir pendant dix ans au moins dans l'instruction publique comme instituteur communal.

Les boursiers en âge de minorité doivent être autorisés par leur père, leur mère ou leur tuteur, à contracter cet engagement décennal.

13. Les boursiers qui renoncent à leurs études avant la fin du cours, ou qui, sortis de l'école, ne remplissent pas l'engagement par eux contracté de servir pendant dix ans comme instituteurs communaux, sont tenus de rembourser le prix de la pension pour le temps de leur séjour à l'école, et considérés comme étrangers au service de l'instruction publique; ce qui les replace sous le droit commun, quant à l'obligation du service militaire.

14. Les boursiers qui n'obtiennent que des portions de bourse doivent, outre les pièces exigées pour tous les élèves-maîtres, déposer entre les mains du directeur un acte par lequel ils s'obligent, ou, s'ils sont mineurs, leurs parents ou tuteurs s'obligent de payer la portion de bourse qui reste à leur charge.

Il en est de même pour la totalité de la pension à l'égard des pensionnaires libres.

15. Tous les élèves internes sont tenus d'apporter le trousseau prescrit par les réglements.

16. Les instituteurs primaires déjà en exercice peuvent être admis, dans le cours de l'année et particulièrement pendant le temps où vaquent les écoles primaires, à suivre comme externes les cours de l'école normale, afin de se fortifier dans les connaissances qu'ils possèdent, ou d'apprendre à pratiquer les méthodes perfectionnées.

La commission de surveillance examine s'il y a lieu d'accorder à quelques uns de ces instituteurs des indemnités de séjour pour le temps pendant lequel ils auront suivi le cours de l'école normale. Elle adresse à ce sujet un rapport au recteur et au préfet.

Des indemnités peuvent aussi être accordées aux maîtres de l'école normale qui auront donné des leçons extraordinaires aux instituteurs admis à suivre les cours de l'école.

TITRE IV.

De la commission de surveillance.

17. Une commission nommée par le ministre de l'instruction publique, sur la présentation du préfet du département et du recteur de l'académie, est spécialement chargée de la surveillance de l'école normale primaire, sous tous les rapports d'administration, d'enseignement et de discipline.

18. Le directeur de l'école assiste aux séances de la commission avec voix délibérative, hors le cas où il s'agirait de statuer sur des questions intéressant la personne ou la gestion du directeur.

19. La commission de surveillance prend ou propose, selon les circonstances, les mesures qu'elle juge utiles pour le bien de l'école et pour le progrès des élèves-maîtres.

20. La commission de surveillance détermine chaque année, d'après les besoins présumés de l'instruction primaire dans le département, quel est le nombre des élèves qui doivent être admis à contracter l'engagement décennal, et qui seuls peuvent obtenir des bourses entières ou partielles, conformément à l'art. 12.

21. Elle examine chaque année le compte et le budget qui lui sont présentés par le directeur de l'école. Elle consigne dans un rapport particulier les observations auxquelles ce compte et ce budget lui paraissent donner lieu. Le tout

est soumis à l'examen du conseil académique et à l'approbation du conseil royal (1).

22. Le directeur tient un registre divisé en autant de colonnes qu'il y a d'objets d'enseignement, sur lequel il inscrit les notes relatives au travail des élèves. Il y inscrit aussi les notes sur le caractère et la conduite de chacun d'eux. Le registre est mis tous les mois sous les yeux de la commission de surveillance.

23. La commission fait, au moins une fois par trimestre, la visite de l'école; elle examine les classes, interroge les élèves sur tous les objets de l'enseignement, et tient note de leus réponses.

Chaque année elle reçoit du directeur un rapport sur tout ce qui concerne les études et la discipline. Un double de ce rapport, visé par le recteur, qui y joint ses observations, est envoyé au ministre et communiqué au conseil royal.

24. A la fin de la première année, la commission décide, d'après les rapports et les notes, quels élèves sont admis à passer en seconde année.

Les élèves non admis à suivre les cours de la seconde année ne peuvent plus être boursiers ni élèves internes.

A l'expiration de la seconde année, tous les élèves-maîtres subissent devant la commission un dernier examen, d'après lequel ils sont inscrits par ordre de mérite sur un tableau,

---

(1) Une décision royale du 2 mars 1833 porte que le budget de chaque école normale primaire sera dressé et réglé annuellement, selon ce qui se pratique pour tout établissement public d'instruction supérieure et d'instruction secondaire.

Ce budget doit être divisé, selon l'usage, en deux parties, *recettes* et *dépenses*, et indiquer avec détail tous les renseignements propres à justifier les dépenses, conformément au modèle n° 10, que l'on trouvera ci-après, à la fin du volume.

dont copie est adressée par le recteur de l'académie au préfet et aux comités du département.

Les examens de sortie comprennent aussi une leçon d'épreuve qui puisse faire juger le degré de capacité des élèves pour l'enseignement.

25. Les élèves-maîtres qui n'ont pas satisfait à ce dernier examen sont rayés du tableau de l'école normale.

Un certificat d'aptitude est délivré par la commission à ceux qui ont répondu d'une manière satisfaisante; il y est fait mention de la conduite que l'élève a tenue, et de la méthode d'enseignement dont il connaît le mieux la théorie et la pratique. Ce certificat est produit par les élèves-maîtres lorsqu'ils se présentent pour obtenir le brevet de capacité (1).

26. En cas de faute grave de la part d'un élève-maître, la commission de surveillance peut prononcer la réprimande ou la censure, ou même l'exclusion provisoire ou définitive, sauf, dans ce dernier cas, l'approbation du préfet, s'il s'agit d'un boursier communal ou départemental, et l'approbation du recteur, s'il s'agit de tout autre élève-maître.

L'exclusion ne peut être prononcée que l'élève n'ait été entendu ou dûment appelé. Aussitôt que la décision est intervenue, le recteur en donne avis au ministre de l'instruction publique.

Le conseiller, exerçant les fonctions de vice-président,
Signé VILLEMAIN.

Le conseiller remplissant les fonctions de secrétaire,
Signé V. COUSIN.

Approuvé, conformément à l'article 21 de l'ordonnance du 26 mars 1829,

Le ministre de l'instruction publique,
Signé GUIZOT.

---

(1) L'établissement de commissions spéciales d'examen, en vertu de l'article 25 de la loi, a dû apporter des modifications à ce réglement.

ADDITION AU RÉGLEMENT DES ÉCOLES NORMALES PRIMAIRES.

(Extrait des réglements particuliers de ces écoles.)

I. L'année scolaire, dans les écoles normales primaires, comme dans les autres établissements d'instruction publique, commence au 1er octobre et finit au 1er septembre de l'année suivante.

II. Les élèves, après deux ans d'études (1), doivent être en état de recevoir au moins le brevet de capacité pour l'instruction primaire élémentaire. Ceux qui obtiennent le brevet de capacité pour l'instruction primaire supérieure sont placés de préférence dans les communes les plus importantes.

III. Aucun élève-maître ne peut quitter l'école avant la fin de la seconde année d'études, pour remplir les fonctions d'instituteur, à moins qu'il n'ait obtenu le brevet de capacité pour l'instruction supérieure.

IV. L'instruction religieuse est donnée aux élèves-maîtres, ou par un prêtre catholique ou par des pasteurs d'un autre culte. Cette instruction consiste essentiellement dans la connaissance de l'Ancien et du Nouveau Testament, et dans l'étude du Catéchisme. Les élèves-maîtres rédigent des cahiers qu'ils soumettent à qui de droit, et qui leur sont remis après avoir été revus et corrigés.

V. La série des objets d'enseignement est distribuée ainsi qu'il suit :

Première année d'études.

1° Lecture du français, imprimé et manuscrit; lecture du latin;

2° Écriture dans tous les genres;

3° Grammaire française;

4° Éléments de géographie et d'histoire générale;

5° Arithmétique, comprenant le calcul décimal et le nouveau système des poids et mesures :

6° Dessin linéaire; notions élémentaires de géométrie;

(1) Dans quelques localités, un cours d'études de trois années a été autorisé.

Deuxième année d'études.

1° Grammaire française, avec exercices de langage et de style;

2° Géographie et histoire de France;

3° Géométrie pratique, et notamment son application à l'arpentage;

4° Notions de physique, de chimie et d'histoire naturelle, appliquées aux usages de la vie;

5° Rédaction des actes de l'état civil et des procès-verbaux.

VI. Pendant les deux années, on enseigne aux élèves-maîtres,

1° La musique;

2° L'art de cultiver les jardins, la taille et la greffe des arbres.

On leur fait connaître les diverses méthodes d'enseignement; on les exerce à la pratique de celles qui sont reconnues les plus favorables à l'instruction des élèves.

Enfin, ils reçoivent des leçons de gymnastique pendant les récréations, et on les forme à la pratique de la vaccine.

VII. Les cours ont lieu tous les jours de l'année, excepté les dimanches et fêtes.

Il y a composition au moins une fois par mois sur les divers objets de l'enseignement.

VIII. Des prix sont distribués par la commission de surveillance à la fin de l'année. La commission désigne, d'après une liste présentée par le directeur de l'école, les livres et instruments qui peuvent être donnés en prix.

IX. La distribution des heures pour tous les mouvements et exercices de la journée est arrêtée par le ministre sur la proposition de la commission de surveillance.

X. Dans les différents mouvements de la journée, et pour passer d'un exercice à un autre, les élèves maîtres marchent toujours en ordre et en silence. Chaque division est conduite par l'un d'eux, que le directeur désigne parmi ceux qui se tinguent par leur bonne conduite et par leurs progrès.

ARRÊTÉ CONCERNANT LES ÉTUDES, LA DISCIPLINE, ET L'ADMINISTRATION ÉCONOMIQUE DES ÉCOLES NORMALES PRIMAIRES.

Séance du 8 janvier 1833.

Le conseil royal de l'instruction publique

Sur le rapport du conseiller chargé des écoles primaires,

Vu le réglement général du 14 décembre dernier concernant les écoles normales primaires;

Considérant que, pour assurer l'exécution des art. 21, 23 et 24 dudit réglement, il convient de fixer les époques où devront être présentés au conseil royal les divers rapports sur l'administration économique, sur les études et sur la discipline de ces écoles;

Arrête ce qui suit:

Art. 1er. Le rapport du directeur de chaque école normale primaire sur tout ce qui concerne les études et la discipline, le procès verbal de l'examen de sortie et les observations du recteur devront être réunis par ce dernier fonctionnaire, et par lui transmis au ministre de l'instruction publique, au plus tard le 1er septembre de chaque année.

Le préfet du département transmettra directement au ministre de l'instruction publique ses observations sur la situation de l'école normale primaire.

Les remarques auxquelles le rapport et le procès verbal pourront donner lieu seront adressées au recteur avant l'ouverture de la nouvelle année scolaire.

2. Dans les huit premiers jours de novembre le recteur adressera au ministre le budget, pour l'année suivante, de chacune des écoles normales primaires situées dans le ressort académique; il joindra au budget le compte de l'exercice précédent et l'état de situation de l'exercice courant.

(*Suivent les signatures et l'approbation du ministre.*)

ÉCOLES NORMALES PRIMAIRES

EN ACTIVITÉ OU EN PROJET.

(*Ce Tableau donne la situation des écoles normales primaires, au 1er juillet 1833.*)

ACADÉMIES	DÉPARTEMENTS.	VILLES où les écoles normales sont établies.	ÉCOLES NORMALES en activité.	en projet.	pensionnat ou externat.	Écoles modèles dans le département.	OBSERVATIONS.
Aix......	Basses-Alpes.....	Barcelonnette..	1	«	e	«	
	Bouches-du-Rhône	Aix..........	«	1	«	2	
		Marseille.......	«	1	«		
	Var.	Brignolles.....	1	«	p	«	
	Corse..........	Ajaccio.......	1	«	e	3	
Amiens...	Aisne..........	Laon.........	1	«	e	«	
	Oise...........	....	«	«	«	1	
	Somme.........	Amiens.......	1	«	e	2	
Angers...	Maine-et-Loire...	Angers........	1	«	p	3	
	Mayenne........	Laval.........	«	1	«	«	
	Sarthe.........	....	«	«	«	«	
Besançon.	Doubs..........	Besançon......	«	1	«	1	
	Haute-Saône.....	Vesoul........	«	1	«	2	
	Jura..........	Salins........	«	1	«	2	
Bordeaux.	Charente........	Angoulême....	1	«	e	«	
	Dordogne.......	....	«	«	«	«	
	Gironde........	Bordeaux.....	1	«	e	«	
Bourges..	Cher...........	Bourges......	1	«	p	«	
	Indre..........	Châteauroux...	«	«	«	«	
	Nièvre.........	....	«	«	«	«	
Caen.....	Calvados........	Caen.........	1	«	e	«	
	Manche.........	Saint-Lo......	1	«	e	«	
	Orne..........	Alençon.......	1	«	p	«	
Cahors...	Gers...........	Auch.........	1	«	e	«	
	Lot...........	Cahors........	1	«	e	«	
	Lot-et-Garonne...	....	«	«	«	«	
Clermont.	Allier..........	Moulins.......	«	1	«	«	
	Cantal.........	Salers........	1	«	p	«	
	Haute-Loire.....	Le Puy.......	1	«	p	«	
	Puy-de Dôme.....	Clermont......	1	«	p	«	
Dijon....	Côte-d'Or......	Dijon.........	1	«	p	«	Il y a en outre une École de conférence à Châlons-sur-Saône.
	Haute-Marne....	....	«	«	«	«	
	Saône et Loire...	Mâcon........	1	«	e	«	

ACADÉMIES	DÉPARTEMENTS.	VILLES où les écoles normales sont établies.	ÉCOLES NORMALES en activité.	en projet.	pensionnat ou externat.	Écoles modèles dans le département.	OBSERVATIONS.
Douai....	Nord...........	Douai........	1	«	«	«	
	Pas-de-Calais.....	....	«	«	«	1	
Grenoble.	Drôme..........	Dieu-le-Fit (1)..	1	«	p	1	(1) École protestante.
	Alpes (Hautes)...	Gap..........	«	1	«	«	
	Isère...........	Grenoble......	1	«	p	«	
		Mens (1)......	1	«	p	«	(1) École protestante.
Limoges..	Corrèze.........	Tulle.........	1	«	e	«	
	Creuze.........	Guéret........	1	«	e	«	
	Haute-Vienne....	Limoges......	1	«	e	«	
Lyon.....	Ain............	Bourg........	1	«	p	«	Un cours normal primaire est établi à Lyon.
	Loire..........	Montbrison....	1	«	p	1	
	Rhône.........	Villefranche...	1	«	p	1	
Metz. ...	Ardennes.......	Charleville....	1	«	p	1	
	Moselle........	Metz.........	1	«	p	1	
Montpellier..	Aude..........	Carcassonne....	«	1	«	«	
	Aveyron........	Rodez........	«	1	«	«	
	Hérault.........	Montpellier....	1	«	p	«	
	Pyrén.-Orientales..	Perpignan.....	1	«	«	1	
Nancy....	Meurthe........	Nancy........	1	«	p	4	
	Meuse..........	Bar-le-Duc.....	1	«	p	4	
	Vosges.........	Mirecourt.....	1	«	p	3	
Nîmes....	Ardèche........	Privas........	1	«	p	«	
	Gard...........	Nîmes........	1	«	p	2	
	Lozère.........	Mende........	1	«	e	«	
	Vaucluse.......	Avignon.......	1	«	p	«	
Orléans...	Indre-et-Loire....	....	«	«	«	«	
	Loir-et-Cher.....	....	«	«	«	«	
	Loiret..........	Orléans.......	1	«	p	«	
		Châtillon-s-L. (1)	1	«	p	«	(1) École protestante.
Paris.....	Aube..........	Troyes........	«	1	«	«	
	Eure-et-Loir.....	Chartres......	1	«	e	1	Une école normale primaire est établie à Versailles pour toute l'académie de Paris.
	Marne.........	Châlons......	1	«	p	«	
	Seine..........	....	«	«	«	«	
	Seine-et-Marne...	Melun........	1	«	p	2	
	Seine-et-Oise....	Versailles.....	1	«	p	1	
		Étampes......	1	«	e		
	Yonne.........	....	«	«	«	5	
Pau......	Basses-Pyrénées..	Pau..........	1	«	e	1	
	Hautes-Pyrénées..	Tarbes........	«	1	«	«	
	Landes.........	Dax..........	«	1	«	«	

ACADÉMIES	DÉPARTEMENTS.	VILLES où les écoles normales sont établies.	ÉCOLES NORMALES en activité.	en projet.	pensionnat ou externat.	Écoles modèles dans le département.	OBSERVATIONS.
Poitiers...	Charente-Infér...	....	«	«	«	3	Une École de conférences est établie à Rochefort.
	Deux-Sèvres.....	Partenay......	«	1	«	1	
	Vendée.........	....	«	«	«	2	
	Vienne.........	Poitiers.......	1	«	e	1	
Rennes...	Côtes-du-Nord....	....	«	«	«	«	
	Finistère.......	....	«	«	«	«	
	Ille-et-Vilaine....	Rennes.......	1	«	p	«	
	Loire-Inférieure..	Nantes........	1	«	p	«	
	Morbihan.......	....	«	«	«	«	
Rouen....	Eure...........	Évreux.......	1	«	p	«	
	Seine-Inférieure..	Rouen........	1	«	p	2	
Strasbourg	Bas-Rhin........	Strasbourg.....	1	«	p	«	
	Haut-Rhin......	Colmar.......	1	«	e	«	
Toulouse.	Ariége.........	....	«	«	«	2	
	Haute-Garonne...	Toulouse......	1	«	p	1	
	Tarn...........	Alby.........	1	«	e	2	
	Tarn et-Garonne..	....	«	1	«	1	

RESUMÉ.

AU MOMENT DE LA PROMULGATION DE LA LOI.

Il résulte du tableau ci-dessus qu'il y a en France, 56 écoles normales primaires..	56
Savoir : Pensionnats......... 35 / Externats........... 21 } 56. Total égal.	
Les 56 écoles normales sont réparties entre 53 départements ci............	53
Départements où des écoles normales sont projetées et où quelques unes seront très prochainement organisées..	15
Départements où il n'a encore été formé aucun projet.....................	18
Total égal au nombre des départements....................................	86
Nombre d'écoles modèles...	63

VIII.

CONDITIONS NÉCESSAIRES POUR L'ÉTABLISSEMENT D'UNE MAISON D'ÉCOLE.

(Article 12 de la loi

CHOIX DU LOCAL.

Le gouvernement doit faire dresser des plans d'écoles primaires pour les communes rurales, avec les devis estimatifs des dépenses. Ces plans varieront nécessairement d'après la nature des écoles et le nombre d'élèves qu'elles devront contenir : les devis seront encore plus difficiles à régler d'une manière uniforme ; et ils seront sans cesse modifiés suivant les diversités locales. En attendant qu'un travail officiel ait été publié à cet égard, il ne sera pas inutile de trouver ici quelques indications sur la distribution même d'une maison d'école, et sur les différents objets nécessaires soit pour le mobilier, soit pour le matériel de l'enseignement.

Si la commune ne possède point d'école, il est possible qu'elle ait à sa disposition un terrain ou un local qui puisse être approprié à cette destination. Mais si elle n'a ni terrain ni local disponibles, elle doit en choisir un au centre du pays ; à moins cependant que l'école ne serve à plusieurs communes : alors elle sera plus convenablement placée dans le lieu le plus rapproché des autres communes. Dans tous les cas, le lieu choisi doit être d'une avenue facile, et bien aéré. L'on évitera surtout qu'il y ait aux environs, ni mare d'eau, ni dépôts infects d'aucune espèce. Quant au local même, « une maison simple et modeste, mais saine et en bon état, isolée de toute habitation bruyante ou mal saine ; une salle de classe construite sur cave, planchéiée, vaste, bien éclairée, accessible aux rayons du soleil, et telle surtout que la disposition des fenêtres permette de renouveler l'air facilement ; un logement commode et convenablement disposé pour l'instituteur et sa famille; » telles sont les conditions qui doivent se rencontrer dans toute construction d'école. Il est à désirer aussi qu'il y ait une cour fermée, ou tout au moins une place, un préau sablé, devant la maison, pour réunir les élèves avant la classe et les garder en récréation. Enfin, autant que les localités le permettront, on devra ménager à l'instituteur un jardin potager, qui, dans certaines occasions, servira à l'instruction même des élèves.

PLAN D'UNE MAISON D'ÉCOLE POUR CENT ÉLÈVES (1).

1° Entrée ou vestibule, au milieu du bâtiment : longueur, 6 mètres 15 centimètres; largeur, 3 mètres 50 centimètres.

2° Au bout du vestibule, cabinet de travail pour le maître : longueur et largeur, 3 mètres 50 centimètres;

3° A gauche, salle de classe : longueur 10 mètres; largeur 7 mètres.

4° A droite, logement de l'instituteur. Première pièce : longueur 5 mètres; largeur, 4 mètres 70 centimètres; seconde pièce : longueur et largeur, 5 mètres.

Total des dimensions du bâtiment, les murs compris : longueur, 17 mètres 30 cent.; largeur, 11 mètres.

Même espace de terrain pour la cour et le jardin.

Le vestibule sert de communication entre les différentes pièces; il peut recevoir les élèves dans les temps de pluie. Pour cela des bancs seront disposés de chaque côté du mur; et au-dessus des bancs il y aura une planche numérotée où l'on déposera les paniers et autres effets appartenant aux élèves. Le numéro sera le même que celui d'inscription des élèves sur le registre de l'école.

Le cabinet de l'instituteur communiquera, d'un côté, à son logement particulier, de l'autre, à la salle de classe;

(1) Nous avons choisi ce nombre comme un terme moyen, et parce qu'il serait à desirer qu'il y eût une maison d'école par mille habitants. Un rez-de-chaussée suffit pour une école de cent enfants.

il y aura surtout une issue facile dans le vestibule, afin que la surveillance soit plus commode.

La longueur de la classe est prise sur la largeur du bâtiment. Les bancs et les tables sont rangés parallèlement dans le sens de la largeur de la salle. L'estrade du maître occupe une des extrémités en face des élèves. Cette estrade doit être élevée de 60 centimètres au moins au-dessus du sol.

Les tables et les bancs ne touchent pas le mur. Sur les divers côtés de la salle est un espace libre de 1 mètre 30 centimètres, qui permet la circulation et rend la surveillance facile. Si la méthode mutuelle est appliquée dans l'école, cet espace est indispensable pour les *groupes* et les *cercles*. Dans le cas contraire, il peut être réduit (1).

Les tables, inclinées en forme de pupitre, et scellées par le bas, ont chacune 25 centimètres de largeur. Les bancs sont placés à une distance de 2 centimètres des tables; ils sont également scellés, et ont 18 centimètres de large. Chaque rangée de tables et bancs est séparée de celle qui vient après par un passage de 30 centimètres, qui suffit pour aller de l'une à l'autre. La longueur des tables et des bancs est de 4 mètres 40 centimètres; onze élèves peuvent s'y asseoir: il faudra ainsi neuf tables pour une classe de cent élèves.

Le maître arrive à l'estrade par deux gradins placés à droite et à gauche. Les trois côtés de l'estrade non adossés au mur sont fermés par un panneau en menuiserie, dans lequel on peut pratiquer quelques armoires pour les livres, crayons et autres objets.

Deux pièces pour le logement de l'Instituteur semblent suffire. Si cette partie du bâtiment devait être occupée par une seconde classe, soit de garçons, soit de filles, il serait nécessaire alors d'élever un étage supérieur, où logeraient un ou plusieurs instituteurs.

Pour ces diverses constructions, le maire fait dresser un devis détaillé, donnant l'aperçu exact des travaux et des dépenses. Ces devis doivent être rédigés par l'architecte avec

(1) Des bancs et pupitres de forme circulaire peuvent remplacer les cercles.

tous les développements convenables, afin que les travaux à faire soient bien exposés et connus de tous, du conseil municipal qui vote les fonds, de l'entrepreneur chargé d'exécuter les travaux, et du maire qui doit les surveiller ou les faire surveiller, en l'absence de l'architecte, qui, la plupart du temps, ne demeure pas sur les lieux (1).

Nous ne chercherons pas à évaluer la quotité des dépenses pour ce qui se rapporte aux constructions proprement dites; ces dépenses sont trop peu fixes. Les communes peuvent quelquefois disposer de certains matériaux, et ces matériaux varient suivant les localités. Mais nous pouvons donner, du moins approximativement, les prix pour l'achat du mobilier et pour le matériel de l'enseignement.

MOBILIER D'ÉCOLE.

Bancs pour le vestibule, adossés au mur..........	50 fr.
Planches ou crochets pour les paniers..........	50 »
9 bancs et 9 tables avec tiroirs, rainures, pour la salle de classe..............................	300 »
Estrade en sapin..........................	50 »
Bureau du maître avec pupitre................	25 »
1 Tableau noir..........................	10 »
1 Poêle en fonte avec ses accessoires...........	80 »
1 Fontaine..............................	15 »
6 Chaises communes.......................	12 »
Petit corps de bibliothèque..................	12 »
Une horloge.............................	20 »
Un crucifix et un buste du roi...............	10 »
Total.....	634 »

(1) Nous donnons à la fin du volume, parmi les différents modèles qui s'y trouvent, deux plans au trait représentant, l'un une maison d'école pour cent élèves, l'autre, la disposition intérieure de la salle de classe. Voir les modèles nos 11 et 12.

MATÉRIEL DE L'ENSEIGNEMENT POUR UNE ÉCOLE DE CENT ÉLÈVES, SUIVANT LA MÉTHODE MUTUELLE.

Objets divers.

90	Ardoises	28	80
90	Porte-crayons	9	»
500	Crayons à ardoises	5	»
1	Grosse de crayons blancs	4	30
1	Sonnette	1	50
1	Sifflet	»	50
	Médailles de moniteurs et de bons élèves	30	»
1	Registre d'inscription	12	»
1	Registre du résultat des appels	3	»
9	Listes d'appel	5	60
	Liste de classification	3	»
1	Collection de tableaux de lecture	8	50
	Id. d'arithmétique avec guide	14	»
1	*Id.* de grammaire	11	»
1	Cahier de 16 feuilles pour l'écriture	1	25
1	Planchette en sapin pour modèle	»	60
22	Marques de premiers	2	20
12	Écriteaux de punition	1	20
		141	45

Livres.

1	Manuel	1	50
10	Exemplaires d'un livre de morale	12	51
10	*Id.* du Nouveau Testament	»	»
10	*Id.* de manuscrits lithographiés	25	»
1	Collection d'ouvrages divers	4	»
10	Exempl. de la Science du bon homme Richard	4	»
		47	06

Dessin linéaire.

6	Petites équerres	1	80
6	Compas en cuivre	6	»
	A reporter	7	80

	Report........	7 80
6	Double-décimètres....................	2 40
8	Demi-mètres........................	8
8	Grandes équerres....................	8 »
8	Grands compas en bois................	8 »
2	Rapporteurs......................	4 »
1	Collection de tableaux................	6 25
		(1) 44 45
	Total général........	233 50

IX.

SECOURS ET ENCOURAGEMENTS

A L'INSTRUCTION PRIMAIRE.

(Article 13 de la loi.)

Les dépenses relatives aux écoles sont purement municipales ; mais il s'écoulera bien du temps encore avant que les communes puissent subvenir seules à ces dépenses. Chaque année des allocations sont portées au budget de l'état en faveur de l'instruction primaire. Les nouveaux besoins auxquels la loi du 28 juin obligera de pourvoir ne peuvent qu'accroître cette dépense. Le ministre règle en conseil royal la répartition des fonds accordés. Voici les instructions qui ont été adressées à ce sujet pour 1833.

CIRCULAIRE RELATIVE A LA RÉPARTITION DES FONDS PORTÉS AU BUDGET DE L'ÉTAT EN 1833.

Paris, 12 janvier 1833.

Monsieur le recteur, la répartition des fonds affectés, dans le budget de l'état pour l'exercice 1832, aux besoins et à

(1) La dépense du matériel s'élève à 262 fr. 70 c. pour une classe de 150 élèves; à 274 fr. 90 c. pour 200 élèves, et à 362 fr. 20 c. pour 300 élèves. Elle n'est que de 221 fr. 70 c. pour une classe de 70 élèves.

l'encouragement de l'instruction primaire est terminée. A l'aide des documents recueillis par vos soins et par ceux de MM. les préfets, les secours du gouvernement ont été portés sur tous les points où leur utilité a paru bien constatée. Ces secours ont amené d'heureux efforts de la part des départements et des communes; ils ont excité une louable émulation en faveur de l'éducation populaire, qui a déjà reçu, de l'emploi bien entendu des fonds de l'état, une puissante impulsion et des améliorations notables.

Il importe de poursuivre et d'accomplir ce qui a été si heureusement commencé. L'administration en trouvera sans doute les moyens dans les crédits qui continueront d'être mis à sa disposition; il faut qu'elle se livre sans relâche à la recherche et à l'examen attentif des divers besoins qui restent encore à satisfaire, ou qui naissent tous les jours.

Je vous invite, monsieur le recteur, à préparer un nouveau travail pour l'emploi des fonds qui seront accordés à votre académie, et dont la quotité pourra être environ de 10,000 francs par département. Les tableaux que je vous envoie (1) vous indiqueront de quels éléments ce travail devra être composé; et je vous recommande d'y renfermer, autant qu'il se pourra, vos propositions. Si vous avez à former des demandes dont l'objet n'ait pas été prévu, vous les exposerez dans votre rapport ou dans un tableau particulier.

Au premier rang des objets qui doivent exciter votre sollicitude, il faut placer la création d'écoles, soit qu'il s'agisse d'en procurer aux communes qui en sont encore privées, ou d'en établir de nouvelles là où le nombre de celles qui existent est insuffisant. C'est là ce qui peut donner lieu à la plus forte dépense. Dans l'un et l'autre cas, le premier point est d'avoir un local. Si la commune n'en possède pas, et qu'il

(1) Voir le modèle n° 13.

soit nécessaire d'en acheter ou d'en construire un, ou bien s'il n'est question que de simples réparations, vous savez, monsieur le recteur, que la dépense doit être établie par un devis, qu'il faut ensuite que le conseil municipal prenne une délibération destinée à arrêter ce devis et à faire connaître la somme qu'il croit devoir voter pour contribuer à la dépense. Il faut encore savoir ce qui peut y être affecté sur les fonds votés par le conseil général du département. Votre proposition doit toujours être appuyée sur ces deux premières et indispensables données. Vous n'omettrez pas non plus de faire connaître la population, et les revenus des communes. Il ne doit être fait de demandes, dans tous les cas, que pour des locaux appartenant aux communes.

Afin que votre travail puisse offrir à cet égard un degré de précision et d'exactitude qui ne laisse rien à désirer, je vous envoie un tableau particulier (1), qui sera annexé à votre tableau général, et où vous présenterez toutes les indications nécessaires sur ce qui concerne les maisons d'école à acheter, à construire ou à réparer.

Une nouvelle école a besoin d'être pourvue d'un mobilier de classe et d'un matériel pour l'enseignement. Dans celles qui existent, il peut y avoir lieu d'augmenter, de compléter ou de renouveler ce matériel. Si la commune a besoin d'être aidée pour en faire l'achat, il faut qu'un état détaillé en soit fourni, et que l'on sache aussi ce que la commune donne elle-même. Ceci s'applique aux écoles d'enseignement mutuel, aussi bien qu'à celles de toute autre nature.

Il sera toujours essentiel que les comités d'instruction primaire soient consultés sur les demandes relatives à ces divers objets; vous les mettrez donc en demeure d'en délibérer, et l'extrait de leur délibération sera joint à vos pro-

(1) Voir le modèle n° 14.

positions, ou du moins leur avis y sera mentionné. Cependant les besoins auxquels il serait urgent de pourvoir ne doivent pas souffrir des lenteurs qu'éprouveraient les délibérations de quelques comités. Après un délai déterminé, il n'en faudrait pas moins poursuivre votre travail; mais vous auriez soin de noter cette absence d'avis de la part des comités.

Tout ce qui concerne les écoles normales primaires est encore de la plus haute importance. Si pour celles qui existent déjà des secours sont demandés, leur situation doit être établie dans le plus grand détail; il faut indiquer leurs charges et leurs ressources, et faire connaître exactement ce que font en leur faveur la ville et le département où elles sont situées, quelle est la destination des sommes qui leur sont affectées, et quelle serait celle des fonds demandés. Ce n'est que lorsque l'insuffisance des ressources est bien établie qu'une subvention peut être accordée sur les fonds de l'état. La seule dépense qu'il y ait lieu en général d'imputer d'une manière fixe sur ces fonds est le traitement du directeur de l'école. S'il s'agit d'une école normale à former, une allocation peut être affectée aux frais d'établissement; mais il faut que les dépenses, ainsi que les moyens d'y pourvoir, soient également indiqués avec tous les détails nécessaires.

Des encouragements doivent être particulièrement donnés à l'enseignement mutuel. Il importe de favoriser la propagation de cette méthode, de seconder l'établissement de nouvelles écoles, de soutenir celles qui existent déjà. Les gratifications accordées aux moniteurs ont produit souvent de bons effets; c'est un moyen d'encouragement qui peut être utilement continué.

Les sociétés instituées pour la propagation et l'amélioration de l'enseignement élémentaire, et les associations charitables légalement reconnues, qui se vouent spécialement à l'instruction des enfants des classes indigentes, ont droit aussi à un juste intérêt. Les propositions qui auront pour objet de les aider à accomplir l'œuvre à laquelle elles se consacrent, seront examinées avec une attention particulière.

Il est sans doute impossible de récompenser tous les services, de soulager toutes les misères, cependant les instituteurs qui ne retirent pas de leurs efforts tout le fruit qu'ils devraient en attendre méritent d'être encouragés : il est juste aussi de venir au secours de ceux que l'âge et les infirmités ont laissé sans ressources. Des indemnités peuvent enfin être accordées, comme complément de traitement, aux instituteurs des communes pauvres, où ces secours seront reconnus indispensables à l'établissement ou à la conservation de l'école. Ces indemnités peuvent encore servir à imposer aux instituteurs l'obligation de se charger des enfants indigents; c'est pour ces seuls cas qu'elles doivent être proposées. La nécessité d'assurer la régularité des allocations au profit des instituteurs m'a engagé à faire dresser un second tableau supplémentaire (1), où vous voudrez bien faire figurer toutes les demandes de secours, d'encouragements individuels, et de complément de traitement.

Une allocation spéciale pourra être affectée à l'achat de livres élémentaires à distribuer dans les écoles communales de votre académie. Ne perdez pas de vue, je vous prie, d'abord, que les livres ainsi distribués sont plus particulièrement destinés à l'instruction des élèves, et que le choix doit en être fait surtout dans ce but; en second lieu, qu'ils ne doivent être donnés qu'aux enfants trop pauvres pour s'en procurer eux-mêmes. Ces livres seront ordinairement envoyés de Paris. Vous devrez donc adresser la liste de ceux qu'il vous paraîtra bon de choisir, indiquer la somme qu'il conviendrait d'y affecter, et la manière dont vous désirez que l'envoi en soit effectué.

Il n'y aura plus lieu de faire des propositions séparées

(1) Voir le modèle n° 13.

pour les écoles protestantes ou israélites, qui peuvent exister dans votre académie; vous les comprendrez dans votre travail général, en appréciant leurs besoins de la même manière que ceux des autres écoles, et en leur appliquant à tous égards les instructions qui précèdent. Vous aurez soin seulement d'avertir, à la colonne d'observation dans vos tableaux, que telles écoles sont catholiques, telles protestantes, telles israélites. Vous ne manquerez pas d'ailleurs de stimuler la bonne volonté et le patriotisme des autorités locales, pour que les écoles protestantes ou israélites ne soient pas, comme cela est arrivé trop souvent, perdues de vue dans les votes des conseils généraux et des conseils municipaux.

Enfin, quant aux frais de bureaux des comités d'instruction primaire, n'oubliez pas qu'on ne peut admettre pour dépenses que celles des registres. Si les comités sont obligés à d'autres frais, il serait à propos qu'il y fût pourvu, soit par la ville où ils siègent, soit par l'arrondissement ou par le département, comme cela a lieu déjà dans quelques localités.

Je vous recommande, monsieur le recteur, de vous entendre avec MM. les préfets des départements de votre ressort académique, pour l'exécution du travail important dont vous avez à vous occuper. Je les informe de la demande que je vous en fais, et je les prie de vous seconder par tous les moyens qui sont à leur disposition. J'attends de ce concours des résultats encore plus satisfaisants que ceux auxquels on est parvenu l'année dernière; je compte sur tout votre zèle et tous vos soins pour les obtenir.

Recevez, monsieur le recteur, etc.

X.

FRAIS DES COMITÉS D'INSTRUCTION PRIMAIRE.

(Article 20 de la loi (1) .)

Les comités d'instruction primaire sont purement gratuits.

(1) Voir aussi l'art. 27 de l'ordonnance du 16 juillet, ci-dessus, p. 102.

Cependant une somme annuelle leur est nécessaire pour les frais de bureau indispensables.

Ces frais avaient déjà été mis à la charge des communes et répartis proportionnellement à leurs revenus. Lorsqu'il se trouvait des communes assez pauvres pour que cette charge leur fût onéreuse, le montant de leur contingent était imputé sur les fonds des dépenses départementales.

(Instruction du ministre de l'intérieur du 27 septembre 1820.)

Mais d'autres réglements servenus dans la comptabilité des communes avaient fait retomber ces dépenses à la charge de l'état. Les nouvelles dispositions de l'ordonnance du 16 juillet 1833 portent que les dépenses de comités communaux seront supportées par les communes, et celles des comités d'arrondissement par le département. Dans l'un et l'autre cas la dépense doit être la plus minime possible ; car ce qui est distrait des fonds généraux pour cet objet est autant de ravi aux secours et aux encouragements de tout genre que réclament les écoles. L'économie en ce point est recommandée de la manière la plus pressante, parce qu'elle est conforme à la noble et charitable mission que remplissent les comités. « L'instruction qu'ils veulent bien surveiller et encourager est surtout l'instruction du pauvre; elle est son premier besoin, elle sera souvent son seul patrimoine. Et malheureusement dans un très grand nombre de communes, malgré beaucoup d'efforts et de sacrifices, les ressources locales, à l'aide desquelles on pourrait satisfaire à un besoin si urgent, assurer ce patrimoine si précieux, sont encore ou bien insuffisantes ou même absolument nulles. Personne ne peut mieux s'en convaincre que les membres des comités eux-mêmes, qui se dévouent avec tant de zèle aux modestes fonctions de surveillants et de protecteurs des écoles. Dans quelques académies, ces considérations ont été vivement senties, elles le seront certainement partout. »

Les dépenses des comités ont dû surtout diminuer depuis que leur réunion a lieu dans les mairies. En effet, les comités trouvent dans ce local, ou dans les bureaux de la sous-préfecture, puisque le sous préfet est maintenant le président de droit du comité, le bois, la lumière, le papier, les plumes et l'encre dont ils peuvent avoir besoin pour leurs réunions.

La correspondance pour le service des écoles n'entraîne à aucun frais. D'après l'ordonnance du 6 juillet 1828, le ministre de l'instruction publique a la franchise illimitée de toutes les lettres et de tous les paquets qui lui sont adressés. Son contre-seing opère également la franchise à l'égard des présidents de comités communaux et d'arrondissement. Les recteurs et les inspecteurs d'académie peuvent correspondre, *sous bandes* (1), avec les comités et les instituteurs. Cette franchise sous bande a également lieu entre les présidents de comité et les maires de leur circonscription,

(Décision du 13 mars 1829.)

Et entre les présidents de comités et les instituteurs.

(Décision du 29 avril 1833.)

Enfin un dernier arrêté du ministre des finances, en date du 23 juillet 1833, porte que les présidents de comités communaux communiqueront en franchise avec ceux d'arrondissement, et que ces derniers communiqueront également en franchise avec les sous-préfets et le recteur.

Ces diverses dispositions rendent facile l'action des comités. Le secrétaire est un des membres du comité. L'admission d'un secrétaire salarié dénaturerait l'institution, en lui donnant un caractère bureaucratique qui lui ôterait de son influence morale.

Tout se réduit donc à l'acquisition de deux registres : l'un du personnel des instituteurs, l'autre des délibérations du comité (2), et pour cette dépense une somme de 10 ou 15 fr.

---

(1) Il faut que le fonctionnaire ait soin de mettre les lettres sous bandes (*de la largeur du tiers de la lettre*) et de les contresigner de ses nom et qualité.

(2) Voir l'article suivant, page 197.

paraît suffisante. Quant à l'impression de quelques circulaires ou autres instructions concernant les écoles, ce soin doit être abandonné le plus possible à l'administration des recteurs et des préfets.

(Circulaires du 26 mai 1829 et du 20 janvier 1830.)

XI.

STATISTIQUE DES ÉCOLES PRIMAIRES.

(Article 22 de la loi.)

CIRCULAIRE SUR LES TABLEAUX DE STATISTIQUE QUI DOIVENT ÊTRE ENVOYÉS CHAQUE ANNÉE PAR LES COMITÉS.

Paris, 30 novembre 1832.

Monsieur le recteur,.... pour que le travail de statistique des écoles primaires, qui doit être périodiquement publié, soit complet et présente tous les éléments nécessaires, il est à propos qu'il soit dressé, *par chaque canton*, un état sur lequel se trouveront réunis tous les renseignements désirables. Vous voudrez bien, à cet effet, remettre à chaque comité deux exemplaires, par canton, des tableaux imprimés que je vous envoie (1). En les faisant parvenir aux divers comités de votre académie, vous leur annoncerez que l'un de ces tableaux devra être déposé en permanence dans le lieu de leur réunion. Ce sera en quelque sorte un registre d'ordre que chaque membre pourra successivement enrichir de tous les renseignements qu'il aura recueillis, soit en inspectant les écoles, soit en réclamant exprès ces renseignements dans les diverses localités, de telle façon que toutes les indications ainsi réunies puissent être transcrites sur le second exemplaire, et vous être renvoyées immédiatement à l'époque où il sera utile de me les transmettre. Vous voudrez bien faire remarquer à MM. les membres des comités que la statistique des écoles pourra ainsi être préparée dans chaque ressort,

(1) Voir le modèle n° 16.

sans qu'il en résulte pour eux trop de dérangement. Il sera toutefois utile de bien fixer leur opinion sur la nécessité des renseignements dont il s'agit, afin qu'ils ne négligent pas de les recueillir dans le courant de l'année, et que, au moment où il sera utile de leur demander leurs tableaux, ils ne soient pas exposés à en remettre d'incomplets......

Recevez, monsieur le recteur, etc.

Outre les tableaux de statistique qui doivent être adressés au ministre, chaque comité doit avoir pour son usage particulier un registre du personnel de tous les instituteurs et institutrices de son ressort (1).

Pour tenir ce registre de la manière la plus avantageuse, et pour prévenir l'inconvénient d'être obligé de le refaire ou de transcrire annuellement les renseignements déjà obtenus, ce qui entraînerait nécessairement de la négligence dans un travail aussi long, il faudra avoir soin de se conformer aux dispositions suivantes :

1° Consacrer une page du registre à chaque commune, et deux pages aux communes du chef-lieu d'arrondissement ou de département, et même trois s'il y a beaucoup d'instituteurs, afin que les mutations qui surviendront en dix ans puissent être comprises dans ces pages.

2° Inscrire les communes d'un même canton par ordre alphabétique, et disposer les cantons eux-mêmes dans cet ordre, ou mieux encore, avoir un registre pour chaque canton.

3° Placer les instituteurs dans la première partie de la page, et les institutrices dans la seconde, avec l'indication d'instituteur *communal* ou *privé*, de manière que l'on voie d'un coup d'œil l'état de toute l'instruction primaire de la commune.

4° Au fur et à mesure qu'il survient un changement dans chaque commune, ce dont le comité sera informé, avoir soin

---

(1) Voir le modèle n° 17.

de noter ce changement dans la page de la commune. On ajoutera les renseignements nouvellement reçus à la suite de ceux qui auraient été inscrits l'année précédente.

5° Former à la fin du registre une table alphabétique des instituteurs et institutrices, pour retrouver facilement la commune où ils sont placés (1). Il faut avoir l'attention en faisant cette table de laisser un certain nombre de lignes vides après chaque lettre pour y porter les nouveaux instituteurs.

En suivant ces dispositions, le travail s'améliorera, se complétera sans peine. Ce registre ainsi tenu peut servir dix années au moins, et présenter la situation de l'instruction primaire dans chaque commune à une époque quelconque.

Les instituteurs eux-mêmes sont obligés d'avoir deux registres, l'un pour les élèves, l'autre qui devra contenir toutes les décisions relatives à l'école, les avis ou encouragements adressés par les autorités, et la copie des lettres qu'ils écriront. Les inspecteurs ou surveillants des écoles peuvent consigner aussi par écrit, sur ce registre, le résultat de leurs visites et de leurs observations (2).

Le registre des élèves admis dans chaque école contiendra les indications suivantes (3) :

1° Le nom de famille, bien orthographié ;

2° Le prénom ou les prénoms, dans leur véritable ordre ;

3° La date précise et le lieu de naissance (commune, canton, arrondissement, département) ;

4° Le prénom ou les prénoms du père, dans leur véritable ordre ;

5° *Idem* de la mère ;

6° La profession des parents ;

---

(1) Voir le modèle n° 18.

(2) Voir le modèle n° 19.

(3) Voir le modèle n° 20.

7° L'époque de l'entrée à l'école;
8° L'époque de sortie;
9° La conduite de l'élève pendant son séjour à l'école;
10° Une colonne d'observations.

Ce registre bien tenu peut devenir très utile aux élèves eux-mêmes. Les différents détails qu'il contient leur épargneront plus tard, dans beaucoup d'occasions, des démarches et des dépenses inutiles, et serviront à rendre plus réguliers les différents actes de transaction civile auxquels ils pourront être appelés à prendre part (1).

XII.

DISPENSE DU SERVICE MILITAIRE.

ENGAGEMENTS DÉCENNAUX.

(Article 22 de la loi.)

« Seront considérés comme ayant satisfait à l'appel et « comptés numériquement en déduction du contingent à « fournir, les jeunes gens désignés par leurs numéros pour « faire partie du contingent qui, étant membres de l'instruc- « tion publique, auraient contracté avant l'époque déter- « minée pour le tirage au sort, et devant le conseil de l'uni- « versité, l'engagement de se vouer à la carrière de l'ensei- « gnement. »

(Loi du 21 mars 1832 sur le recrutement de l'armée, art. 14.)

La loi du 10 mars 1818 portait que cet engagement devait être de dix ans. La loi de 1832 ne s'explique pas à cet égard. D'un autre côté, l'article 30 de cette loi n'exige plus des jeunes soldats qu'un service de sept ans. Mais le conseil royal de l'instruction publique, jugeant que l'intention des chambres

(1) D'autres tableaux ou modèles sont nécessaires aux instituteurs : on en trouvera la collection complète à la *librairie normale d'éducation* Nous mentionnerons particulièrement ici les *feuilles de présence* de élèves, par jour et par mois, et les tableaux par ordre de classe et de mérite. Voir les modèles nos 21 et 22.

était qu'il demeurât arbitre du temps pour lequel l'engagement devait être contracté, a décidé, dans sa séance du 8 mai 1832, que cet engagement continuerait à être de dix années.

L'engagement décennal (1) doit être contracté, légalisé et envoyé au recteur, avec l'acte de naissance, dans le courant du mois de décembre qui précède l'année où l'appel doit avoir lieu.

(Circulaire du 9 juillet 1831.)

Les engagements transmis après cette époque sont également reçus, pourvu que les dispositions suivantes aient été observées :

« 1° Le jeune homme qui veut se vouer à la carrière de « l'enseignement doit toujours avoir souscrit avant l'époque « fixée pour le tirage au sort, par ordonnance du roi, l'en- « gagement prescrit au paragraphe 4 de l'article 14 de la loi « du 21 mars 1832 (2);

« 2° Cet engagement, visé par le recteur de l'académie, doit « être transmis par lui de manière à ce qu'il soit parvenu au con- « seil de l'université avant ladite époque fixée pour le tirage;

« 3° Il n'est pas indispensable que la date de l'acceptation « de l'engagement par le conseil royal de l'instruction pu- « blique soit d'une date antérieure à l'époque fixée par l'or- « donnance royale pour le tirage au sort; il suffit au contraire « que cette acceptation ait été consentie à une époque anté- « rieure au jour où le conseil de révision est appelé à prendre « une décision définitive sur le jeune homme qui réclame la « dispense en vertu du 4e paragraphe de l'art. 14 de la loi « précitée;

« 4° La pièce portant acceptation de l'engagement, délivrée « par le conseil royal (3), devra constater que l'engagement « lui a été présenté antérieurement à l'époque fixée pour le « tirage au sort;

---

(1) Voir le modèle n° 23.

(2) Autrefois il suffisait que l'engagement fût contracté avant le jour du tirage dans chaque canton. Maintenant le délai est le même pour toute la France.

(3) Voir le modèle n° 24.

« 5° La dispense ne sera point accordée aux jeunes gens « qui ne justifieront pas de leurs droits comme il est prescrit « aux articles ci-dessus, ou qui ne les feront pas valoir en « temps opportun, c'est-à-dire qui ne produiront pas les « pièces exigées au conseil de révision avant le jour où le « conseil est appelé à prendre une décision définitive (1). »

(Instruction transmise par le ministre de la guerre, et approuvée par le conseil royal de l'instruction publique dans sa séance du 18 janvier 1833.)

Si l'individu qui souscrit l'engagement est mineur, comme cela arrive presque toujours, il faut qu'il y soit autorisé par son père ou son tuteur. Il est nécessaire que les signatures portées sur l'engagement soient légalisées par le maire de la commune. Si les signataires habitent des communes différentes, le maire de chacune de ces communes légalise la signature de son administré, en apposant toujours le sceau officiel de la mairie.

(Circulaire du 31 octobre 1825.)

Les recteurs, en transmettant au ministre, avec leur visa, les engagements qui leur ont été remis, doivent joindre à cet envoi un tableau (2) contenant les renseignements nécessaires sur le compte des instituteurs, et indiquer sur ce tableau quels sont ceux que les jeunes maîtres nouvellement nommés ont remplacés, ou si ces derniers sont chargés d'une école nouvellement établie. Ils doivent encore faire connaître si les instituteurs remplacés avaient aussi contracté un engagement décennal, s'ils avaient obtenu la dispense du service militaire en vertu de cet engagement, et s'ils ont abandonné leurs fonctions avant l'expiration des dix années.

(Circulaire du 9 juillet 1831.)

(1) Les instituteurs qui n'ont pu se mettre en règle à temps pour l'engagement décennal peuvent quelquefois obtenir un sursis de départ, s'il est bien constaté que leur présence est utile dans l'instruction publique; mais cette faveur n'est accordée que par le ministre de la guerre directement.

(2) Voir le modèle n° 25.

D'après la circulaire du 21 octobre 1825, les frères des écoles chrétiennes et des autres sociétés semblables étaient autorisés à contracter l'engagement décennal entre les mains de leur supérieur; et celui-ci se bornait à envoyer la liste des frères ou novices sujets à l'appel. C'est d'après cette simple liste que le conseil royal prononçait l'acceptation de l'engagement de ces jeunes gens, et que le certificat leur en était délivré. Le mode suivi à l'égard de cette classe d'instituteurs, pour l'acceptation de leur engagement, était évidemment irrégulier et ne pouvait être maintenu; c'était une faveur exceptionnelle que la loi n'autorise pas. En effet, les termes de la loi sont généraux; ils exigent que l'engagement soit contracté devant le conseil de l'université; il est donc indispensable que cet acte même soit soumis au conseil. D'après ces motifs, les engagements contractés par les frères ou novices des différentes associations autorisées pour l'instruction primaire devront être envoyés dans la même forme que ceux des autres instituteurs. Les frères légalement brevetés sont seuls admis à contracter l'engagement décennal.

(Circulaire du 9 juillet 1831.)

La dispense du service militaire n'est également accordée qu'aux instituteurs communaux. La loi du 21 mars 1832 ne dispensant du service militaire que les membres de l'instruction *publique*, il faut de toute nécessité avoir le caractère d'homme public pour avoir droit à la dispense. La loi ne saurait être appliquée à l'instituteur privé, pas plus dans l'instruction primaire que dans l'instruction secondaire. Ainsi, les fonctionnaires des colléges sont dispensés; les chefs d'institution ou de pension ne le sont pas. Le principe reconnu de la liberté de l'enseignement devant étendre beaucoup la faculté d'ouvrir des écoles, il y aurait un véritable abus à procurer le bénéfice de la dispense à quiconque pourrait s'établir instituteur privé.

Il importe dès lors de bien déterminer ce que l'on doit

entendre par l'*instituteur communal*. Cet instituteur est celui qui occupe le local consacré par la commune à l'instruction primaire, ou qui reçoit d'elle un traitement quelconque. C'est encore celui en faveur de qui le conseil municipal fixe la rétribution mensuelle que doivent payer les élèves; qui est tenu de recevoir les enfants indigents que lui adresse le maire de la commune; celui enfin chez qui tout père de famille a le droit d'envoyer son enfant; c'est, en un mot, l'instituteur qui tient l'école publique de la commune, et qui est institué par le ministre. (*Ibid.*)

L'instituteur communal qui deviendrait instituteur privé perd son droit à la dispense, comme tout autre fonctionnaire qui, soit volontairement ou par une décision de l'autorité compétente, abandonne les fonctions en vertu desquelles il a obtenu la dispense.

(Décision du 10 octobre 1831.)

Les élèves des écoles normales primaires sont également admis à jouir du bénéfice de la dispense militaire; mais, d'après l'arrêté du 14 septembre 1832, ces élèves, soit internes soit externes, ne peuvent souscrire en cette qualité l'engagement décennal qu'autant qu'ils ont subi avec succès un examen spécial devant une commission formée par le ministre de l'instruction publique, et qui, d'après l'artice 25 de la loi sur l'instruction primaire, doit être la même que celle qui est chargée de la délivrance des brevets de capacité.

Une circulaire du 15 janvier 1819 avait prescrit de ne pas accorder la dispense du service militaire aux instituteurs brevetés du troisième degré, ou qui ne feraient pas usage de la méthode simultanée ou mutuelle. Cette disposition avait été adoptée dans la vue de n'accorder qu'avec le plus de réserve possible aux instituteurs le bénéfice de la dispense; mais, outre que la loi nouvelle ne fait plus mention du brevet du troisième degré ni des différentes méthodes d'enseignemens, le conseil royal avait déjà pensé que cette disposition devait être considérée comme non avenue, depuis que l'ordonnance du 12 mars 1831 n'exigeait plus d'autre condition pour être admis à l'examen de capacité, que de justifier de dix-huit ans accomplis et de certificats de bonnes vie et mœurs. Les inconvénients seront d'ailleurs en grande partie prévenus par la mesure en vertu de laquelle l'engagement décennal ne doit être contracté que par des jeunes gens qui sont reconnus instituteurs communaux.

D'après la circulaire du 20 janvier 1830, les recteurs doivent envoyer aux préfets la liste des instituteurs qui auront contracté l'engagement décennal. Il est entendu qu'il s'agit non du département où les instituteurs exercent, mais de celui où ils sont nés, par conséquent où ils sont appelés pour le tirage, et où l'on a besoin de connaître leur position. Lorsque l'engagement de quelqu'un de ces instituteurs aura été rejeté par le conseil royal, les recteurs devront en avertir également les préfets. Cette liste doit être envoyée aux préfets avant l'ouverture des opérations du conseil de révision. Les préfets pourront prendre eux-mêmes les informations qu'ils jugeront convenables sur la position des instituteurs qui aspirent à la dispense; ils connaîtront ainsi tous ceux qui seront dans le cas de se présenter devant le conseil de révision, et sauront d'avance quels sont ceux dont l'engagement n'a pas été accepté. Les préfets eux-mêmes, conformément à la circulaire du 28 février 1822 rappelée par celle du 9 juillet 1831, doivent envoyer chaque année à l'autorité supérieure, immédiatement après la clôture de la liste du contingent, un état de tous les instituteurs admis à jouir de la dispense, en vertu de l'engagement décennal par eux contracté, et accepté par le conseil royal de l'instruction publique. Cette disposition a pour but de faire vérifier chaque année la position réelle des instituteurs ainsi dispensés. On ne saurait apporter trop de soin à une pareille vérification, afin de ne laisser à aucun instituteur dispensé le moyen d'éluder l'obligation que la loi lui impose. C'est dans cette vue qu'une instruction générale, en date du 29 janvier 1830, émanée du ministère de la guerre, recommande à MM. les préfets de se procurer auprès des autorités compétentes les renseignements nécessaires pour connaître ceux des jeunes gens exemptés, qui, avant leur libération, auraient renoncé au titre qui leur a valu la dispense, et par conséquent au bénéfice de cette dispense.

Le moyen le plus sûr de remplir l'objet de cette instruction, en ce qui concerne les instituteurs primaires, est d'exécuter la disposition indiquée par la circulaire du 28 février 1822, et, pour rendre complète la vérification, de l'étendre à toutes les classes non encore libérées. Ainsi, chaque année les préfets doivent adresser un état général des jeunes gens de leur département appartenant aux classes non encore libérées, qui ont été jusqu'à ce jour dispensés conditionnellement du service militaire, comme instituteurs primaires, y compris les frères ou novices des écoles chrétiennes, ceux des différentes sociétés de même nature, et les élèves des écoles normales primaires. Cet état (1) devra indiquer les noms et prénoms des instituteurs, le lieu et la date de leur naissance, la qualité précise en laquelle la dispense leur a été accordée, le lieu où ils exerçaient, ou bien l'établissement dans lequel ils étaient placés lorsqu'ils ont été appelés, la date du certificat du conseil royal constatant l'acceptation de leur engagement, enfin celle de la décision du conseil de révision par laquelle la dispense a été prononcée.

Une dernière disposition qui empêche tout abus à l'égard des engagements décennaux est celle qui prescrit aux instituteurs dispensés du service militaire d'adresser tous les six mois au comité un certificat du maire qui constate qu'ils sont en fonctions (2). Le comité transmet ce certificat au recteur, ou lui fait connaître ceux des instituteurs qui ont abandonné

(1) Voir le modèle n° 26.
(2) Voir le modèle n° 27.

leurs fonctions. L'état de ces derniers est transmis au ministre, qui en réfère au ministre de la guerre.

(Circulaires du 1er février 1819 et du 5 mars 1822.)

Il ne faut pas perdre de vue d'ailleurs que les instituteurs primaires qui contractent l'engagement décennal envers l'université doivent être considérés comme obligés de servir l'instruction publique pendant dix ans, soit qu'ils aient été dispensés du service militaire en vertu dudit engagement, soit qu'ils n'aient pas fait usage de l'engagement.

(Décision du 9 mars 1830.)

L'engagement décennal ne dispense point les instituteurs du service de la garde nationale. La loi du 22 mars 1831 ne contient aucune exception à cet égard; mais, d'après une lettre du ministre de l'instruction publique, en date du 25 avril 1831, et d'après les circulaires du ministre de l'intérieur insérées au *Journal officiel des Gardes nationales*, n°s 3 et 6, il y a lieu de croire que les conseils de recensement, auxquels la loi laisse sur ce point toute la latitude nécessaire, sauront apprécier les raisons d'utilité et de convenance qui militent en faveur des frères et autres instituteurs, et qu'ils ne feront aucune difficulté de les classer dans la réserve. Il est arrivé cependant que, dans certaines villes, les conseils de recensement ont refusé d'assurer aux frères des écoles chrétiennes l'exemption du service actif; mais presque toujours leurs décisions ont été annulées par les conseils de révision, et rarement la question a été amenée jusqu'à la cour de cassation, dont la jurisprudence en ce point est du reste conforme aux circulaires ministérielles. S'il y a justice et raison pour tous les instituteurs communaux à être dispensés du service ordinaire de la garde nationale, il y a de plus convenance et nécessité pour les frères, consacrés spécialement à l'instruction des pauvres, et individuellement si pauvres eux-mêmes. L'article 19 de la loi sur la garde nationale dispense d'ailleurs du service ordinaire les citoyens non portés au rôle de la contribution personnelle et mobilière; et jamais les frères n'ont payé cette contribution.

XIII.

DISTRIBUTION DE LIVRES ÉLÉMENTAIRES.

(Article 22 de la loi.)

Chaque année il est alloué, sur les fonds du trésor, une somme destinée à faire publier, réimprimer et distribuer des ouvrages propres à l'instruction primaire. Des dépôts de ces ouvrages sont établis dans un grand nombre de communes pour être donnés gratuitement aux enfants des familles pauvres : ces distributions permettent d'étendre à tous le bienfait de l'instruction. De plus, elles en accélèrent les résultats; car l'emploi des mêmes livres, pour tous les enfants, fait pénétrer peu à peu dans les écoles les bonnes méthodes d'enseignement, entre autres la méthode simultanée et la méthode mutuelle.

Une somme de 137,233 fr. a été employée en 1832 pour cet objet; et 728,290 exemplaires de dix-sept ouvrages ont été distribués.

CIRCULAIRE DU MINISTRE POUR LA DISTRIBUTION DES LIVRES.

2 novembre 1831.

Monsieur le recteur, les livres de lecture manquent de toutes parts dans les écoles primaires, surtout pour les enfants pauvres: le dénuement qui m'a été signalé à cet égard est une des causes principales qui ont retardé jusqu'ici les progrès de l'instruction. Une des premières pensées du gouvernement devait être d'y remédier, en faisant composer, imprimer et distribuer dans les écoles des ouvrages destinés à communiquer et à répandre les premières connaissances. C'est, d'une part, un moyen sûr de propager des idées utiles dans toutes les classes de la société, et particulièrement parmi les nombreux habitants des communes rurales.

C'est, d'autre part, le moyen le plus efficace de faire enfin disparaître la méthode de l'enseignement individuel avec tous les inconvénients qu'elle entraîne, et de lui substituer les méthodes perfectionnées de l'enseignement mutuel et de l'enseignement simultané.

Je viens de prendre des mesures afin de satisfaire promptement à ce qu'exigent sur ce point capital les plus pressants besoins de l'instruction élémentaire.

Deux sortes d'ouvrages devaient d'abord appeler mon attention.

Il fallait avant tout chercher à rendre aussi facile que possible l'art de lire, en mettant entre les mains des enfants un premier livre qui fût à leur portée, et qui eût le double avantage 1° de leur présenter dans un ordre convenable les éléments de la langue; 2° de leur offrir quelques notions simples et utiles, propres tout à la fois à servir d'exercice de lecture, à piquer la curiosité naturelle du jeune âge, et à jeter dans l'esprit des semences fécondes pour l'avenir. Il était à souhaiter en outre que ce petit volume fût composé de telle façon qu'il pût être employé dans toutes les écoles primaires, soit catholiques, soit protestantes, et par tous les élèves de l'une ou de l'autre de ces religions. Cette condition se trouve remplie; et, comme il est aisé de s'en convaincre, il suffira pour que les écoles israélites puissent également s'en servir, de supprimer la dernière page du dernier exercice.

Après avoir adopté, pour toutes les écoles indistinctement, ce premier ouvrage d'une utilité universelle, je me suis occupé de pourvoir d'une manière plus spéciale à un autre besoin non moins pressant et non moins senti, celui de concourir à transmettre aux générations naissantes, à l'aide de la lecture dans les écoles primaires, les principes et les sentiments religieux qui sont indispensables à toute bonne éducation.

Dans ce dessein, ont été ou seront incessamment réimprimés et distribués dans les diverses académies plusieurs autres ouvrages que l'estime publique indiquait suffisamment.

J'ai fait choix, d'après l'avis du conseil royal de l'instruction publique,

Pour les élèves catholiques, du petit Catéchisme historique composé par Fleury, approuvé par Bossuet; pour les écoles protestantes, d'un ouvrage récent sur la Bible, qui offre de même un précis historique de l'ancien et du nouveau Testament; enfin, pour les écoles israélites, le consistoire central a été invité à désigner le livre qu'il jugerait le plus à propos de répandre dans les écoles de son culte.

Reste maintenant, monsieur le recteur, à vous faire connaître comment doivent être distribués les divers ouvrages dont l'envoi aura lieu successivement.

Quant au premier de tous, celui qui a pour titre : *Alphabet et premier Livre de lecture*, et qui est destiné à toutes les écoles primaires, le but que le gouvernement se propose est bien marqué.

Il veut arriver à ce que tous les enfants reçoivent l'instruction élémentaire, et à ce que tous les enfants indigents la reçoivent gratuitement. Il a dû vouloir, en conséquence, que l'alphabet fût distribué partout au prix le plus modique, et qu'il fût même donné sans frais aux enfants pauvres.

Il ne s'agit pas de substituer ce petit livre à ceux de même nature qui pourraient être en usage dans les écoles, et dont l'expérience aurait constaté l'utilité ou le mérite. C'est un moyen d'instruction offert à tous, donné à ceux qui ne peuvent se le procurer à prix d'argent, mais non imposé avec une rigoureuse nécessité (1).

---

(1) Dans quelques académies, d'autres livres de lecture, plus en usage dans les localités, ont été distribués. On trouvera à la *Librairie normale primaire* tous les ouvrages élémentaires nécessaires aux écoles.

500,000 exemplaires de cet alphabet seront répartis sur tous les points de la France, dans la proportion de la population et des besoins, entre les écoles communales, qui sont en ce moment au nombre d'environ 25,000. Des dépôts seront formés à cet effet dans tous les chefs-lieux d'arrondissement et dans les principales villes de chaque ressort. Les comités recevront de la sous-préfecture le nombre d'exemplaires attribués à leur ressort respectif (1), et ils feront parvenir à chaque maire les exemplaires destinés à l'école communale.

Arrivés dans chaque commune, le maire les frappera du timbre municipal, et ils seront la propriété de l'école publique. L'instituteur chargé de ces livres les conservera avec soin; il les distribuera, selon les besoins, aux enfants indigents dont la liste lui aura été remise par le maire. Les enfants auront donc tous leur alphabet, et le défaut de livres ne pourra plus être nulle part le prétexte du défaut d'études. Un récépissé émané du maire, au fur et à mesure de chaque livraison, sera aussitôt envoyé par lui au recteur de l'académie. De leur côté les élèves qui appartiennent à des parents plus aisés auront toute facilité de se procurer d'autres exemplaires du même alphabet à des prix très modérés, dont il leur sera donné connaissance dans chaque commune.

Le même plan sera suivi pour tous les autres ouvrages que l'université se propose de distribuer dans les écoles primaires, et notamment pour les trois livres d'instruction morale et religieuse, dont l'envoi suivra de près celui de l'alphabet.

J'adresse par le même courrier, monsieur le recteur, un double de cette lettre à MM. les préfets et sous-préfets des

(1) Ce mode de distribution a depuis été changé. Voir les circulaires qui suivent.

départements qui composent votre académie, afin que vous puissiez vous concerter promptement et facilement avec ces magistrats pour l'exécution des dispositions qu'elle renferme.

J'aime à penser que tous les fonctionnaires appelés à coopérer à des distributions de cette nature comprendront parfaitement tout ce que leur commandent d'exactitude et de zèle ces deux grandes considérations : il s'agit d'un emploi des deniers publics ; et cet emploi a pour but de faire parvenir par degrés jusque dans les moindres hameaux ces premières connaissances indispensables à tous les hommes, qui contribuent puissamment à consolider le bonheur public en propageant le respect de la loi, l'amour de l'ordre, le goût du travail et le sentiment de tous les devoirs.

Recevez, monsieur le recteur, etc.

AUTRES CIRCULAIRES SUR LE MÊME OBJET.

25 juin — 31 décembre 1832.

Monsieur le recteur, le ministère de l'instruction publique a fait imprimer l'année dernière, et distribuer dans les écoles primaires deux ouvrages élémentaires, afin de procurer, surtout aux enfants pauvres, les moyens d'instruction qui leur manquent. Les avantages que cette utile mesure a produits ont été généralement reconnus, et ont fait sentir combien il importait de faire cette année une nouvelle et semblable distribution.

La précédente distribution a été faite par l'intermédiaire de MM. les préfets et sous-préfets, les ballots de livres ayant été expédiés aux chefs-lieux de département, et de chaque arrondissement. Malgré le zèle et la bonne volonté des fonctionnaires auxquels on s'était adressé, ce mode a présenté sur plusieurs points, et par diverses causes, des inconvénients qui ont été signalés à l'administration ; et il a paru, en conséquence, convenable de le changer. Il a donc été arrêté que la distribution se fera cette fois par les soins directs des agents de l'université, et que les ballots seront adressés, francs de port, au recteur, pour le département du chef-lieu de l'académie, au proviseur ou au principal du chef-lieu des autres départements.

Cet envoi va s'effectuer très prochainement; et il importe, monsieur le recteur, que vous vous occupiez de la meilleure répartition de ces ouvrages entre les arrondissements, entre tels cantons de chaque arrondissement et telles communes de chaque canton, de manière que chaque commune reçoive un nombre suffisant d'exemplaires des ouvrages qui leur sont destinés. Vous voudrez bien donner les instructions nécessaires à cet effet aux fonctionnaires auxquels les livres sont adressés. Vous devrez vous entendre avec MM. les préfets et sous-préfets des départemens de votre ressort académique, pour régler et hâter cette distribution, au moyen des facilités qu'ils ont pour les envois des livres élémentaires.

Ainsi je vous prie de rechercher quel parti il vous serait possible de tirer, pour atteindre ce but, du colportage, ainsi que des relations qui existent, par l'intermédiaire des messagers, entre les petites communes et les chefs-lieux d'arrondissement. Les fermiers, que l'intérêt de leurs exploitations amène de tous côtés dans les villes, ne refuseraient sans doute pas de se charger, à leur retour, des ouvrages particulièrement destinés à la localité qu'ils habitent. Il suffirait de leur présenter ce service comme une œuvre de philantropie, qui doit concourir à la propagation des connaissances utiles.

Il pourrait s'établir ainsi un grand nombre de communications, au moyen desquelles on obtiendrait le résultat qu'on a en vue, sans recourir à l'entremise de l'administration des postes, dont le tarif est beaucoup trop élevé, eu égard surtout à la valeur des livres à répartir dans les établissements primaires (1). Peut-être aussi serait-il à propos de faire autant de ballots de livres qu'il y a de colléges communaux dans chaque académie. Ces ballots seraient divisés en autant de paquets qu'il y a de comités dans une circonscription collégiale. Ce serait ensuite aux autorités à charger une personne de confiance de prendre, sur reçu, les paquets déposés dans chaque collége.

Je vous invite à vous assurer des ressources que présenteraient ces divers expédients, et à me faire connaître sous quelles conditions il serait possible de les utiliser, pour le plus grand avantage de l'instruction primaire.

Recevez, monsieur le recteur, etc.

Tout envoi de livres élémentaires aux principaux de collége, ou autres dépositaires choisis à cet effet, doit être précédé ou accompagné d'une instruction spéciale émanée des recteurs, et énonçant tant la nature et le nombre d'ouvrages que le mode de leur répartition. Les recteurs doivent avoir soin de se concerter avec les préfets et sous-préfets de leur ressort pour dresser un état des besoins des divers cantons, sous le rapport des livres à distribuer aux élèves indigents. Sur le vu de cet état, des bons sont ensuite envoyés aux maires des communes, qui font retirer les ouvrages par toute occasion favorable et sûre dont ils peuvent disposer.

Du reste, les livres doivent toujours être distribués de

---

(1) Une décision du ministre des finances, en date du 13 juillet 1833, accorde la franchise, à l'égard des livres élémentaires destinés aux enfants pauvres, et qui sont adressés, sous le contreseing du ministre de l'instruction publique, aux préfets, sous-préfets, recteurs d'académie, présidents de comités d'arrondissement. Mais la distribution de ces livres dans les localités, par chacun des fonctionnaires ci-dessus désignés, doit continuer à être faite par une autre voie que celle de la poste, conformément à ce qui avait déjà été réglé par une décision du 16 mai 1832, laquelle portait aussi que le poids des paquets reçus par la poste ne devait point excéder cinq kilogrammes.

manière à favoriser l'enseignement simultané ou mutuel : ce n'est que dans ce but qu'ils sont donnés aux enfants pauvres. Quant aux familles dont les enfants ne participent pas aux distributions gratuites, elles comprendront les avantages de la similitude à cet égard, et se procureront, autant que possible, les mêmes livres.

(Lettres du 5 mai, du 11 juin 1831, et du 13 juin 1833.)

XIV.

DISTRIBUTION DE MÉDAILLES.

(Article 22 de la loi.)

« Il sera distribué chaque année, dans les diverses académies du royaume, deux médailles en argent et quatre en bronze, aux instituteurs primaires qui se seront distingués par la meilleure tenue de leurs écoles, les progrès des élèves, et la supériorité des méthodes d'enseignement (1).

« Les médailles seront décernées d'après une délibération du conseil académique, sur l'avis des comités et le rapport des inspecteurs d'académie. Le nom de l'impétrant est gravé sur la médaille, aux frais de l'université, et la remise en est faite publiquement par le recteur, ou par le fonctionnaire qu'il aura délégué à cet effet. »

(Arrêtés du 5 juin 1818 et du 7 février 1829.)

Ces récompenses sont éminemment propres à exciter l'émulation; elles tendent à environner la modeste profession d'instituteur d'une juste considération. D'un autre côté, c'est un des meilleurs moyens à mettre en œuvre pour introduire les bonnes méthodes d'enseignement dans toutes les écoles.

D'après la circulaire du 31 janvier 1829, les instituteurs, pour prétendre aux médailles, doivent pratiquer la méthode d'enseignement mutuel, ou tout au moins la méthode d'enseignement simultané. Il faut en outre qu'ils se soient distin-

(1) Pour l'académie de Paris, composée de sept départements, le nombre de médailles est quadruple.

gués par une conduite irréprochable, des mœurs pures et une tenue décente, par la bonne direction de leur école et des succès soutenus. Les comités envoient au recteur une liste comprenant les instituteurs de leur circonscription respective qu'ils jugent les plus dignes de récompenses. Cette liste est communiquée par le recteur aux inspecteurs d'académie, qui examinent les renseignements fournis par les comités, les comparent avec ceux qu'ils ont recueillis eux-mêmes dans leurs tournées, et donnent ensuite leur avis sur l'ordre de mérite à établir entre les instituteurs présentés par les différents comités de l'académie. Le conseil académique prend connaissance des listes, des notes mises à l'appui, des observations et rapports des inspecteurs; il fait de toutes ces pièces l'objet d'une délibération, où, après avoir mis scrupuleusement tous les titres en balance, il désigne les instituteurs à qui il y aura lieu de décerner les médailles soit d'argent soit de bronze. Cette désignation est énoncée dans la forme d'un arrêté motivé. Cet arrêté est soumis à l'examen et à l'approbation du conseil royal. Des ordres sont ensuite donnés par le ministre pour que le nom de chaque instituteur soit gravé sur la médaille qui lui est destinée. Afin d'éviter à cet égard toute erreur et toute incertitude, les recteurs doivent veiller à ce que les noms et prénoms des instituteurs soient écrits très lisiblement.

Une impartialité consciencieuse doit présider à l'examen comparatif des qualités et des services des instituteurs, et une grande attention est recommandée à cet égard, afin de prévenir toute surprise et garantir l'exacte justice des propositions qui seront faites.

Le nombre des médailles à distribuer est sans doute bien restreint relativement à celui des intituteurs qui peuvent y prétendre : il devait en être ainsi pour que le prix de ces récompenses se trouvât relevé autant que possible. Cependant les conseils académiques, d'après l'examen des titres sur lesquels ils ont à prononcer, pourraient regretter de n'avoir aucun témoignage de satisfaction à donner à quelques uns des instituteurs qui auraient le plus approché du but. Ils ont un moyen de suppléer, dans ce cas, à l'insuffisance du nombre des médailles : ce moyen consiste à faire une mention honorable des instituteurs les mieux notés, après ceux auxquels les médailles sont décernées. Les conseils académiques sont autorisés à accorder, s'ils le jugent à propos, de ces mentions honorables, mais seulement au nombre de quatre par académie.

D'autres dispositions ont paru également nécessaires ; elles se rapportent aux instituteurs qui ont déjà obtenu des médailles ou des mentions honorables. S'ils avaient la faculté de se remettre chaque année sur les rangs, et de prétendre aux mêmes récompenses, ils porteraient obstacle aux autres instituteurs ; ils pourraient les décourager et les éloigner d'aspirer aux mêmes distinctions. Mais, d'un autre côté, s'il leur était interdit de rentrer dans la lice, il serait à craindre que leur propre émulation ne vînt aussi à s'affaiblir.

Pour prévenir ces inconvénients les mesures suivantes ont été prescrites :

1° Les instituteurs qui auront obtenu la médaille d'argent ne pourront la recevoir de nouveau qu'après trois années révolues ; mais, dans les années intermédiaires, ils pourront être cités comme ayant obtenu cette distinction, s'ils ont continué de la mériter.

2° Les instituteurs qui auront eu la médaille de bronze ne pourront aspirer qu'à la médaille d'argent, du moins jusqu'à la troisième année.

3° Enfin ceux dont il aura été fait mention honorable ne pourront plus être cités avant trois ans, s'ils ne parviennent à mériter une médaille.

(Circulaires du 10 avril et 4 août 1829, du 13 août 1831 et 9 juin 1832.)

XV.

PENSIONNATS PRIMAIRES.

(Article 22 de la loi.)

« Nul instituteur primaire ne peut recevoir d'élèves pensionnaires, sans en avoir obtenu la permission du conseil royal de l'instruction publique. Cette permission sera donnée après avoir consulté le recteur de l'académie, et à la charge par l'instituteur de se renfermer dans les limites que lui assigne son brevet de capacité. »

(Ordonnances du 21 avril 1828, art. 12; du 16 juillet 1833, art. 18.)

Beaucoup de pensionnats existaient depuis long-temps dans des maisons d'instituteurs primaires, soit que les recteurs eussent ignoré ces sortes d'établissements, soit qu'ils eussent pensé que, la législation universitaire antérieure à 1828 ne les ayant pas interdits (1), ils devaient tolérer ceux qu'ils trouvaient formés. De ces pensionnats un grand nombre présentaient de véritables abus : les enfants entassés sans surveillance dans des chambres ou des greniers, souvent deux ou trois dans le même lit, et quelquefois les deux sexes admis dans la même école comme pensionnaires, tout cela rendait indispensable la disposition de l'ordonnance de 1828 sur les pensionnats primaires.

On ne pouvait cependant empêcher d'une manière absolue ces sortes d'établissements, nécessaires en beaucoup de lieux. Par suite de la privation où un grand nombre de communes sont encore de tout moyen d'instruction dans leur propre enceinte, les parents sont obligés d'envoyer leurs enfants en pension dans la commune plus heureuse qui possède un

(1) Un arrêté du 5 décembre 1820 indiquait cependant déjà certaines formalités à cet égard.

instituteur primaire, et qui est trop loin d'eux pour qu'ils envoient leurs enfants comme externes.

Il est des communes peu populeuses où il serait impossible à un instituteur primaire de subsister, lui et sa famille, s'il était réduit à n'avoir que des externes. La faculté de recevoir des pensionnaires est pour lui un moyen d'accroître ses ressources; et ce n'est souvent qu'à cette condition que beaucoup de communes sont redevables de conserver leur école primaire.

Dans les communes plus considérables, où il existe des colléges, institutions ou pensions latines, des pensionnats primaires n'en sont pas moins utiles pour les enfants dont les parents ne pourraient pas payer le prix de la pension du collége, dont le taux est beaucoup plus élevé que dans une simple école élémentaire.

Les pensionnats primaires sont encore désirés dans les villes à institutions et pensions, pour les plus petits enfants auxquels on veut procurer des soins particuliers, et épargner les dangers de la réunion avec des enfants plus âgés.

Enfin il est des instituteurs primaires qui, sans excéder les limites de leurs brevets, donnent à leur enseignement une direction telle qu'il soit propre à préparer les élèves à l'exercice des professions commerciales et industrielles. Ces instituteurs ont besoin alors d'être autorisés à recevoir des pensionnaires, attendu que souvent le plan d'études des colléges, institutions ou pensions ne présente pas les mêmes avantages pour le commerce et l'industrie.

Quelques personnes ont cru que le principe de la liberté d'enseignement proclamé par la charte, et mis en application, pour ce qui concerne l'instruction primaire, par la loi du 28 juin 1833, dispensait les instituteurs de l'obligation d'obtenir une autorisation spéciale lorsqu'ils veulent recevoir des pensionnaires dans leur établissement. Il n'en peut être ainsi. Les décrets du 29 frimaire an 2 et du 27 brumaire an 3, qui déclaraient également l'enseignement *libre*; défendaient aux instituteurs de prendre, sous quelque prétexte que ce soit, *aucun* de leurs élèves en pension (1).

L'administration actuelle n'est pas aussi absolue ni aussi rigoureuse. Elle ne défend pas d'une manière générale les pensionnats primaires; au contraire elle ne refuse l'autorisation que lorsque les formalités nécessaires n'ont pas été remplies. Voici comment s'est exprimé à cet égard M. le ministre de l'instruction publique:

« Il n'y a rien de changé, à l'égard des pensionnats primaires, « aux règles d'après lesquelles ces établissements ont été régis « jusqu'à ce moment. L'administration de l'instruction pu- « blique a reconnu la nécessité de favoriser autant que « possible, pour se conformer à l'esprit de la charte, la for- « mation de pensionnats primaires; mais il n'a jamais été « question de renoncer aux précautions indispensables qui « ont pour but de garantir les intérêts des familles, et de « veiller à ce que des spéculations particulières ne puissent, « dans aucun cas, porter préjudice au bien-être moral ou « physique des enfants admis dans les écoles. C'est par ce « motif qu'il sera toujours nécessaire de s'assurer d'une ma- « nière exacte de l'état des dortoirs, des cours de récréation, « et généralement de tout ce qui peut intéresser la santé et « les mœurs des élèves. Les mêmes considérations réclament, « en tout état de cause, les mêmes mesures; le contraire « amènerait inévitablement une foule d'abus et de graves « désordres qu'il est du devoir de l'autorité de prévenir. »

Ces précautions sont d'autant plus nécessaires qu'il est difficile que des instituteurs primaires, lors même qu'ils réunissent les qualités personnelles que l'on doit désirer dan tout chef d'une maison d'éducation, jouissent toujours d'une aisance qui leur permette de se procurer un local convenable.

(1) Art. 10 et art. 8 des décrets indiqués.

On ne saurait d'ailleurs apporter trop de vigilance pour des enfants qui sont renfermés la journée entière dans une maison où ils n'ont à s'occuper que d'une instruction très limitée.

Autrefois l'autorisation d'établir un pensionnat primaire n'était accordée qu'aux instituteurs qui avaient obtenu un brevet du premier ou du deuxième degré, et qui n'employaient pas dans leur école le mode vicieux de l'enseignement individuel. Mais, avant même la promulgation de la loi, le conseil royal avait rétabli le droit commun à cet égard, attendu que, s'il est à désirer que les instituteurs emploient les meilleures méthodes, on ne peut cependant leur imposer d'obligation absolue à cet égard, et en faire la condition nécessaire pour l'établissement d'un pensionnat primaire soit le besoin d'une localité peut réclamer.

(Décision du 23 juillet 1831.)

Les autres conditions maintenues pour former un pensionnat primaire, sont ainsi indiquées dans les circulaires du 29 septembre 1828 et du 22 décembre 1829.

1° L'instituteur doit adresser sa demande au comité d'instruction primaire du ressort; il joindra à cette demande le plan esquissé, avec échelle, de la maison dans laquelle le pensionnat primaire doit être établi, et, s'il tient cette maison en location, une copie du bail en vertu duquel il l'occupe. Ces pièces doivent être visées et certifiées véritables par le maire de la commune.

Indépendamment de la production desdites pièces, le comité aura soin de s'assurer, soit par les inspecteurs gratuits que par les surveillants spéciaux de l'école, si le local destiné au pensionnat est convenable sous le rapport des dortoirs, du réfectoire, des lieux d'aisance, des cours de récréation, et en général pour tout ce qui intéresse la discipline, les bonnes mœurs et la santé des élèves.

2° Le comité transmettra la demande au recteur, avec les

pièces et renseignements ci-dessus mentionnés, en y joignant son avis et les observations dont il croira devoir l'accompagner.

3° Le recteur, en adressant le tout au ministre, fera connaître son opinion personnelle sur la proposition du comité, et indiquera si le postulant lui paraît avoir les qualités requises pour tenir et diriger un pensionnat.

La demande et tous les documents qui s'y rattachent seront ensuite soumis au conseil royal de l'instruction publique, qui statuera ainsi qu'il appartiendra.

Les instituteurs primaires qui auront obtenu l'autorisation de recevoir des pensionnaires devront avoir un registre coté et paraphé par le président du comité d'instruction primaire, ou par un délégué du président, pris parmi les inspecteurs gratuits ou les surveillants spéciaux. Ils inscriront d'un côté les élèves externes, et de l'autre côté les élèves pensionnaires, en indiquant leurs noms et prénoms, l'époque de leur entrée et celle de leur sortie (1).

Le comité déterminera le nombre de pensionnaires que l'instituteur pourra admettre, à raison de l'étendue et de la disposition du local, et spécialement des dortoirs, où l'on ne perdra pas de vue que les lits doivent être éloignés l'un de l'autre d'au moins un mètre.

Les élèves que les instituteurs pourront recevoir comme pensionnaires ne paieront, non plus que les élèves externes, aucune rétribution à l'université.

Lorsque les instituteurs primaires autorisés à recevoir des élèves pensionnaires désireront changer de domicile, ils ne pourront le faire qu'en vertu d'une permission expresse émanée du recteur, s'ils ne sortent pas de la commune, et du conseil royal s'ils veulent transporter leur établissement dans une autre commune. Dans l'un et l'autre cas, toutes les

(1) Le registre ordinaire d'inscription des élèves pourra servir pour cet usage ; voir le modèle n° 20.

formalités prescrites pour ce qui concerne le local devront être de nouveau remplies.

(Décision du conseil royal du 30 août 1828.)

Toutes ces dispositions d'ordre et de discipline doivent être exactement observées par les instituteurs. En cas d'infraction de leur part, l'autorisation de recevoir des pensionnaires peut leur être retirée.

XVI.

ÉCOLES SPÉCIALES DE FILLES.

Un dernier article du projet de loi présenté aux chambres, sur l'instruction primaire, rendait applicables aux écoles de filles les dispositions générales de la loi; mais plusieurs de ces dispositions ne se rapportant pas directement aux écoles de filles, la question a été ajournée jusqu'à ce que le gouvernement ait recueilli toutes les données suffisantes sur cette partie importante de l'instruction publique. En attendant, l'ancienne législation continue d'être en vigueur pour les écoles de filles (1). Ces écoles ne seront jamais, d'ailleurs, qu'en petit nombre, et ne s'établiront que dans les villes: les communes rurales, qui ont déjà tant de peine à se procurer une école ordinaire, ne pourraient suffire aux frais d'une seconde école communale spécialement affectée aux filles. Rien ne s'oppose d'ailleurs à ce que les enfants de l'un et de l'autre sexe reçoivent l'instruction dans la même école; quelques précautions seulement sont à prendre, et sont déjà indiquées par les réglements antérieurs. L'art. 32 de l'ordonnance du 29 février 1816 porte, il est vrai, que « les garçons et les filles ne pourront jamais être réunis « pour recevoir l'enseignement. » Mais, dès le 20 mai de la même année, une circulaire de la commission d'instruction

(1) Il peut se faire que certaines dispositions de la loi soient rendues applicables aux écoles de filles par simples réglements administratifs. En attendant que ces réglements aient paru, nous avons dû reproduire l'ancienne législation, en ce qui concerne les écoles de filles.

publique s'exprime ainsi : « Quoique cette disposition soit « dans l'ordre des convenances, il est possible que, faute de « local, et dans les campagnes où il n'existe qu'un seul ins- « tituteur pour les deux sexes, elle soit d'une exécution « difficile ; dans ce cas, il paraîtrait convenable de fixer deux « séances dans ces écoles, une le matin pour les garçons, et « l'autre le soir pour les filles. »

On peut employer d'autres moyens pour prévenir les inconvénients de la réunion des deux sexes, lorsqu'un seul instituteur doit être chargé de leur instruction. Il faut recevoir, à une demi-heure d'intervalle, les deux sexes dans des emplacements séparés de la maison, en ayant soin de pratiquer, s'il est possible, une entrée particulière pour chacun d'eux. Si le maître est marié, sa femme peut être chargée de la surveillance des filles, pendant que l'instituteur est occupé de l'instruction des garçons. On évitera ainsi qu'ils se trouvent ensemble à l'entrée et à la sortie de la classe. Quand on ne pourra disposer que d'une seule salle, il faudra assigner des heures différentes et des places aussi distinctes que possible. Les comités feront connaître la mesure qui sera le plus convenable, suivant la localité. En tout cas il ne paraît pas que les jeunes filles doivent rester, passé l'âge de onze ans, dans une école d'instituteur.

Le conseil royal, consulté sur la question de savoir si un instituteur légalement breveté, qui, sans autorisation, reçoit dans son école des élèves des deux sexes, doit être, pour ce fait, poursuivi judiciairement, a décidé, dans sa séance du 16 novembre 1831, que l'ordonnance du 29 février 1816, qui défend la réunion des deux sexes, n'a pu ni voulu attacher de peines judiciaires à l'infraction de cette disposition, qui reste soumise à l'action disciplinaire des comités.

L'ordonnance du 28 février 1816, qui est la base de l'ancienne législation sur l'instruction primaire, fut rendue applicable aux écoles des filles, en ce qui concerne la surveillance des comités, par une décision ministérielle du 3 juin 1819, sanctionnée par l'ordonnance du 3 avril 1820. Mais, quoique soumises à la surveillance des comités cantonnaux, ces écoles restèrent sous la juridiction des préfets jusqu'en 1828, époque à laquelle toutes les dispositions des ordonnances relatives à l'instruction primaire furent appliquées indistinctement aux écoles de filles ou de garçons.

(Ordonnance du 21 avril 1828, art. 21.)

Cependant une décision royale du 9 février 1830, qui jusqu'à présent n'a pas été abrogée, porte ce qui suit :

« 1° Les écoles primaires de filles, tenues par des institutrices qui appartiennent à des communautés religieuses légalement reconnues, ne sont point comprises dans les termes de l'art. 21 de l'ordonnance du 21 avril 1828 ;

« 2° Ces écoles continueront d'être surveillées par les autorités ecclésiastique et administrative, conformément aux dispositions antérieures. »

(Ces dispositions antérieures sont celles contenues dans l'ordonnance du 3 avril 1820.)

D'où il résulte que les écoles primaires tenues par des institutrices laïques sont seules placées sous l'administration spéciale de l'instruction publique et sous la surveillance des comités (1).

---

(1) Une exception existe même encore à cet égard, pour les écoles de filles de la ville de Paris, qui, sauf les écoles purement gratuites et de charité, sont reputées écoles secondaires, et placées en conséquence sous l'administration départementale.

Cette mesure exceptionnelle est fondée sur cette considération que, dans une ville comme Paris, beaucoup de jeunes personnes étant destinées au commerce et aux affaires, les écoles primaires ne peuvent leur suffire pour les connaissances dont elles ont besoin ; que, d'un autre côté, les parens n'aimant pas à faire suivre à leurs enfants telle école à un certain âge et telle autre à un âge plus avancé, il serait difficile à des institutrices primaires

Quant aux écoles supérieures de filles, désignées sous le titre d'*institutions* et *pensions*, elles sont restées sous la surveillance immédiate des préfets, conformement à l'ordonnance du 31 octobre 1821, et aux instructions ministérielles du 19 juin 1820.

Des difficultés se sont souvent élevées sur la distinction à faire entre les écoles primaires proprement dites, et les institutions et pensions, ainsi que sur la limite qui sépare ces deux sortes d'établissements, placés chacun sous une administration différente, et qui sont faciles à confondre, parce que l'objet de l'enseignement est à peu près le même dans les écoles primaires du premier degré que dans les pensions. Une démarcation existe cependant, et a été ainsi indiquée plusieurs fois par le ministre de l'instruction publique :

« Monsieur le préfet, vous demandez quelles sont les règles à suivre pour distinguer sûrement, entre les diverses écoles destinées à l'éducation des filles, celles dont la surveillance est attribuée aux recteurs et aux comités, de celles qui

---

proprement dites, de rester dans les limites de leur brevet. Ce raisonnement est juste, mais la mesure prise en conséquence a aussi ses inconvénients. Ainsi les rétributions que les élèves paient, même comme externes, dans les pensions sont en général beaucoup trop élevées pour les familles peu aisées. De plus on n'y admet pas indistinctement des enfants de toutes les conditions; quelquefois les familles des classes élevées n'aiment pas à voir leurs enfants confondus avec ceux des classes inférieures. Ceux-ci alors n'ont d'autre ressource que les écoles gratuites ou de charité. Mais parmi les parents peu aisés, il en est aussi beaucoup qui, à leur tour, ont de la répugnance pour les écoles gratuites; d'où il résulte que souvent leurs enfants ne vont ni à l'une ni à l'autre de ces écoles, de peur de dépenser trop pour leurs moyens, ou trop peu pour leur amour-propre. Des écoles primaires du premier degré, établies et surveillées dans les formes ordinaires, seraient ce qu'il y aurait de mieux pour une partie considérable de la population.

doivent rester sous la surveillance de l'autorité administrative.

« C'est de la nature de l'enseignement donné dans les écoles de filles, et par conséquent de la nature du titre délivré aux institutrices qui les dirigent, que résulte principalement la distinction à faire entre elles.

« Les écoles dont les institutrices doivent être autorisées par les recteurs ne sont en général destinées qu'à recevoir des externes; ainsi toutes les écoles d'externes sont nécessairement soumises aux recteurs. Mais, soit qu'elles aient des pensionnaires avec des externes, ou même uniquement des pensionnaires, elles n'en restent pas moins sous le régime de l'université, si les jeunes filles qui les fréquentent ne reçoivent que l'instruction primaire, et ne doivent pas rester dans ces écoles au-delà de l'âge où elles auront nécessairement acquis les connaissances qui constituent cet enseignement.

« D'après la circulaire du 3 juin 1819, c'est un brevet de capacité qui doit être accordé aux institutrices tenant une école primaire, tandis que, d'après la circulaire du 19 juin 1820, c'est un diplôme de maîtresse de pension qui doit être adressé aux personnes qui dirigent les établissements connus sous le nom d'*institutions* ou *pensions*.

« C'est donc bien la différence du titre, autant que la différence de l'enseignement donné dans ces diverses écoles, qui vous fera reconnaître celles dont vous avez à vous occuper.

Vous trouverez d'ailleurs, dans le rapprochement que vous pourrez faire des circulaires ci-dessus mentionnées, dont la première regarde les écoles primaires et la seconde les institutions et pensions, une règle assurée pour éviter la confusion à cet égard, l'une et l'autre de ces circulaires ayant défini d'une manière distincte la nature de l'enseignement dans les deux sortes d'établissements dont il s'agit. »

(Lettres du ministre de l'instruction publique, en date des 16 septembre, 18 novembre 1828, etc.)

ÉCOLES PRIMAIRES TENUES PAR DES INSTITUTRICES LAÏQUES.

Commission d'examen.

Il sera formé par le recteur, dans chaque département, une ou plusieurs commissions d'examen, composées de cinq membres. Cette commission sera chargée d'examiner, sous le rapport de l'instruction, les personnes qui désireront se vouer aux fonctions d'institutrice.

(Circulaires des 3 juin 1819, 19 juin 1820 et 13 juin 1828; ordonnance du 21 avril 1828, art. 21.)

Certificats.

Aucune postulante, fille, mariée ou veuve ne sera admise devant le jury d'examen si elle n'est âgée de vingt ans au moins (1), et si elle n'est munie des pièces suivantes :

1° Un acte de naissance, et, si elle est mariée, un extrait de l'acte de célébration de son mariage;

2° Un certificat de bonne conduite et de bonnes mœurs délivré par les maires des communes où elle aura habité depuis trois ans au moins.

(Ordonnance du 21 avril 1828, art. 21; et du 12 mars 1831, art. 1er, et circulaires du 3 juin 1819, 19 juin 1820 et 13 juin 1828.)

Brevets de capacité.

D'après le rapport du jury d'examen, le recteur délivre, s'il y a lieu, un brevet de capacité.

Les brevets de capacité sont du premier ou du deuxième degré.

Le brevet du deuxième degré, ou degré inférieur, est accordé aux personnes qui possèdent les principes de leur re-

---

(1) L'ordonnance du 12 mars 1831 portait qu'à l'avenir on pourrait être admis aux examens à l'âge de 18 ans; mais il a été décidé que cette disposition ne concernait que les instituteurs. Cependant des dispenses d'âge sont quelquefois accordées par le ministre de l'instruction publique en faveur des institutrices.

ligion, et qui savent suffisamment lire, écrire et chiffrer pour en donner des leçons.

(Ordonnances du 29 février 1816, art. 11; du 21 avril 1821, art. 21; circulaire du 3 juin 1819) (1).

Le brevet du premier degré est accordé aux personnes qui possèdent les principes de leur religion, la lecture, l'écriture, les quatre premières règles de l'arithmétique, les règles de trois et de société, et les éléments de la grammaire (2).

(*Ibid.*)

Pour avoir le droit d'exercer il faut, outre le brevet de capacité, une autorisation spéciale du recteur pour un lieu déterminé.

(Article 13 de l'ordonnance du 29 février 1816.)

Toute demande à fin d'obtenir l'autorisation spéciale d'exercer dans une commune sera soumise au comité dans la circonscription duquel se trouve cette commune.

Le comité recueillera les renseignements nécessaires, transmettra son avis motivé au recteur, qui accordera ou refusera l'autorisation (3).

(Ordonnance du 21 avril 1828, art. 11.)

Toute personne munie des titres nécessaires pour tenir une école primaire de filles ne pourra entrer en exercice qu'après avoir fait enregistrer son brevet de capacité et son autorisation spéciale au secrétariat de la mairie du lieu pour lequel elle est autorisée.

(Circulaires du 24 novembre 1812, et du.....septembre 1818.)

Aucune école primaire de filles ne peut être transférée d'un lieu dans un autre, sans une autorisation du recteur.

(Ordonnance du 21 avril 1828, art. 13.)

Le recteur pourra, selon les circonstances, retirer l'auto-

(1) Voir le modèle n° 28.

(2) Voir le modèle n° 29.

(3) Voir le modèle n° 30.

risation spéciale d'exercer, ou prononcer une simple suspension.

Dans l'un et l'autre cas sa décision sera exécutoire par provision.

Si le recteur pense qu'il y a lieu de retirer le brevet de capacité, il soumettra l'affaire au conseil académique, qui statuera, après avoir entendu l'inspecteur chargé du ministère public.

Les décisions prises par les conseils académiques, dans les cas prévus par l'article précédent, seront sujettes au recours devant le conseil royal de l'instruction publique. Le recours devra être exercé dans le délai d'un mois, à partir du jour où le recteur aura notifié la décision du conseil académique.

Toute autre décision ou mesure relative à l'instruction primaire sera sujette au recours devant notre ministre de l'instruction publique.

(Ordonnance du 21 avril 1828, art. 17, 18 et 19.)

Surveillance des écoles primaires de filles.

Les comités peuvent déléguer leur surveillance, pour les écoles primaires de filles, à des personnes du sexe, choisies, au nombre de deux ou trois, parmi les mères de familles les plus recommandables par leur rang, par leur caractère, et surtout par la pureté de leurs mœurs et de leurs principes. Ces personnes ont le titre de dames inspectrices.

(Circulaires du ministre des 3 juin 1819 et 13 juin 1828.)

ÉCOLES PRIMAIRES TENUES PAR DES SOEURS.

Les institutrices d'écoles de filles appartenant à une congrégation légalement reconnue, et dont les statuts, et spécialement ceux qui sont relatifs à l'instruction des novices, auront été approuvés, seront assimilées *aux frères des écoles chrétiennes* (1), en ce point que leurs brevets de capacité seront expédiés sur la présentation de leurs lettres d'obédience, et que ces brevets seront déposés dans les mains des supérieures de la congrégation, lesquelles pourront annuler ceux des institutrices qu'elles se verraient obligées d'exclure.

(Ordonnance du 3 avril 1820, art. 3.)

Quant à la nature et au régime de ces écoles, ils sont diversement déterminés, suivant la teneur des statuts des communautés auxquelles appartiennent les institutrices qui les dirigent; et il est impossible de leur faire l'application uniforme des dispositions qui ont été adoptées pour les autres écoles de filles. Ainsi les recteurs n'ont ni brevets ni autorisation à accorder à ces institutrices, et les comités d'instruction primaire n'ont point de surveillance à exercer sur ces établissements, qui restent soumis à l'autorité administrative et ecclésiastique.

(Circulaire du 9 février 1830.)

ÉCOLES SUPÉRIEURES DE FILLES, OU INSTITUTIONS ET PENSIONS.

Quoique ces écoles ne soient pas considérées comme établissements d'instruction primaire, nous leur avons donné place ici, pour completer tout ce qui concerne les écoles de filles. L'objet de l'enseignement dans les institutions et pensions de demoiselles semble d'ailleurs correspondre, sauf les changemens que la différence des sexes rend inévitables, à celui des écoles supérieures de garçons.

Les écoles supérieures de filles, placées sous la surveillance

(1) Avant la loi du 28 juin 1833, l'ordonnance du 18 avril 1831 avait déjà rétabli le droit commun à l'égard des frères; mais cette ordonnance qui, ainsi que la loi, ne concerne que les *instituteurs*, n'a pas été appliquée aux écoles de sœurs. Cependant il serait urgent qu'une mesure analogue fût prise à leur égard.

immédiate des préfets, ressortissent au ministère de l'instruction publique, pour tout ce qui était autrefois de la compétence du ministre de l'intérieur, comme les retraits d'autorisation, les dispenses d'âge, etc.

Il est formé par le préfet, dans chaque département, une commission de sept membres, chargée de donner son avis sur toutes les questions relatives aux maisons d'éducation de filles, et d'examiner, sous le rapport de l'instruction, les personnes qui se présenteraient pour obtenir des diplômes de maîtresses ou de sous-maîtresses.

Aucune pension ou institution de filles ne peut être ouverte, sans que la maîtresse ne soit préalablement pourvue d'un diplôme et d'une autorisation du préfet du département.

Les sous-maîtresses employées dans ces maisons seront également tenues de se munir d'un diplôme. Les filles ou parentes des directrices ne sont point dispensées de cette obligation.

Aucune personne, fille, mariée ou veuve, ne pourra être admise comme directrice d'une maison d'éducation avant l'âge de 25 ans accomplis. (Quelquefois des dispenses d'âge sont accordées, comme pour l'instruction primaire, par le ministre de l'instruction publique.)

Il faut avoir 18 ans accomplis pour obtenir le diplôme de sous-maîtresse ou maîtresse d'études.

Outre ces conditions d'âge, les pièces suivantes doivent être produites avant l'examen devant le jury,

1° Un acte de naissance;

2° Un certificat de bonnes mœurs délivré sur l'attestation de trois témoins par le maire de la commune qu'habite la postulante;

3° Si elle est mariée, un extrait de l'acte de mariage (dans ce cas le certificat de bonnes vie et mœurs doit être commun à elle et à son mari).

Si elle est veuve, l'acte de décès de son mari.

Si elle est séparée de corps, un extrait du jugement qui prononce la séparation, afin que l'on puisse connaître si les motifs de cette mesure ne témoignent rien contre les mœurs.

Les connaissances exigées pour obtenir le diplôme de maîtresse de pension sont, aux termes de l'instruction du 19 juin 1820, les principes de la religion, la lecture, l'écriture, la grammaire française et l'arithmétique (1), auxquelles l'usage a ajouté avec raison l'histoire de France et la géographie, ce qui rend la distinction plus facile avec les écoles primaires.

Les personnes qui aspirent au diplôme de maîtresses d'institution doivent répondre en outre sur l'histoire ancienne et les éléments de la littérature française (2).

Les sous-maîtresses doivent savoir lire et écrire correctement et justifier qu'elles sont en état de montrer au moins l'une des parties de l'enseignement ci-dessus indiquées.

Les travaux d'aiguille sont une partie essentielle de l'enseignement dans les différentes écoles de filles, comme le dessin linéaire dans les écoles de garçons.

Les diplômes de maîtresses de pension ou institution n'ont de valeur que pour l'étendue du département pour lequel ils ont été délivrés.

Une autorisation légalement donnée ne pourra être retirée par les préfets qu'après qu'il en aura été par eux référé au ministre de l'instruction publique.

Les maîtresses de pensions et institutions de filles, ouvertes sans autorisation, ou qui continueraient de l'être après que l'autorisation aura été retirée, seront poursuivies pour contravention aux réglements de police municipale, sans pré-

(1) Dans les écoles primaires du premier degré, il ne s'agit que des éléments de la grammaire et d'une partie seulement de l'arithmétique.

(2) L'étude de quelques langues étrangères est aussi enseignée dans ces établissements.

judice des peines plus graves qui pourraient être requises pour des cas prévus par le Code pénal.

Dans tous les cas, soit que le procureur du roi agisse d'office, soit que la poursuite se fasse à la diligence du préfet, ces fonctionnaires se préviendront réciproquement, et se concerteront pour que les parents ou tuteurs des élèves soient avertis de les retirer.

(Circulaires des 19 juin et 4 novembre 1820; ordonnance du 31 octobre 1821.)

XVII.

ÉCOLES SPÉCIALES

D'INSTRUCTION ÉLÉMENTAIRE.

1° *Salles d'asile.* Ces établissements, dont la création remonte à fort peu d'années, sont destinés à recevoir gratuitement les enfants au sortir du sevrage jusqu'au moment où ils sont en état d'aller aux écoles. Il suffit, pour leur admission, qu'ils puissent marcher seuls, qu'ils aient été vaccinés (1) et qu'ils aient les premières habitudes de propreté. Les enfants restent dans les salles d'asile depuis le matin jusqu'au soir, y apportent leurs repas, et y trouvent tous les soins physiques dont ils ont besoin. Des espèces de lits de camp sont ordinairement disposés dans les salles pour les plus jeunes enfants, qui s'endorment dans le milieu du jour. L'éducation morale n'est pas moins soignée. Les premiers éléments de la lecture, de l'écriture et du calcul sont enseignés aux enfants, et on les exerce à quelque travail manuel, tel que le tricot ou autre occupation semblable. De sorte que les enfants des familles pauvres, placés dans un lieu sain et sous une surveillance

(1) Pour toute autre école publique le certificat de vaccine est également nécessaire.

continuelle, sont ainsi préservés des dangers auxquels l'abandon les expose, et préparés à une vie honnête par une première éducation bien dirigée; les parents eux-mêmes ayant leur journée de travail entièrement libre, trouvent dans l'institution des salles d'asile un secours assuré. Ces établissements sont surtout nécessaires dans les villes populeuses, où les femmes sont employées à des ouvrages d'industrie, et dans les campagnes où les travaux des champs occupent souvent l'un et l'autre sexe. Les ministres de l'instruction publique et du commerce ont recommandé aux préfets ces utiles établissements.

Les premiers frais pour une salle d'asile d'environ cent enfants sont évalués à un peu plus de cinq cents francs. L'établissement une fois organisé, la dépense annuelle se borne au traitement du maître ou de la maîtresse; au chauffage, et à quelques frais accessoires. Il y a peu de communes de quelque importance qui ne puissent subvenir à cette dépense. La ville de Paris possède actuellement dix asiles, répartis entre les divers arrondissements. Leur création est due principalement au zèle philantropique d'associations de bienfaisance et aux soins de l'administration municipale et des hospices.

2° *Ecoles d'adultes.* Si les salles d'asile remplissent une lacune qui existait dans l'éducation du peuple avant l'âge des écoles, les cours d'adultes suppléent, dans un âge plus avancé, à l'insuffisance et souvent même à la privation absolue d'enseignement dans les écoles. Le ministre de l'instruction publique s'occupe en ce moment d'organiser les cours d'adultes de la manière la mieux appropriée aux besoins des classes ouvrières, pour qui ils sont principalement destinés. (1) Les cours peuvent avoir lieu le soir après le travail ou

(1) Déjà des instructions ont été adressées à cet égard, ainsi que pour lse salles d'asile. (Voir ci-dessus la circulaire du 4 juillet, première partie, page 84.)

le dimanche dans la journée : ce qui a fait donner à quelques-uns le nom d'*écoles du dimanche*. Ces établissements sont indispensables dans les grandes villes, où les parents, si pressés de jouir du travail de leurs enfants, leur donnent à peine le temps d'acquérir les premières connaissances dans les écoles ordinaires.

Il existe à Paris un assez grand nombre de cours publics élémentaires. Des associations philantropiques se sont formées pour cet objet. L'*Association polytechnique*, nouvellement organisée, a ouvert six cours dans différents quartiers de Paris. L'*Association libre* pour l'instruction du peuple en compte dix, et les frères des écoles chrétiennes cinq. Dix autres cours sont également suivis dans des écoles mutuelles particulières, et rétribués par l'administration municipale ou les mairies. Dans les divers départements on ne compte encore que cinquante-cinq écoles d'adultes. La loi du 29 frimaire an II obligeait les instituteurs de toutes les communes à faire une fois par semaine des lectures et des explications aux personnes adultes, de l'un et de l'autre sexe. La loi du 28 juin 1833, devant rendre l'instruction plus générale parmi les différentes classes de la société, peut dispenser de toute obligation légale à l'égard des cours d'adultes.

Les dépenses de première année pour l'établissement d'une école d'adultes composée de trente élèves sont évaluées à 1240 fr. pour le mobilier, les livres et instruments, le loyer du local et le supplément de traitement à l'instituteur. Les dépenses se réduisent à 760 francs environ les années suivantes. Dans le cas où l'on pourrait disposer d'un mobilier et d'un local déjà affecté à un autre genre d'instruction, la première dépense ne serait plus que de 640 francs et les dépenses ordinaires de 570 francs.

3° *Instituteurs ambulants*. En attendant que la loi ait reçu partout son exécution et que toutes les communes de France possèdent, soit par elles-mêmes, soit par réunion, une école primaire élémentaire, un autre moyen peut continuer d'être mis en usage pour faire arriver en tous lieux quelques parcelles d'instruction : nous voulons parler des instituteurs ambulants. Dans certains pays, en Auvergne principalement, où les habitations sont très dispersées, on voit descendre de temps en temps des montagnes un maître qui vient s'établir momentanément dans chaque hameau pour y enseigner le peu qu'il possède lui-même d'instruction. Quelques formalités cependant sont à remplir à cet égard. « Tout individu ayant satisfait aux conditions légales peut être autorisé à aller successivement, soit dans des jours différents de la semaine ou du mois, soit dans des saisons différentes, instruire les enfants de diverses communes ; à cet effet, le recteur, après avoir consulté le comité, délivre à ces instituteurs ambulants des livrets, qu'ils doivent faire viser par le maire de chaque commune où ils séjournent. Les autorités ne doivent pas permettre qu'ils ouvrent école sans avoir présenté leurs livrets. »

(Circulaire du 31 janvier 1816.

4° *Écoles rurales des pauvres.* Ces écoles, destinées à favoriser les travaux agricoles, sont encore bien rares en France ; et cependant leur utilité est incontestable, et a donné lieu à plusieurs notices insérées au *Bulletin de la Société des établissements charitables* et ailleurs. Les ministres de l'instruction publique et du commerce se sont concertés pour cet objet, comme pour les salles d'asile (1). C'est que l'un et l'autre établissement a des droits à l'attention publique, sous le double rapport de la bienfaisance et de l'éducation. Les écoles rurales garantiraient de l'oisiveté et du vagabondage une foule d'enfants qui pourraient devenir d'excellents sujets pour les exploitations champêtres et les travaux de fermes,

(1) Circulaire du 30 novembre 1832.

au lieu d'aller peupler les dépôts de mendicité d'où ils n'emportent souvent que l'habitude du vice.

5° *Écoles des prisons.* L'intérêt devait se porter sur cette classe nombreuse d'enfants entassés dans les prisons, souvent faute de meilleur asile. Le défaut d'instruction n'était déjà qu'une cause trop frappante de l'inconduite de ces enfants, pour qu'on ne profitât pas d'une première condamnation afin de leur en épargner dans la suite de plus sévères. Des écoles ont donc été établies ou doivent l'être dans les prisons. Il en existe une entre autres à Rouen, depuis le 21 février dernier, dont on a obtenu les meilleurs résultats. En moins d'un mois, des enfants de 13 ou 14 ans ont su lire et écrire, et un changement en bien s'est tout-à-coup opéré dans leur caractère. La grande école d'enseignement mutuel établie à Paris, dans la maison des jeunes détenus aux Madelonnettes, a produit aussi une grande amélioration morale dans leur caractère. Chaque mois, depuis que l'école existe, le nombre des punitions a diminué ; et, au sortir de prison, ces jeunes gens trouvent de généreux bienfaiteurs qui les placent, sous leur patronage, dans des maisons d'apprentissage.

6° *Écoles régimentaires.* Nous n'avons point fait mention, dans le cours de cet ouvrage, des écoles régimentaires établies dans les différents corps d'armée de terre et de mer pour l'instruction des soldats de toutes armes. La loi du 21 mars 1832, sur le recrutement de l'armée, porte textuellement, article 47, « que les jeunes gens recevront, dans les corps où ils seront « attachés, et autant que le service militaire le permettra, « l'instruction prescrite pour les écoles primaires. » Et le ministre de la guerre vient de prendre tout récemment des mesures pour que ces écoles soient organisées dans chaque régiment d'une manière convenable. Il est bien entendu que les écoles de régiment, comme celles des prisons, demeurent étrangères au régime des écoles primaires ordinaires, et sont organisées et surveillées d'après les règles particulières de l'administration à laquelle elles appartiennent.

7° *École des sourds-muets.* Les dernières écoles dont il nous reste à parler sont les écoles des sourds-muets. Tout le monde connaît, et l'humanité entière a applaudi aux heureux succès obtenus par les abbés de L'Épée et Sicard. Plusieurs instituteurs, notamment en Alsace, ont étudié leurs procédés : il serait à désirer qu'ils fussent connus également par tous les autres instituteurs. Il y a en France 20,189 sourds-muets : 3,732 seulement sont reçus dans les cent vingt-huit établissements qui existent pour leur instruction. L'*Institution royale* de Paris, où l'état et les départements entretiennent un grand nombre de bourses, est devenue le centre de tous les établissements semblables non seulement en France, mais dans toute l'Europe. Cette maison ne laisse rien à désirer sous le rapport de l'instruction et de l'éducation morale et physique des enfants qui y sont envoyés. Les écoles publiques de sourds-muets sont restées dans les attributions du ministre du commerce, ainsi que les écoles d'*arts et métiers* étrangères à notre sujet et qui sont établies à Angers et à Châlons.

TROISIÈME PARTIE.

EXPOSÉ DES MOTIFS,

ET

RAPPORTS FAITS AUX CHAMBRES

SUR LE PROJET DE LOI D'INSTRUCTION PRIMAIRE.

EXPOSÉ DES MOTIFS

PRÉSENTÉS A LA CHAMBRE DES DÉPUTÉS PAR M. LE MINISTRE DE L'INSTRUCTION PUBLIQUE.

Séance du 2 janvier 1833.

Messieurs,

Le caractère du projet de loi que nous avons l'honneur de vous présenter est d'être essentiellement pratique.

Il ne repose en effet sur aucun de ces principes absolus que l'esprit de parti et l'inexpérience accréditent selon le temps et les circonstances, et qui, lorsqu'ils règnent seuls dans une loi, la rendent presque toujours vaine et stérile.

L'histoire de l'instruction primaire, depuis quarante années, est une éclatante démonstration de ce danger. Quel principe, au premier coup d'œil, paraît plus favorable que celui-ci : « Quand un gouvernement est fondé sur les lumières générales, il doit à tous l'instruction nécessaire à tous ! » Quoi de plus spécieux, de plus digne, ce semble, d'une grande nation ! C'est presque l'honneur de l'assemblée constituante de s'être laissé prendre à cette illusion généreuse : et, sous l'empire de l'enthousiasme qui entraînait alors les meilleurs esprits, la loi des 13 et 14 septembre 1791 décida que l'instruction *serait gratuite à l'égard des parties d'enseignement indispensables pour tous les hommes.* Ce qu'avait dit l'assemblée constituante, la convention le fit, c'est-à-dire le tenta, et décréta partout un enseignement élémentaire, avec un traitement fixe de 1,200 francs à tout instituteur sur le trésor public, ainsi qu'une retraite proportionnée. Promesse magnifique qui n'a pas produit une seule école! Quand l'état veut tout faire, il s'impose l'impossible; et comme on se lasse bientôt de lutter contre l'impossible, à des illusions gigantesques succèdent promptement le découragement, la langueur et la mort.

Du principe absolu de l'instruction primaire gratuite considérée comme une dette de l'état, passons au principe opposé qui compte encore aujourd'hui tant de partisans, celui de l'instruction primaire considérée comme une pure industrie, par conséquent livrée à la seule loi de toute industrie, la libre concurrence, et à la sollicitude naturelle des familles, sans aucune intervention de l'état. Mais cette industrie, que l'intérêt entreprend, l'intérêt seul la poursuit; l'intérêt peut donc aussi l'interrompre et l'abandonner. Les lieux où l'instruction primaire serait le plus nécessaire sont précisément ceux qui tentent le moins l'industrie, et le besoin le plus sacré demeure sans garantie et sans avenir.

Contre ces deux principes extrêmes nous adresserons-nous au principe communal? Demanderons-nous à la commune, qui semble participer à la fois de la famille et de l'état, de se charger seule de l'instruction primaire, de la surveillance, et par conséquent aussi des dépenses? Le principe communal nous jette bien loin des grandes vues de l'assemblée constituante et de la convention; il nous mène sous le gouvernement du directoire et sous la loi de l'an IV, aussi étroite en matière d'instruction primaire que le principe exclusif sur lequel elle repose; loi en vérité trop peu libérale et envers l'instituteur et envers le peuple; qui n'assurait à l'instituteur que le logement, et n'exemptait de la rétribution qu'un quart des élèves pour cause d'indigence. Encore la loi de l'an X, conçue dans le même esprit, réduisit ce quart au cinquième, pour ne pas trop diminuer le seul traitement éventuel du maître, mais augmentant par là l'ignorance et la misère de la commune.

C'est qu'il est bien difficile que la plupart des communes supportent seules les dépenses nécessaires pour que l'instruction primaire y soit réelle; dans presque toutes, il faudra que l'instituteur se contente, ou à peu près, de la seule rétribution des élèves qu'il attirera; traitement éventuel, incertain, insuffisant. Cet instituteur, déjà si dépourvu, on le ruine entièrement si on le force de donner l'instruction gratuite aux indigents; et, de conséquence en conséquence, on arrive à n'admettre dans l'école qu'un très petit nombre de pauvres, c'est-à-dire que l'on prive de l'instruction primaire ceux-là mêmes qui en ont le plus pressant besoin. Rien n'est plus sage assurément que de faire intervenir les pouvoirs locaux dans la surveillance de l'instruction primaire; mais il n'est pas bon qu'ils y interviennent seuls; ou il faut bien savoir qu'on livre alors l'instruction primaire à l'esprit de localité et à ses misères. Si l'on veut que le maître d'école soit utile, il faut qu'il soit respecté; et pour qu'il soit respecté, il faut qu'il ait le caractère d'un fonctionnaire de l'Etat, surveillé sans doute par le pouvoir communal, mais sans être uniquement sous sa main, et relevant d'une autorité plus générale.

Cherchez toujours ainsi, Messieurs, et vous ne trouverez pas un bon principe qui, admis à dominer seul dans l'instruction primaire, ne puisse lui porter un coup mortel. Et, pour finir ces exemples par le plus frappant de tous, supposons un gouvernement qui, pour établir la salutaire influence de la religion dans l'instruction du peuple, irait, comme l'a tenté la Restauration dans ses plus mauvais jours, jusqu'à remettre l'éducation du peuple au clergé seul : cette coupable condescendance enlèverait à l'instruction primaire les enfants de toutes les familles qui repoussent avec raison la domination ecclésiastique; comme aussi, en substituant dans les écoles ce qu'on appelle la morale civique à l'instruction morale et religieuse, on commettrait d'abord une faute grave envers l'enfance qui a besoin de morale et de religion, et ensuite on soulèverait des résistances redoutables; on rendrait l'instruction primaire suspecte, antipathique peut-être à une multitude de familles en possession d'une juste influence.

Nous espérons, Messieurs, avoir évité dans le projet de loi ces excès différents, également dangereux. Nous n'avons point imposé un système à l'instruction primaire; nous avons accepté tous les principes qui sortaient naturellement de la matière, et nous les avons tous employés dans la mesure et à la place où ils nous ont paru nécessaires. C'est donc ici, nous n'hésitons pas à le dire, une loi de bonne foi, étrangère à toute passion, à tout préjugé, à toute vue de parti, et n'ayant réellement d'autre objet que celui qu'elle se propose ouvertement, le plus grand bien de l'instruction du peuple.

Quoiqu'elle renferme une assez grande variété de principes, cette loi est simple dans son économie. Elle réduit à trois questions fondamentales toutes celles que l'on peut se proposer sur l'instruction primaire, savoir :

1° Les objets d'enseignement que l'instruction primaire doit embrasser;

2° La nature des écoles auxquelles elle doit être confiée;

3° Les autorités qui doivent y être préposées.

La première question est résolue dans le titre premier de la loi qui contient comme la définition de l'instruction primaire.

Nous avons divisé l'instruction primaire en deux degrés, l'instruction primaire élémentaire et l'instruction primaire supérieure. Le premier degré est comme le *minimum* de l'instruction primaire, la limite au-dessous de laquelle elle ne doit pas descendre, la dette étroite du pays envers tous ses enfants. Ce degré d'instruction doit être commun aux campagnes et aux villes; il doit se rencontrer dans le plus humble bourg comme dans la plus grande cité, partout où il se trouve une créature humaine sur notre terre de France. Tel qu'il est constitué, vous reconnaîtrez qu'il est suffisant. Par l'enseignement de la lecture, de l'écriture et du calcul, il pourvoit aux besoins les plus essentiels de la vie; par celui du système légal des poids et mesures et de la langue française, il implante partout, accroît et répand l'esprit et l'unité de la nationalité française; enfin, par l'instruction morale et religieuse, il pourvoit déjà à un autre ordre de besoins tout aussi réels que les autres, et que la Providence a mis dans le cœur du pauvre comme dans celui des heureux de ce monde, pour la dignité de la vie humaine et la protection de l'ordre social.

Ce premier degré d'instruction est assez étendu pour faire un homme de qui le recevra, et en même temps assez circonscrit pour pouvoir être partout réalisé. Mais de ce degré à l'instruction secondaire qui se donne soit dans les institutions et pensions privées, soit dans les colléges de l'Etat, il y a bien loin, Messieurs, et pourtant, dans notre système actuel d'instruction publique, il n'y a rien entre l'un et l'autre. Cette lacune a les plus grands inconvénients. Elle condamne ou à rester dans les limites étroites de l'instruction élémentaire, ou à s'élancer jusqu'à l'instruction secondaire, c'est-à-dire jusqu'à un enseignement classique et scientifique extrêmement coûteux.

De là il résulte qu'une partie très-nombreuse de la nation qui, sans jouir des avantages de la fortune, n'est pas non plus réduite à une gêne trop sévère, manque entièrement des connaissances et de la culture intellectuelle et morale appropriées à sa position. Il faut absolument, Messieurs, combler cette lacune; il faut mettre une partie si considérable de nos compatriotes en état d'arriver à un certain développement intellectuel, sans leur imposer la nécessité de recourir à l'instruction secondaire, si chère, et, je ne crains pas de le dire, car je parle devant des hommes d'Etat qui comprendront ma pensée, si chère à la fois et si périlleuse. En effet, pour quelques talents heureux que l'instruction scientifique et classique développe et arrache utilement à leur condition première, combien de médiocrités y contractent des goûts et des habitudes incompatibles avec la condition modeste où il leur faudrait retomber; et, sorties une fois de leur sphère naturelle, ne sachant plus quelle route se frayer dans la vie, ne produisent guère que des êtres ingrats, malheureux, mécontents, à charge aux autres et à eux-mêmes!

Nous croyons rendre au pays un vrai service en établissant un degré supérieur d'instruction primaire qui, sans entrer dans l'instruction classique et scientifique proprement dite, donne pourtant à une partie nombreuse de la population une culture un peu plus relevée que celle que lui donnait jusqu'ici l'instruction primaire. Déjà le projet qui vous a été présenté l'année dernière et le rapport de votre commission rendaient un enseignement de ce genre facultatif selon les besoins et les ressources des localités; nous avons cru entrer dans vos vues en organisant d'une manière positive ce degré supérieur de l'instruction primaire, et en le rendant obligatoire pour toutes les communes urbaines au-dessus de six mille ames, comme le degré inférieur l'est pour toutes les communes, si petites qu'elles soient.

S'il n'y a qu'un seul degré d'instruction primaire, et qu'on élève ou qu'on étende trop ce degré, on le rend inaccessible à la classe pauvre; si on le resserre trop, on le rend insuffisant pour une grande partie de la population qui ne peut pas non plus atteindre jusqu'à nos colléges; et si, en admettant une instruction primaire supérieure, on la laisse facultative, on ne fait absolument rien. La loi se tait, ou elle prescrit et elle organise. C'est par ces considérations que nous avons établi et réglé un degré supérieur d'instruction primaire qui ajoute, aux connaissances indispensables à tous les hommes, les connaissances utiles à beaucoup; les éléments de la géométrie pratique qui fournissent les premières données de toutes les professions industrielles; les notions de physique et d'histoire naturelle qui nous familiarisent avec les grands phénomènes de la nature, et sont si fécondes en avertissements salutaires de tout genre; les éléments de la musique, ou au moins du chant, qui donnent à l'ame une véritable culture intérieure; la géographie qui nous apprend les divisions de cette terre que nous habitons; l'histoire par laquelle nous cessons d'être étrangers à la vie et à la destinée de notre espèce, surtout l'histoire de notre patrie qui nous identifie avec elle; sans parler de telle ou telle langue moderne qui, selon les provinces où nous sommes placés, peut nous être indispensable ou du plus grand prix. Tel est, Messieurs, l'esprit du titre Ier de la loi qui vous est soumise.

Les titres II et III déterminent la nature et les caractères des écoles auxquelles l'instruction primaire doit être confiée.

Ici, Messieurs, notre premier soin devait être et a été de restituer pleine et entière, selon l'esprit et le texte précis de la Charte, la liberté d'enseignement. Désormais tout citoyen âgé de dix-huit ans accomplis pourra fonder, entretenir, diriger tout établissement quelconque d'instruction primaire, soit du degré inférieur, soit du degré supérieur, normal ou autre, dans toute espèce de commune urbaine ou rurale, sans autre condition qu'un certificat de bonnes vie et mœurs et un brevet de capacité obtenu après examen. Vous reconnaîtrez, avec votre commission de la session dernière, qu'exiger une preuve de capacité de quiconque entreprend l'éducation de la jeunesse, n'est pas plus entraver la liberté de l'enseignement, qu'on ne gêne la liberté des professions de l'avocat, du médecin ou du pharmacien, en leur imposant des preuves analogues de capacité. La profession d'instituteur de la jeunesse est, sous un certain rapport, une industrie, et à ce titre doit être pleinement libre; mais, comme la profession de médecin ou d'avocat, ce n'est pas seulement une industrie, c'est une fonction délicate à laquelle il faut demander des garanties. On porterait atteinte à la liberté si, comme jusqu'ici, outre la condition du brevet, on imposait encore celle d'une autorisation préalable; là commencerait l'arbitraire; nous le rejetons, et avec plaisir, car nous ne redoutons pas la liberté de l'enseignement, Messieurs, nous la provoquons au contraire. Elle ne pourra jamais, à notre gré, multiplier assez les méthodes et les écoles; et si nous lui reprochions quelque chose, ce serait de ne pas faire davantage. Elle promet plus qu'elle ne donne, nous le croyons; mais ses promesses sont assez innocentes, et une seule accomplie est un service envers le pays que nous nous sentirions coupables d'avoir empêché. Encore une fois, nous sommes les premiers à faire appel à la liberté de l'enseignement; nous n'aurons jamais assez de coopérateurs dans la noble et pénible entreprise de l'amélioration de l'instruction populaire. Tout ce qui servira cette belle cause est sûr de trouver en nous une protection reconnaissante.

Tout le monde convient que le droit de surveillance exercé sur les écoles privées est, d'une part, nécessaire et légitime en soi, et que, de l'autre, il n'est nullement une entrave à la liberté de l'enseignement, puisqu'il ne porte point sur les méthodes. D'ailleurs, dans le projet de loi, la surveillance est au plus haut degré désintéressée, exercée par une autorité impartiale et qui doit rassurer les esprits les plus ombrageux, car elle est en très grande partie élective. Enfin nul maître d'école privée ne peut être interdit de l'exercice de sa profession, à temps ou à toujours, qu'après un procès spécial comme le délit lui-même, et par une sentence du tribunal civil ordinaire.

Mais quelque liberté que nous laissions, quelques sûretés que nous donnions aux écoles privées, quelques vœux que nous fassions pour qu'elles s'étendent et prospèrent, ce serait un abandon coupable de nos devoirs les plus sacrés, de nous en reposer sur elles de l'éducation de la jeunesse française. Les écoles privées sont libres, et, par conséquent, livrées à mille hasards. Elles dépendent des calculs de l'intérêt ou des caprices de la vocation, et l'industrie qu'elles exploitent est si peu lucrative qu'elle attire peu et ne retient presque jamais. Les écoles privées sont à l'instruction ce que les enrôlements volontaires sont à l'armée; il faut s'en servir sans y trop compter. De là, Messieurs, l'institution nécessaire des écoles publiques, c'est-à-dire, d'écoles entretenues, en tout ou en partie, par les communes, par les départements ou par l'Etat, pour le service régulier de l'instruction du peuple. C'est le sujet du titre III.

Nous avons attaché à toute commune, ou, pour prévoir des cas qui, nous l'espérons, deviendront de jour en jour plus rares, à la réunion de plusieurs communes circonvoisines, une école publique élémentaire; et, pour entretenir cette école, nous avons cru pouvoir combiner utilement plusieurs principes que trop souvent on a séparés. Il nous a paru que nulle école communale élémentaire ne pouvait subsister sans ces deux conditions : 1° un traitement fixe qui, joint à un logement convenable, rassure l'instituteur contre les chances de l'extrême misère, l'attache à sa profession et à la localité; 2° un traitement éventuel payé par les élèves, qui lui promette une augmentation de bien-être à mesure qu'il saura répandre autour de lui, par sa conduite et ses leçons, le besoin et le goût de l'instruction. Le traitement fixe permet d'obliger l'instituteur à recevoir gratuitement tous les enfants dont les familles auront été reconnues indigentes. Seul, le traitement fixe aurait deux graves inconvénients. D'abord, comme il devrait être assez considérable, il accablerait la portion du territoire, commune ou autre, qui en serait chargée; ensuite il établirait le droit à l'instruction gratuite, même pour ceux qui peuvent la payer : ce qui serait une injustice sans aucun avantage; car on profite d'autant mieux d'une chose qu'on lui fait quelque sacrifice, et l'instruction élémentaire elle-même ne doit être gratuite que quand elle ne peut ne pas l'être. Elle ne le sera donc que pour quiconque aura prouvé qu'il ne peut la payer. Alors, mais seulement alors, c'est une dette sacrée, une noble taxe des pauvres que le pays doit s'imposer; et, dans ce cas, il ne s'agit plus, comme dans la loi de l'an IV, ou dans celle de l'an X, du quart ou du cinquième des élèves; non, Messieurs, tous les indigents seront admis gratuitement. En revanche, quiconque pourra payer paiera : peu, sans doute, très peu, presque rien, mais enfin quelque chose, parce que cela est juste en soi, et parce que ce léger sacrifice attachera l'enfant à l'école, excitera la vigilance des parents et les relevera à leurs propres yeux.

Voilà pour l'instruction élémentaire. Quant à l'instruction primaire supérieure, comme elle est destinée à une classe un peu plus aisée, il n'est pas nécessaire qu'elle soit jamais gratuite(1); mais la rétribution doit être la plus faible possible, et c'est pour cela qu'il faut assurer un traitement fixe à l'instituteur. Nous espérons que ces combinaisons prudentes porteront de bons fruits.

Maintenant, qui supportera le poids du traitement fixe? La commune, le département ou l'Etat? Souvent et presque toujours, Messieurs, tous les trois; la commune seule, si elle le peut; à son défaut, et en certaine proportion, le département; et au défaut de celui-ci, l'Etat; de telle sorte que, dans les cas les plus défavorables, la charge ainsi divisée soit supportable pour tous. C'est encore là une combinaison dans laquelle l'expérience nous autorise à placer quelque confiance.

Nous reproduisons le *minimum* du traitement fixe de l'instituteur élémentaire, tel qu'il a été fixé par le dernier projet de loi et accepté par votre commission; et le *minimum* que nous vous proposons pour le traitement fixe de l'instituteur du degré supérieur ne nous paraît pas excéder les facultés de la plupart des petites villes.

(1) Cette disposition a été changée en vertu du dernier paragraphe de l'article 14 de la loi.

L'ancien projet de loi et votre commission avaient voulu que toute commune s'imposât jusqu'à concurrence de cinq centimes additionnels, pour faire face aux besoins de l'instruction primaire. Trois centimes nous ont semblé suffisants; mais à condition d'imposer le département, non plus seulement à un nouveau centime additionnel, mais à deux pour venir au secours des communes malheureuses. Quand les sacrifices de la commune et ceux du département auront atteint leur terme, alors interviendra l'Etat avec la subvention annuelle que vous consacrez à cet usage. Vous voyez dans quel intérêt ont été calculées toutes ces mesures, et nous nous flattons que vous les approuverez.

Il ne peut y avoir qu'une seule opinion sur la nécessité d'ôter à l'instituteur primaire l'humiliation et le souci d'aller recueillir lui-même la rétribution de ses élèves et de la réclamer en justice, et sur l'utilité et la convenance de faire recouvrer cette rétribution dans les mêmes formes et par les mêmes voies que les autres contributions publiques. Ainsi, l'instituteur primaire est élevé au rang qui lui appartient, celui de fonctionnaire de l'Etat.

Mais tous ces soins, tous ces sacrifices seraient inutiles, si nous ne parvenions à procurer à l'école publique ainsi constituée un maître capable, digne de la noble mission d'instituteur du peuple. On ne saurait trop le répéter, Messieurs, autant vaut le maître, autant vaut l'école elle-même. Et quel heureux ensemble de qualités ne faut-il pas pour faire un bon maître d'école? Un bon maître d'école est un homme qui doit savoir beaucoup plus qu'il n'en enseigne, afin de l'enseigner avec intelligence et avec goût; qui doit vivre dans une humble sphère, et qui pourtant doit avoir l'ame élevée pour conserver cette dignité de sentiments et même de manières sans laquelle il n'obtiendra jamais le respect et la confiance des familles; qui doit posséder un rare mélange de douceur et de fermeté; car il est l'inférieur de bien du monde dans une commune, et il ne doit être le serviteur dégradé de personne; n'ignorant pas ses droits, mais pensant beaucoup plus à ses devoirs; donnant à tous l'exemple, servant à tous de conseiller; surtout ne cherchant point à sortir de son état; content de sa situation parce qu'il y fait du bien; décidé à vivre et à mourir dans le sein de l'école, au service de l'instruction primaire, qui est pour lui le service de Dieu et des hommes. Faire des maîtres, Messieurs, qui approchent d'un pareil modèle, est une tâche difficile; et cependant il faut y réussir, ou nous n'avons rien fait pour l'instruction primaire. Un mauvais maître d'école, comme un mauvais curé, comme un mauvais maire, est un fléau pour une commune. Nous sommes bien réduits à nous contenter très souvent de maitres médiocres; mais il faut tâcher d'en former de bons; et pour cela, Messieurs, des écoles normales primaires sont indispensables. L'instruction secondaire est sortie de ses ruines, elle a été fondée en France le jour où, recueillant une grande pensée de la révolution, la simplifiant et l'organisant, Napoléon créa l'école normale centrale de Paris. Il faut appliquer à l'instruction primaire cette idée simple et féconde. Aussi nous vous proposons d'établir une école normale primaire par département (1).

Mais quelle que soit la confiance que nous inspirent ces établissements, ils ne conféreront pas à leurs élèves le droit de devenir instituteurs communaux, si ceux-ci, comme tous les autres citoyens, n'obtiennent, après un examen, le brevet de capacité pour l'un ou l'autre degré de l'instruction primaire auquel ils se destinent.

Il ne reste plus, Messieurs, qu'une mesure à prendre pour assurer l'avenir des instituteurs primaires. Déjà la loi du 21 mars 1832 exempte du service militaire tous ceux qui s'engagent pendant dix ans au service non moins important

(1) Le projet du gouvernement a été amendé dans cette disposition par l'article 11 de la loi.

de l'instruction primaire. Un article du dernier projet ménageait des pensions, au moyen de retenues assez fortes, aux instituteurs communaux dont les services auraient duré trente ans, ou qui, après dix ans, seraient empêchés de les continuer par des infirmités contractées pendant leurs fonctions. Votre commission de la session dernière avait rejeté cet article par diverses considérations, entre autres par la crainte que le trésor public n'eût quelque chose à ajouter au produit des retenues pour former une pension un peu convenable. Après de sérieuses réflexions, un autre système nous a paru propre à atteindre le but que nous nous proposons. Dans le nouveau projet de loi, il ne s'agit plus de pensions de retraite, mais d'une simple caisse d'épargne et de prévoyance en faveur des instituteurs primaires communaux. Cette caisse serait établie dans chaque département. Elle serait formée par une retenue annuelle sur le traitement fixe de chaque instituteur communal; le montant de la retenue serait placé en rentes sur l'Etat (1); et le produit total serait rendu à l'instituteur à l'époque où il se retirerait, ou, en cas de décès dans l'exercice de ses fonctions, à sa veuve ou à ses héritiers.

Il est expressément entendu que, dans aucun cas, il ne pourra être ajouté aucune subvention sur les fonds de l'Etat à cette caisse de prévoyance; mais elle pourra recevoir des legs et des dons particuliers. Ainsi se trouveront conciliés les intérêts de l'Etat, chargé de trop de pensions pour consentir à voir s'augmenter encore cet énorme chapitre de ses dépenses, et ceux de l'instruction primaire, qui vit de peu, mais qui a besoin d'avenir.

Je me hâte de passer au titre IV de cette loi, relatif aux diverses autorités préposées à l'instruction primaire. C'est ici, surtout, Messieurs, que nous nous sommes efforcés de nous dépouiller de tout esprit de système et d'accepter l'in-

(1) D'après la loi, c'est au compte ouvert au trésor, et non en rentes, que les fonds seront placés.

tervention de toute autorité réclamée pour le bien du service. Des écoles communales semées sur toute la surface de la France exigent évidemment des autorités rapprochées d'elles. Celles qui jusqu'ici ont présidé partout à l'instruction primaire sont les comités de canton. Ces comités sont loin d'avoir été inutiles. Plusieurs ont rendu de vrais services. Cependant on peut faire à cette institution deux sortes de reproches opposés également graves. Les comités cantonnaux sont encore trop loin des différentes écoles communales du canton pour exercer sur elles la surveillance permanente que celles-ci réclament; et, bien que trop éloignés, sous un rapport, de chaque commune, sous un autre, ils n'en sont pas assez loin ni placés dans une sphère assez élevée pour être étrangers à l'esprit de localité. Enfin c'était une question épineuse de déterminer par qui et comment devaient être nommés les membres de ces comités.

L'expérience générale de tous les pays où l'instruction primaire est florissante l'a démontré. Il faut, pour qu'une école communale marche, qu'elle ait auprès d'elle un comité spécial qui ait cette école seule à surveiller, et qui la surveille sans effort, parce qu'elle est constamment sous ses yeux; et il faut en même temps que ce comité local se rapporte à un comité plus général placé à distance, ni trop près ni trop loin, et dont les membres soient, par leur position, étrangers aux petitesses de l'esprit local, et possèdent la fortune, les lumières et le loisir que leurs fonctions demandent. Nous vous proposons donc de substituer aux anciens comités de canton, un comité de surveillance par école communale, et un comité supérieur par arrondissement; l'un chargé des détails et particulièrement du matériel de l'inspection; l'autre, chargé surtout de la direction morale ; l'un qui présente les candidats (1), l'autre qui les agrée (vous concevez qu'il

(1) Un amendement introduit dans la loi a changé cette disposition ; voir le dernier paragraphe de l'article 21.

s'agit toujours ici des écoles publiques); celui-ci qui, en cas de négligence habituelle ou de délit grave, accuse l'instituteur primaire ; celui-là, qui le juge, le suspend ou le révoque.

Ces deux comités représentent dans leur action combinée l'intervention légitime de la commune et du département; car ils ont encore sur les anciens comités cantonnaux ce précieux avantage, que la plus grande partie de leurs membres pourra être et sera réellement empruntée aux pouvoirs électifs de la commune, de l'arrondissement et du département.

Cependant ces deux comités, bien que se soutenant, s'excitant, s'éclairant l'un l'autre, pourraient encore se relâcher ou s'égarer dans leur zèle, si une autorité supérieure, celle qui, à son tour, représente la puissance publique appliquée à l'instruction primaire, n'intervenait, soit pour recueillir des lumières, soit pour en donner, et pour imprimer partout l'impulsion et une direction nationale. Le ministre trahirait ses devoirs envers l'Etat et envers l'instruction primaire s'il s'en tenait uniquement aux rapports officiels qui lui seront transmis, et s'il n'envoyait souvent quelques délégués pour s'assurer en personne du véritable état des choses, convoquer extraordinairement les comités et prendre part à leurs délibérations. Nous affirmons ici, en toute conscience, que c'est à l'intervention active et éclairée de ces agents supérieurs du ministère de l'instruction publique qu'est due la plus grande partie des progrès de l'instruction primaire pendant ces derniers temps. Supprimer cette intervention, ce serait rendre l'Etat absolument étranger à l'instruction primaire, la replacer sous l'empire exclusif du principe local, revenir par une marche rétrograde à l'enfance de l'art, arrêter tout progrès, et, en ôtant à la puissance publique ses moyens les plus efficaces, la dégager aussi de sa responsabilité.

C'est encore à l'autorité supérieure qu'il appartient de nommer les membres des commissions chargées de faire les examens pour l'obtention des brevets de capacité, ainsi que les examens d'entrée et de sortie des écoles normales primaires. Remarquez-le bien, Messieurs, il ne s'agit plus ici d'une surveillance matérielle ou morale, ni d'apprécier l'aptitude générale d'un candidat et de le juger sous quelques rapports de convenance ou de discipline ; il s'agit d'une affaire toute spéciale, d'une œuvre de métier, s'il m'est permis de m'exprimer ainsi. D'abord cette opération exige, à certaines époques de l'année, beaucoup plus de temps, de suite et de patience qu'on n'en peut raisonnablement demander et attendre de personnes du monde, comme les membres du conseil d'arrondissement et de département, ou d'hommes très occupés et nécessairement attachés à leur localité, comme les membres du conseil municipal. Ensuite il faut ici des connaissances positives et techniques sur les diverses matières dont se compose l'examen; et il ne suffit pas d'avoir ces connaissances, il faut encore avoir prouvé qu'on les a, afin d'apporter à ces examens l'autorité suffisante. Voilà pourquoi les membres de cette commission devront être, au moins en grande partie, des hommes spéciaux, des gens d'école; comme, dans un degré supérieur, ce sont aussi des hommes spéciaux qui sont chargés des examens pour l'obtention des brevets du baccalauréat dans les lettres et dans les sciences; brevets qui ouvrent la porte de toutes les professions savantes. Il est évident que l'instruction primaire tout entière repose sur ces examens. Supposez qu'on y mette un peu de négligence, ou de complaisance, ou d'ignorance, et c'en est fait de l'instruction primaire. Il importe donc de composer ces commissions d'examen avec la sévérité la plus scrupuleuse, et de n'y appeler que des gens versés dans la matière. Or, ce choix, qui est en état de le mieux faire que le ministre de l'instruction publique ? Le lui enlever, et lui demander compte ensuite des progrès de l'instruction primaire, serait une contradiction trop manifeste et trop choquante pour que nous puissions la redouter de votre loyauté et de vos lumières (1).

(1) Voir pour les brevets de capacité, le réglement spécial en date du 19 juillet 1833, ci-dessus page 127.

Enfin, Messieurs, vous achèverez le système entier de l'instruction primaire en étendant vos soins sur ces écoles si intéressantes, mais qu'il est si difficile d'organiser, et qu'on ne peut aborder qu'avec une circonspection extrême; nous voulons parler des écoles primaires de filles (1). Il est impossible d'imposer à toute commune une école spéciale de filles; mais toute commune doit être encouragée à en établir une, selon ses ressources et d'après le vœu du conseil municipal. Il n'y a pas de raison pour que ces écoles ne soient pas soumises aux mêmes conditions que les autres écoles primaires. La loi descendrait peut-être à un simple réglement d'administration en statuant que, dans les écoles mixtes, le comité communal veillera à ce que les garçons et les filles soient convenablement séparés. Nous pensons, avec votre ancienne commission, que l'institution des dames inspectrices, praticable et utile dans quelques grandes villes, impossible dans les campagnes, a plus d'inconvénients que d'avantages, et qu'il vaut mieux confier la surveillance des écoles de filles aux comités ordinaires de la commune et de l'arrondissement, pour que cette surveillance soit plus effective et plus sérieuse. Du reste, cette matière délicate est susceptible peut-être d'innovations utiles; mais on ne saurait les tenter avec trop de prudence, et nous avouons qu'avant de vous présenter avec quelque confiance rien de spécial en ce genre, nous avons encore besoin des leçons du temps et de l'expérience.

En effet, Messieurs, l'expérience est notre guide. C'est elle seule que nous voulons suivre et que nous avons constamment suivie. Il n'y a ici aucune hypothèse. Les principes et les procédés employés dans cette loi nous ont été fournis par les faits; elle ne contient pas un seul article organique qui déjà n'ait été heureusement mis en pratique. Nous avons

(1) Toute disposition relative aux écoles de filles a été retirée du projet de loi.

pensé qu'en matière d'instruction publique surtout il s'agit plutôt de régulariser et d'améliorer ce qui existe que de détruire pour inventer et renouveler sur la loi des théories hasardeuses. C'est en travaillant sur ces maximes, mais en travaillant sans relâche, que l'administration est parvenue à communiquer à cette importante partie du service public une marche forte et régulière, au point qu'il nous est permis de dire, sans aucune exagération, que depuis deux ans il a été plus fait pour l'instruction primaire par le gouvernement de juillet, que depuis quarante années par tous les gouvernements précédents. La première révolution avait prodigué les promesses sans s'inquiéter des résultats. L'empire épuisa ses efforts dans la régénération de l'instruction secondaire; il ne fit rien pour celle du peuple. La restauration, jusqu'en 1828, a consacré 50,000 fr. par an à l'instruction primaire. Le ministère de 1828 obtint des Chambres 300,000 fr. La révolution de juillet nous a donné un million chaque année, c'est-à-dire en deux ans plus que la restauration en quinze années. Voilà les moyens, voici les résultats. Vous le savez, Messieurs, l'instruction primaire est tout entière dans les écoles normales primaires. Ses progrès se mesurent sur ceux de ces établissements. L'empire, qui le premier prononça le nom d'école normale primaire, en laissa une seule. La restauration en ajouta cinq ou six. Nous, Messieurs, en deux années, nous avons perfectionné celles-là dont quelques-unes étaient dans l'enfance, et nous en avons créé plus de trente, dont une vingtaine sont en plein exercice et forment, dans chaque département, un vaste foyer de lumières pour l'instruction du peuple(1). Tandis que le gouvernement perce des routes dans les départements de l'Ouest, nous y avons semé des écoles; nous nous sommes bien gardés de toucher à celles qui étaient

(1) Voir pour le nombre actuel des écoles normales, le tableau ci-dessus, page 182.

chères aux habitudes du pays; mais nous avons mis dans le cœur de la Bretagne la grande école normale de Rennes qui portera ses fruits; et nous lui avons donné une ceinture féconde d'écoles normales de divers degrés : une à Angers, une à Nantes, une autre encore à Poitiers. Le Midi a maintenant plus de cinq grandes écoles normales primaires dont les unes sont déjà et les autres seront bientôt en activité. Enfin, messieurs, nous nous croyons sur la route du bien. Que votre prudence entende la nôtre; que votre confiance nous soutienne et nous encourage, et le temps n'est pas éloigné où nous pourrons dire tous ensemble, ministres, députés, départements, communes, que nous avons accompli, autant qu'il était en nous, les promesses de la révolution de juillet et de la charte de 1830, dans ce qui se rapporte le plus directement à l'instruction et au vrai bonheur du peuple.

RAPPORT DE M. RENOUARD

A LA CHAMBRE DES DÉPUTÉS.

Séance du 4 mars 1833.

MESSIEURS,

Pendant long-temps, en France, parler en faveur de l'instruction primaire et travailler à ses progrès, c'était faire acte d'opposition. La restauration, ballotée depuis son avénement jusqu'à sa chute entre deux principes contraires, obéissait à l'instinct de sa nature lorsque, malgré beaucoup de conseils et de luttes, elle redoutait et repoussait l'instruction; car l'instruction ruine les priviléges et agrandit chaque jour le cercle de la vie publique en y introduisant un nombre toujours croissant de citoyens.

Et toutefois, sous la restauration, la cause de l'instruction primaire a fait d'immenses progrès.

Le perfectionnement des méthodes, en permettant de

diminuer les dépenses et de multiplier les maîtres, a donné courage aux amis du principe d'universalité d'éducation, et leur a démontré que ce principe, que l'on était habitué à reléguer comme tant d'autres parmi les rêves des théoriciens, pouvait bientôt cesser aux yeux de tous de paraître une chimère.

Le patriotisme des citoyens, le concours des associations qu'ils ont formées, la bonne volonté de quelques dépositaires du pouvoir qui, comprenant les intérêts de la restauration autrement qu'elle ne le faisait elle-même, travaillaient à l'engager dans des voies de liberté, ont affermi et soutenu l'opinion publique, qui jamais, pendant les plus mauvais jours, n'a cessé d'avoir foi dans l'avenir de l'instruction.

A mesure que le temps marche, quelques principes de plus sont acquis à la civilisation. Il ne sera pas plus permis désormais de discuter le droit de tout Français indigent à recevoir de l'état l'instruction primaire, qu'il ne l'est, depuis 1789, de mettre en doute l'égalité devant la loi. Heureux les pays où les grands axiomes sociaux arrivent ainsi à un dégré d'évidence qui condamne au lieu commun ceux qui s'arrêteraient à les développer!

Tous d'accord sur le principe, des dissentiments nous resteront sur les moyens de le traduire en applications pratiques. Mais, en cette occasion du moins, nos discussions auront l'avantage de reposer dès le principe sur une vérité unanimement convenue, et dont toutes les opinions, ici, quelle que puisse être leur divergence, souhaitent l'entier succès avec une égale sincérité.

Depuis la révolution de 1830, une accélération très rapide a été imprimée en France aux progrès de l'instruction primaire.

Sur les trente-huit mille cent quarante-neuf communes de France, quatorze mille deux cent trente étaient, en

1829, dépourvues d'écoles; deux mille sept cent quatre-vingt-onze communes de moins en étaient privées en 1832. Le nombre des élèves a été, dans l'hiver de 1829, de neuf cent-soixante-neuf mille trois cent quarante; dans celui de 1832, de un million deux cent mille sept cent quinze; dans l'été de 1829, de cinq cent quarante-trois mille cinq cent vingt-neuf; dans celui de 1832, de six cent quatre-vingt-seize mille deux cent huit. Treize écoles normales primaires existaient en 1829, et quarante-sept en 1832.

Les budgets de la restauration ont donné à l'instruction primaire 50,000 fr. jusqu'en 1828, époque à laquelle l'allocation fut portée à 300,000 fr.; encore était-il proposé en 1821, au nom de la commission du budget, par l'organe de son rapporteur, de faire l'économie de ce chétif article de 50,000 fr. Dans nos précédents budgets nous avons alloué un million.

Les divers ministres chargés successivement de la direction de l'instruction publique depuis 1830, animés du même esprit que les chambres, ont tous mis leur honneur à servir la cause de l'instruction primaire. Ils ont trouvé des secours dans la franche coopération d'un grand nombre de départements et de communes.

Déjà cinq projets de loi, successivement présentés depuis deux ans, ont attesté la juste impatience du législateur. Le premier a été soumis à la chambre des pairs, en janvier 1831; deux autres l'ont été à notre chambre, pendant le cours de la session dernière : l'un par notre honorable collègue M. Emmanuel de Las Cases, organe de la Société qui a été formée à Paris pour l'amélioration de l'enseignement élémentaire, et dont beaucoup de membres de cette chambre s'honorent d'avoir depuis longtemps partagé les travaux; l'autre par le gouvernement. Ce dernier projet, élaboré par une commission que vous avez nommée, a été l'objet d'un rapport remarquable, dont on ne saurait mieux faire l'éloge qu'en disant que chacun l'a trouvé digne de son savant et vénérable auteur. Le résultat de ce travail a été reproduit devant vous au commencement de la présente session, sous la forme d'une proposition, en vertu de l'initiative exercée par quatre de nos honorables collègues. M. le ministre de l'instruction publique vous a présenté, fort peu de temps après, un projet de loi, dans lequel il a introduit plusieurs dispositions nouvelles, dont quelques unes sont de haute importance, et méritent toute votre attention.

La commission dont je suis l'organe a reçu mission de s'occuper tout à la fois du projet de loi de MM. Salverte, Laurence, Eschassériaux et Taillandier, et du projet de loi présenté par le ministre. Par une décision spéciale, vous avez ordonné que les deux commissions nommées pour l'examen des deux projets, et qui, dans toutes deux, comptaient sept des mêmes membres, formeraient une commission unique, qui s'est ainsi trouvé composée de onze personnes.

C'est le rapport de cette commission que j'ai l'honneur de vous présenter.

Notre examen s'est porté sur l'un et sur l'autre des projets : nous vous proposons d'adopter pour base de la discussion le projet ministériel, qui a naturellement dû profiter de tous les projets précédents, et qui nous a semblé le plus complet. Nous avons eu également à nous occuper des nombreuses pétitions relatives à l'instruction primaire, dont la chambre nous a fait le renvoi, et dont une partie renferme d'excellentes vues et des réflexions fort utiles.

A définir, dans la plus grande rigueur d'exactitude théorique, l'enseignement primaire, il faut y voir les éléments communs à toute science, le premier degré qui conduit aux autres connaissances, quelles qu'elles puissent être, et par lequel nécessairement toute éducation doit d'abord passer.

La loi du 14 septembre 1791 a été rédigée dans ce sens, lorsqu'elle a parlé des *parties d'enseignement indispensables pour tous les hommes.*

Le projet de loi a préféré avec raison recourir à une rédaction plus pratique, et procéder par voie d'énumération.

La lecture, l'écriture, le calcul, et, comme applications et développements du calcul, le système légal des poids et mesures, sont, de l'avis de tout le monde, des préliminaires indispensables à tout autre enseignement quel qu'il soit; il en est de même des éléments de la langue nationale.

La lecture et l'écriture ne sont que des instruments destinés à faire acquérir des connaissances et à assurer la communication des idées : n'existe-t-il pas des connaissances et des idées tout à la fois assez générales et assez nécessaires pour qu'il faille les classer parmi les objets que l'enseignement primaire doit comprendre ?

Les deux projets, que nous avons eu à examiner, se sont prononcés pour l'affirmative. Ils ont pensé tous deux que les enfants de nos écoles n'ont pas à lire et à écrire sur des lettres vides dont, aux yeux du législateur, le sens puisse demeurer indifférent. En effet, s'il est des idées dont tout homme en société ne puisse trop tôt faire l'apprentissage, et des connaissances qui doivent le guider à tout âge, dans toute fortune; s'il est des enseignements dont nul ne puisse demeurer dépourvu, sans que la lecture, l'écriture, ne soient pour lui un présent futile ou funeste, l'instruction primaire les doit prendre en souci et leur réserver une place importante, au lieu de laisser errer au hasard et indifféremment, sur toute idée, les premières applications de la lecture et de l'écriture.

C'est dans cette pensée, commune aux deux projets, que la commission de l'année dernière a mis au nombre des objets d'enseignement primaire des notions sur les devoirs sociaux et politiques, et que le projet de loi du gouvernement y comprend l'instruction morale et religieuse.

Entre ces deux manières d'exprimer, sinon la même idée, du moins des idées de même ordre et fort analogues entr'elles, votre commission a préféré, sans hésitation, les expressions plus nettes, plus complètes et plus générales du projet du gouvernement.

Chacun reconnaît dans les notions sur les droits et les devoirs sociaux ou politiques une partie essentielle de la morale; mais puisque la morale les renferme et qu'elle s'occupe aussi d'autres devoirs non moins impérieux pour chaque conscience, pourquoi ne pas préférer l'expression plus étendue d'instruction morale, dont chacun comprend parfaitement le sens, et qui n'exclut rien de ce que doit connaître l'homme social et le bon citoyen?

La question de savoir si l'instruction religieuse doit faire partie de l'enseignement des écoles a été attentivement examinée par votre commission.

Je n'ai pas besoin de vous dire qu'aucune objection contre l'instruction religieuse en elle-même n'a été élevée par ceux de nos collègues qui regardaient comme utile de ne la point donner dans les écoles.

La loi civile proprement dite n'a pas, il est vrai, à intervenir dans les rapports de l'homme avec Dieu; mais nous ne devons pas oublier que c'est d'une loi d'éducation que nous nous occupons. Obligés de définir ce que comprend la première éducation, comment passerions-nous sous silence le plus important et le plus sérieux des enseignements? Ni votre commission de l'année dernière, ni le projet de loi du gouvernement n'ont pensé que ce silence fût possible.

Faut-il, avec votre commission de l'année dernière, décider que l'instruction religieuse sera exclusivement réservée aux ministres de chaque culte, et qu'on la renfermera dans les églises et les temples? ou bien permettrons-nous, avec le projet de loi du gouvernement, que les instituteurs primaires participent à la distribution de ces leçons? Tel est le problème à résoudre. Dans sa solution, aucun débat n'est engagé entre l'esprit religieux et l'esprit d'irréligion.

L'instruction religieuse n'est pas de nature à être concentrée dans le cercle étroit de quelques leçons. Elle ne saurait être, dès le premier âge, présentée sous trop de formes à tous les esprits. Elle se mêle, comme la morale, aux plus simples paroles que l'on adresse à l'enfance. Nous voulons tous le succès des écoles. Réfléchissez si les parents seraient appelés par un attrait bien puissant à y envoyer leurs enfants, après qu'il aurait été officiellement déclaré, par la loi, que les saintes écritures, que le catéchisme, que l'histoire sacrée ne pourraient plus y être adoptés comme livres de lecture; car, pour peu que l'on tienne à se montrer conséquent, il est inévitable d'aller jusque là si l'on interdit aux instituteurs de s'immiscer dans l'instruction religieuse. Croyez bien qu'une partie considérable de la population, mue par un sentiment digne de nos respects, reculerait loin de nos écoles, si, sans égard à l'état des mœurs et brisant de longues habitudes, nous ne permettions aux parents d'y retrouver aucun de ces livres auxquels une longue vénération s'attache, et si l'on n'y redisait jamais quelqu'une de ces prières et de ces leçons que les pères et mères ont eux-mêmes entendues dans leur enfance, et qu'ils se regarderaient comme coupables de ne pas mettre au-dessus de tous les autres enseignements.

Personne n'ira sans doute jusqu'à prétendre que l'on puisse interdire l'instruction religieuse dans les écoles primaires privées. Il est facile de comprendre quelle redoutable concurrence et quelle défaveur s'élèveraient contre les écoles publiques dans lesquelles cette même instruction serait prohibée.

Charger les instituteurs primaires d'un enseignement religieux, ce n'est pas contrarier l'enseignement dogmatique des ministres du culte, ni envahir sur les exercices religieux d'aucune nature. L'instruction religieuse, qui se complétera dans les exercices de piété propres à chaque culte ou à chaque communion, repose d'abord sur des notions générales dont aucun scrupule ne peut s'offenser, et sans lesquelles, hors des temples comme dans les temples, il n'y aurait aucune langue raisonnable à parler à des enfants. La direction des pratiques religieuses demeure exclusivement réservée aux ministres de chaque culte, qui conservent ainsi le droit, soit de compléter, soit de rectifier l'enseignement, pour le mettre en accord avec le degré particulier d'instruction que les divers exercices pieux peuvent exiger ; mais la partie morale, la partie historique de l'instruction religieuse, forment une des branches essentielles de tout enseignement civil, sans, pour cela, demeurer aucunement étrangères à l'enseignement ecclésiastique.

Le vœu des pères de famille sera, dit l'article 2, toujours consulté et suivi, en ce qui concerne la participation de leurs enfants à l'instruction religieuse. Cette garantie suffit pour qu'aucune conscience ne soit alarmée, et pour que nul n'entraîne des enfants dans une direction que les parents désapprouveraient. Quant à la formation, soit d'écoles mixtes, soit d'écoles particulièrement affectées à la population de tel ou tel culte, ce sera aux intérêts locaux et aux réglements d'administration publique à y pourvoir.

Le projet de loi n'a pas renfermé l'enseignement primaire dans les premières notions préliminaires auxquelles il a jusqu'à présent été borné en France.

Depuis long-temps on a signalé une lacune immense entre notre enseignement primaire et l'instruction classique donnée dans nos colléges. Les établissements d'éducation, tels qu'ils sont organisés dans notre pays, ont pour objet principal, et à peu près exclusif, de faire entrer les enfants dans une série d'études grammaticales et littéraires dont les langues anciennes sont la base. Aussi n'existe-t-il plus pour un enfant, après qu'il a appris à lire, écrire et compter, ni école, ni collége, si sa destination sociale, sa position de famille, ses goûts lui rendent inutile ou impossible la connaissance du grec ou du latin.

Qu'arrive-t-il de là? C'est, d'une part, que beaucoup de jeunes intelligences, laissées sans culture, sont abandonnées à tous les hasards des événements; c'est, d'autre part, qu'une multitude d'éducations classiques se poursuivent et s'achèvent sans bons résultats; inutiles à beaucoup, parce qu'ils y assistent durant longues années sans les comprendre; perdues pour d'autres, parce qu'ils entrent dans des professions où rien ne leur en rappellera les souvenirs; décevantes et funestes pour ceux qu'une demi-science jette hors des professions laborieuses où ils trouveraient à vivre utilement, et qui, ne sachant ni travailler de leurs mains, ni combiner fortement des idées, embarrassent la société, la surchargent de médiocrités et la placent dans la cruelle situation de ne savoir comment disposer ni d'assez d'emplois, ni d'assez d'argent pour satisfaire tant de prétentions affamées.

Cet état de choses est le produit de notre ancienne organisation sociale, dont il reste encore parmi nous tant de vestiges.

Lorsqu'au sortir des temps de barbarie les établissements d'instruction publique se sont formés dans nos sociétés modernes, ils l'ont été sous l'influence des classes seules éclairées alors. Ce fut pour se fortifier et s'étendre, pour se recruter et s'assurer des successeurs, que celles-ci ont favorisé les études. Toute l'éducation s'est trouvée poussée vers la préparation et l'enseignement des professions qui seules s'étaient saisies du gouvernement des affaires publiques et privées, et qui, seules aussi, sentaient et connaissaient le besoin de s'instruire pour se perpétuer.

C'est ainsi que d'abord il n'a fallu d'instruction que pour le clergé, tant qu'il est demeuré seul en possession de la direction sociale.

Les lumières se sont étendues ensuite aux jurisconsultes et à la magistrature. Les littérateurs sont venus plus tard. C'est par l'influence et l'attrait de leurs ouvrages que les lumières se sont répandues, et que le charme des plaisirs intellectuels a été senti et recherché pour lui-même. Le sentiment de l'égalité politique a achevé ce grand ouvrage; et, à mesure qu'il a pénétré plus avant dans la société, le besoin de l'instruction a, de plus en plus visiblement, tendu à devenir universel.

L'enseignement de nos colléges se ressent encore de la première direction qu'il a prise. Quant à l'instruction primaire, elle n'en est sortie qu'assez récemment; on ne l'a considérée long-temps que comme instrument d'initiation dans les études classiques des colléges. On conserve dans les curiosités de nos bibliothèques quelques vestiges de ces antiques rudiments qui étaient mis dans les mains des écoliers avant les vers techniques et barbares de Despautère, qui eux-mêmes étaient un progrès. On frémit à la vue de ces pages informes, où les malheureux enfants étaient condamnés à chercher les premiers éléments de lecture dans des blocs de mots latins entassés sans aucun aide pour l'intelligence, ni aucun repos pour la vue. On n'apprenait alors à lire, à écrire, que pour arriver à déchiffrer ces premiers mystères de la science.

Aujourd'hui l'instruction primaire est comprise; on sait qu'elle est bonne pour elle-même et que, dans toutes les conditions de la vie, les hommes gagnent à savoir lire, écrire et compter, quand même ils ne sauraient rien autre chose. La même intelligence doit approprier aux besoins de toutes les classes sociales les degrés supérieurs d'enseignement.

Plusieurs essais isolés et spéciaux ont, à cet égard, été tentés en France, non sans succès, mais sans ensemble. La plupart des pays qui nous environnent nous ont devancés. On peut consulter notamment les rapports faits en 1809, 1810 et 1811, par MM. Cuvier et Noël, et les rapports récents de M. Cousin sur l'état de l'instruction en Allemagne.

C'est avec une vive satisfaction que votre commission a donné son assentiment à la partie du projet soumis à vos délibérations, qui a pour objet de créer un enseignement primaire supérieur en France. Cet enseignement, outre l'instruction morale et religieuse, la lecture, l'écriture, le calcul, et le système légal des poids et mesures, comprendra le dessin linéaire, l'arpentage, et les autres applications usuelles de la géométrie; des notions des sciences physiques et de l'histoire naturelle, applicables aux usages de la vie; le chant; les éléments de l'histoire et de la géographie, et surtout de l'histoire et de la géographie de la France.

De bons livres manquent pour cet enseignement. L'existence des écoles primaires supérieures appellera sans doute plus spécialement sur ce point l'attention des hommes éclairés, qui feraient un bel usage de leurs lumières en contribuant à populariser de si utiles connaissances. Le patriotisme de nos savants et le zèle de l'administration multiplieront sans doute les compositions de ce genre et parviendront à doter le pays d'une branche importante de littérature, qui reste presque tout entière à créer.

Votre commission est si profondément convaincue des avantages que doivent procurer à la France les écoles d'enseignement primaire supérieur, qu'elle m'a chargé unanimement de vous exprimer le vœu que, dans le budget de l'instruction publique, le million affecté à l'instruction primaire demeure réservé à l'instruction primaire élémentaire, et que l'instruction primaire supérieure reçoive une allocation de 500,000 fr. Ce sera de l'argent bien employé.

Il fallait définir ce que l'enseignement primaire élémentaire ou supérieur doit nécessairement comprendre. Il faut prévoir également le cas où les ressources locales et l'instruction du maître et des élèves permettraient d'élever cet enseignement sans le dénaturer. Le projet de loi laisse à cet égard toute faculté de développement à l'instruction primaire supérieure. Cette disposition explique comment il nous a été possible de ne pas énoncer avec détails divers objets d'instruction, tels que la tenue des livres, des connaissances élémentaires sur l'exploitation des mines, sur la coupe des pierres, etc., qui sont actuellement enseignés avec succès dans beaucoup d'écoles, et qui doivent nécessairement varier suivant les besoins des localités.

Votre commission vous propose d'accorder la même latitude à l'instruction primaire élémentaire. Ce n'est pas sans doute qu'il faille laisser chaque école sortir de son caractère et de son cercle; mais il ne faut pas non plus que, si un instituteur primaire veut et peut ajouter aux éléments de la lecture, de l'écriture et du calcul, ceux du dessin linéaire, par exemple, ou du chant, ou de l'arpentage, il se trouve entravé par une prohibition légale qui l'empêche de passer plus avant.

Aucune règle fixe ne pouvant être déterminée à cet égard, il a paru sage d'ouvrir une faculté dont l'usage et les réglements détermineront la limite. C'est à l'administration qu'il appartient naturellement de prendre, lors de la délivrance des brevets de capacité, les mesures nécessaires pour que chaque instituteur n'enseigne que les objets sur lesquels il aura fait preuve de connaissances suffisantes.

En conséquence, votre commission a l'honneur de vous proposer de retrancher le mot *supérieure* dans le dernier paragraphe de l'article premier.

Les objets de l'enseignement une fois définis, il faut examiner par qui cet enseignement doit être donné.

Tant que la liberté mineure desenfants a besoin d'être mise

en tutelle, le soin de la gouverner appartient aux parents l'évidence des faits naturels le démontre. Du devoir de subvenir à l'éducation morale et intellectuelle, comme à l'éducation physique des enfants, dérive pour la famille le droit de choisir et les moyens et les personnes auxquels il lui semblera le plus utile de s'en rapporter pour contribuer avec elle, et par elle, à l'accomplissement de ce devoir. Cette liberté de délégation ne doit rencontrer de bornes dans la loi que lorsqu'il peut être donné à celle-ci de reconnaître l'absence de moralité ou de capacité dans les personnes qui seraient déléguées; de même que, dans l'intérieur de la famille, le respect envers l'autorité paternelle elle-même n'empêche pas la loi d'intervenir, dans l'intérêt des enfants, pour réprimer les abus ou détourner les périls dont l'existence arrive à lui être démontrée.

L'enseignement par les familles, l'enseignement par les maîtres que les familles ont volontairement et librement délégués, et qu'il n'y a pas de justes motifs de présumer immoraux ou incapables, tel est le fondement de tout droit en matière d'éducation.

L'un des plus grands titres d'honneur de la charte de 1830, c'est la reconnaissance publique et officielle de la liberté d'enseignement. Alors, pour la première fois, il a été hautement rendu hommage à un principe qui, malgré son éclatante évidence, était fort contesté encore, et que jusque là les minorités sociales avaient seules invoqué.

Les écoles privées, librement ouvertes, doivent figurer au premier rang dans les lois. Elles sont en effet l'objet du titre second, et les écoles publiques l'objet du titre troisième. Votre commission vous propose, dans la rédaction de l'article 3, de placer, conformément à cet ordre, les écoles privées avant les écoles publiques.

Le projet de loi qui applique franchement les conséquences de la liberté d'enseignement supprime, pour l'établissement des écoles privées, toute nécessité d'autorisation préalable.

Il se contente d'exiger de la part des instituteurs, ainsi qu'on le fait pour l'exercice de beaucoup d'autres professions, deux conditions faciles à atteindre par tous, et dont l'absence serait périlleuse, un brevet de capacité et un certificat de moralité. Votre commission, dans la vue d'empêcher que les certificats de moralité ne dégénèrent en formalités vaines, désire qu'il y soit expressément attesté que l'impétrant est digne de se livrer à l'enseignement.

La violation de ces deux conditions, et l'ouverture d'une école sans déclaration préalable, faite au maire de la commune, ont leur sanction pénale dans l'article 6, qui prononce, pour ces cas, la fermeture des écoles, et qui punit les délinquants d'une amende de 50 à 200 fr. pour la première fois, et, en cas de récidive, d'une amende de 100 à 400 fr. et d'un emprisonnement de quinze à trente jours.

Le projet de loi ne contient aucune disposition à l'égard des fondations d'écoles qui seraient faites par des réunions ou associations de citoyens. Votre commission a approuvé ce silence. En n'imposant d'autres conditions que l'âge de dix-huit ans, un brevet de capacité, un certificat de moralité, et une déclaration préalable, la loi n'a voulu considérer que la personne de l'instituteur, et laisser pleine liberté à quiconque voudra fonder des écoles. Quant au plus ou moins de légalité de telles ou telles associations, ou quant au droit d'association pris en lui-même, la législation existante y a pourvu. Nous avons dû soigneusement nous garder de mêler en rien à nos débats sur l'organisation de l'enseignement primaire, les questions auxquelles le régime actuel du droit d'association donnerait lieu. Ce serait en effet un très fâcheux procédé législatif que d'aborder indistinctement toutes les matières, par cela seul que, dans leurs applications pratiques, elles présentent des points de contact. Ces digressions intempestives, qui déplacent les questions, sont sans terme; car il n'existe aucun motif raisonnable pour qu'elles-mêmes n'amènent pas d'autres digressions à leur suite. Elles ne peuvent que causer des pertes de temps, et que fausser nos discussions, en nous entraînant hors des matières que nous avons spécialement à régler.

La liberté et l'impunité ne vont pas ensemble. La liberté morale, type de toutes les autres, trouve dans les tourments de la conscience le châtiment dû à ses écarts; la liberté légale doit trouver dans la loi la répression de ses délits. Indépendamment des prévisions ordinaires du Code pénal, il est nécessaire d'atteindre des actes d'immoralité ou des habitudes d'inconduite que la législation générale n'a pas dû s'occuper de définir, et qui sont plus dangereuses dans un instituteur que dans tout autre citoyen, puisque leur funeste influence peut s'étendre jusque sur les enfants confiés à ses soins, et dont la loi ne saurait abandonner sans protection les intérêts et l'avenir. On peut s'en rapporter à la sagesse des magistrats ordinaires pour l'appréciation et la répression de faits qui touchent de si près au bonheur des familles et au maintien de la morale publique. Une procédure fort simple est établie par le projet pour régler cette juridiction, que, sans crainte de se tromper, l'on peut appeler paternelle. C'est en chambre du conseil que les parties seront entendues et les jugements prononcés. Personne ne se plaindra de cette restriction à la publicité; car qui pourrait ne pas comprendre combien ce serait flétrir le respect dû à l'enfance que de livrer à un spectacle public les débats sur la conduite des maîtres? La peine prononcée dans ces cas est l'interdiction temporaire ou perpétuelle de la profession d'instituteur.

A l'égard de la surveillance sur les écoles privées, elle s'exerce et doit s'exercer à l'aide des mêmes moyens, et par le concours des mêmes autorités que la surveillance sur les écoles publiques.

Le titre III est relatif aux écoles publiques.

Dans l'état actuel de l'instruction en France, les écoles privées ne sont et ne peuvent être ni assez nombreuses, ni assez prospères, pour que la population tout entière aille y puiser l'instruction. La tâche des pouvoirs publics commence là où s'arrête l'influence des efforts individuels. L'exposé des motifs a dit avec beaucoup de justesse : « Les écoles privées « sont à l'instruction ce que les enrôlements volontaires sont « à l'armée ; il faut s'en servir sans y trop compter. »

Les communes d'abord, puis, à défaut des communes, les départements, et enfin, à défaut des communes et des départements, l'état, doivent pourvoir à l'enseignement.

Toute commune est tenue d'entretenir au moins une école primaire élémentaire. Déjà plusieurs fois en France ce principe a été décrété ; il n'en est résulté que des applications partielles et incomplètes, et que l'hommage solennellement rendu à une théorie vraie et généreuse. Toutefois il y aurait injustice à traiter avec dédain ces grandes déclarations de principes, auxquelles souvent sans doute les moyens d'exécution manquent d'abord, mais qui finissent tôt ou tard par porter leurs fruits. Le temps a mûri la cause de l'instruction populaire ; et le moment est venu de tenter enfin utilement, par une loi pratique, cette création tant désirée d'une école par commune.

Il était indispensable de ne pas prévoir les cas où des communes se trouveront hors d'état de mettre à exécution la règle générale, et seront tout à la fois trop peu nombreuses et trop pauvres pour supporter, même avec des secours, les frais d'une école, et pour y envoyer un nombre d'élèves qui suffise à l'émulation et à l'intérêt des leçons. L'article 9 de la loi vient à l'aide de ces localités ; il autorise plusieurs communes à se réunir pour fonder et entretenir une école.

L'administration devra tendre à ce que, progressivement, ces réunions deviennent de moins en moins nécessaires, et à ce que le principe général d'établissement d'une école par commune souffre le moins d'exception qu'il se pourra. Mais toute regrettable que soit la nécessité de ces réunions, il faut néanmoins les autoriser, sous peine de laisser sans instruction les localités qui, précisément parce qu'elles ont moins de ressources, de richesses et d'étendue, éprouvent plus que d'autres la nécessité d'être améliorées par la propagation de l'instruction.

L'instruction primaire supérieure doit appartenir aux villes qui sont assez peuplées pour que cet enseignement y soit suivi, assez riches pour qu'il n'y soit pas onéreux, assez centrales pour qu'il puisse facilement attirer ceux des enfants qui, à que que distance de là, dans les campagnes ou ailleurs, montreront des dispositions naturelles ou appartiendront à des familles pourvues du degré d'aisance nécessaire pour subvenir à cette extension d'éducation. L'article 10 du projet de loi établissait l'obligation d'une école pour les communes dont la population excède six mille ames. Le nombre de ces communes est actuellement de 263. Votre commission a pensé que les communes chefs-lieux de département qui n'atteignent pas cette population doivent également avoir des écoles primaires supérieures. Ces villes sont au nombre de dix, savoir : Mézières, Mont-de-Marsan, Bourbon-Vendée, Guéret, Digne, Privas, Foix, Montbrison, Vesoul et Mende. Plusieurs personnes auraient voulu que l'on augmentât le nombre des villes où ces utiles écoles seront établies; que, par exemple, on en dotât tous les chefs-lieux d'arrondissement. Il a paru à votre commission que l'un des moyens d'assurer le succès d'une institution nouvelle est de se garder d'en exagérer les applications. Le plus grand tort que l'on se fait en affectant d'avancer trop vite est de se placer bientôt dans la nécessité de reculer.

La création d'écoles normales primaires est une condition indispensable de tout progrès dans l'enseignement. C'est par l'institution des écoles normales que se concilient l'unité et la liberté.

Fallait-il, avec le projet, établir une école normale par département? ou bien ces établissements ne gagneraient-ils pas à être moins nombreux? et préférera-t-on, par exemple, n'en fonder qu'un seul par chacun des vingt-sept ressorts d'académies et de cours royales?

Cette question a été sérieusement débattue dans votre commission. Pour réduire le nombre des écoles normales primaires, on a fait valoir les avantages d'une instruction donnée à des élèves plus nombreux; la facilité d'améliorer ainsi, en l'agrandissant, la condition des maîtres chargés de cet enseignement normal; la possibilité de mieux comparer l'ordre relatif des capacités, et de proportionner avec une justesse plus rigoureuse au rang de mérite de chacun le plus ou moins d'avantages des places à remplir. On a ajouté que l'on obtiendrait ainsi une plus grande homogénéité d'enseignement, et que l'on mettrait à profit les ressources de tous genres qui s'offrent aux établissements formés dans des villes importantes.

Pour maintenir, avec le projet, une école normale par département, on a considéré que l'esprit général de la loi est de faire une large part aux pouvoirs locaux; que la dépense étant départementale, l'école doit être placée plus immédiatement sous la surveillance de l'autorité qui aura un intérêt plus direct à sa prospérité; que l'esprit départemental, qui attache plus intimement les uns aux autres les citoyens appartenant à une même partie du sol, est trop utile pour ne pas être soigneusement encouragé; que priver certains départements d'écoles normales, ce serait s'exposer à beaucoup de rivalités et de dégoûts; que par là on nuirait à ceux des élèves qui n'auraient pas assez de fortune pour pouvoir sans inconvénient aller chercher l'instruction trop loin de leur domicile.

Ces derniers motifs ont prévalu dans le sein de votre commission. Toutefois, voulant ne repousser les avantages d'aucun des deux systèmes, elle a pensé que, tout en maintenant en principe l'établissement d'une école normale par département, il n'y aurait nul inconvénient à permettre que plusieurs départements s'unissent volontairement pour concourir ensemble à la réunion de leurs écoles en une seule. En conséquence elle a l'honneur de vous proposer d'autoriser les départements à se réunir à un ou plusieurs des départements voisins pour entretenir une école normale primaire, sans que, bien entendu, il résulte de là qu'un département qui ne se sera pas concerté avec les départements voisins puisse, dans aucun cas, se dispenser d'établir lui-même une école normale.

Une ordonnance royale, rendue sur l'avis des conseils généraux respectifs, autorisera ces réunions après examen des motifs qui les auront provoquées.

Pour obtenir de bons instituteurs il est nécessaire d'assurer une existence honorable aux hommes qui se consacrent à cette utile et pénible profession. Ici l'embarras devient grand ; car beaucoup de communes sont pauvres, et le budget de l'état, quelque libéral qu'il veuille être en faveur d'une dépense si légitime, ne saurait néanmoins suffire, sur toute l'étendue du territoire, à toutes les nécessités, qu'autant que l'on apportera une réserve extrême dans la fixation des traitements garantis aux maîtres. Le projet de loi, d'accord avec celui de votre commission de l'année dernière, propose comme *minimum* de traitement fixe la somme de 200 francs; à l'égard des écoles primaires supérieures, le *minimum* de traitement fixe serait de 400 francs. Il sera en outre fourni à tout instituteur communal un local convenablement disposé, tant pour lui servir d'habitation que pour y recevoir les élèves.

Pour les frais de ce local et du traitement, la loi s'adresse d'abord à la commune, à moins que des fondations, donations ou legs n'aient assuré le sort de l'école et de l'instituteur.

C'est d'abord aux revenus ordinaires de la commune qu'il convient de s'adresser.

En cas d'insuffisance des revenus ordinaires, le conseil municipal imposera la commune jusqu'à concurrence de trois centimes additionnels au principal de ses contributions directes.

A cette limite s'arrêtent les sacrifices mis à la charge de la commune; il n'est rien exigé au-delà; et lorsque cette contribution de trois centimes n'aura permis aux communes ni, isolément, ni par la réunion de plusieurs d'entre elles, de subvenir aux frais de local et de traitement, ce sera au département à venir à leur aide.

Le département, comme la commune, prendra les dépenses nécessaires aux besoins de l'instruction primaire, d'abord sur les revenus ordinaires, et à plus forte raison sur les fondations, donations ou legs qui auraient reçu cette destination spéciale. Puis, en cas d'insuffisance de ces ressources, le conseil général sera autorisé à imposer au département une contribution dont le montant peut s'élever jusqu'à deux centimes additionnels.

Le projet présenté par le gouvernement pendant la session dernière, et adopté en ce point par la commission dont vous avez, pendant la même session, entendu le rapport, fixait à cinq centimes l'impôt sur la commune, et à un centime l'impôt sur le département. Votre commission a préféré le système adopté par le nouveau projet de loi du gouvernement. Elle a pensé que trois centimes additionnels imposés aux communes seraient une charge assez forte, et que deux centimes laissés à la disposition du conseil général lui permettraient de porter sur les communes pauvres des secours plus abondants.

Le budget de l'état vient suppléer au défaut de ressources suffisantes des centimes additionnels ainsi imposés aux communes et aux départements. Par cette combinaison, les plus pauvres communes, qui déjà ont prélevé la plus forte part du produit de l'impôt départemental, seront aussi celles qui toucheront la subvention la plus forte sur l'impôt général du royaume.

Un rapport détaillé sur l'emploi des fonds alloués par le ministre de l'instruction publique, pour les subventions communales et départementales, sera annexé chaque année à la proposition du budget.

Un traitement fixe au *minimum* de 200 francs ne suffit pas à l'instituteur. Il importe qu'un intérêt très direct l'attache à la prospérité de son école, et que sa position pécuniaire s'améliore à mesure que s'étendront ses services et ses travaux. Une rétribution mensuelle, payée par ceux des élèves qui sont en état de l'acquitter, accroîtra son traitement, proportionnellement au nombre de ses élèves.

Le système qui établirait pour l'enseignement primair tout entier une gratuité absolue, séduit au premier abord par sa simplicité et sa grandeur; il semble que l'instruction primaire, payée par tous, et distribuée à tous, profitant à la société tout entière, nul ne pourrait se plaindre de cette destination donnée aux fonds généraux de l'état.

Mais ce système offrirait de graves difficultés d'exécution. Le *minimum* de 200 francs ne pourrait plus assurer, presque nulle part, l'existence d'un instituteur dénué de la ressource des rétributions particulières. Dès lors le chiffre de l'impôt, pour les communes, les départements et l'état, s'accroîtrait dans une proportion qui surchargerait les contribuables outre mesure. En disséminant surtout les ressources publiques, au lieu de les concentrer sur la classe indigente, on se priverait de la possibilité de remplir complètement, envers cette classe elle-même, le devoir d'humanité comme de prudence sociale, qui commande de lui donner l'instruction ; et les obligations de la société vis-à-vis de ses membres indigents se trouveraient sacrifiées à l'ambition de trop faire.

Ajoutons que le paiement d'une rétribution par ceux qui sont en état de la fournir, ne les dispense pas d'apporter leur part, ni dans l'impôt de la commune, ni dans celui du département, ni dans celui de l'état; ce sont en définitive les classes indigentes qui profitent exclusivement des bénéfices de la gratuité, ainsi bornée à ceux qui ne peuvent pas payer l'instruction; tandis que, si l'impôt devait être appelé à fournir l'enseignement primaire à toutes les classes de citoyens, les indigents, ne fût-ce que par la part qu'ils supportent inévitablement dans les impôts indirects, contribueraient dans une proportion trop forte à l'instruction des classes aisées.

Il existe sur ce point une dernière considération que l'on doit se garder de dédaigner, et dont il faut au contraire, avec l'exposé des motifs, reconnaître la force : c'est qu'un sacrifice pécuniaire, si léger qu'il soit, attache ceux qui le font aux résultats qu'il produit. Une bien longue expérience atteste en effet que l'on tient beaucoup moins à ce que l'on reçoit gratuitement qu'à ce que l'on achète.

La liste des admissions gratuites est dressée par les conseils municipaux. Le projet de loi avait borné ces admissions aux écoles primaires élémentaires ; votre commission a pensé qu'il serait juste et bon d'ouvrir aussi, mais avec la garantie d'un concours ou d'un examen public, aux enfants pauvres qui se distingueraient, l'entrée des écoles primaires supérieures. Ce serait là une prime d'encouragement qui pourrait donner à l'émulation un aliment utile, et qui empêcherait d'heureuses dispositions naturelles de demeurer stériles pour la société.

Il ne faut pas que la rétribution mensuelle due au maître puisse jamais le placer vis-à-vis des enfants ou des parents dans une position humiliante et subordonnée. Le taux doit en être réglé par le conseil municipal, et la perception en être faite dans la même forme et selon les mêmes règles que celle des contributions directes. Contre ce mode de perception, on a objecté la rigueur de ses formes. On craint que par fois il n'ait pour effet d'éveiller un sentiment de répulsion dans l'esprit d'une partie des contribuables; mais on peut répondre que la presque totalité des personnes qui viendraient à s'effrayer ou à s'irriter de ce mode de recouvrement seraient précisément celles qui, si l'instituteur avait à réclamer directement d'elles son paiement, l'exposeraient habituellement à subir les chances de leur mauvais vouloir. Or, c'est entre cette incertitude d'un juste salaire, et la dure nécessité de recourir lui-même à des mesures de contrainte, qu'il faut surtout éviter de jamais placer l'instituteur. Il est bon d'ailleurs que l'on s'habitue à considérer l'instituteur comme remplissant un service public, et l'acquittement des frais d'instruction comme aussi sacré et aussi obligatoire que le versement des contributions nécessaires à l'existence de l'état.

Il ne suffit pas d'avoir pourvu aux besoins de l'instituteur pendant la durée de ses fonctions; il faut aussi que des ressources lui soient assurées pour le moment auquel l'âge, les infirmités, ou le désir de changer de profession, le placeront dans l'obligation de les abandonner.

Mais le système existant des pensions de retraite impose déjà des charges si fortes au trésor, que l'on ne peut sans frayeur proposer d'en augmenter la masse par un accroissement si notable, au moment même où vos commissions de finances emploient tous leurs efforts à conjurer le désastre que le régime actuel des pensions peut causer à la fortune publique.

Le projet de loi s'est arrêté à un système d'épargne et de prévoyance dont il serait vivement à souhaiter que tous les citoyens contractassent la salutaire habitude. Des retenues légères et presque insensibles, portées scrupuleusement en compte par l'état, et accrues successivement par l'accumulation des intérêts, créeront un capital qui fera rentrer dans les mains de l'instituteur, lorsqu'il cessera ses fonctions, ou dans les mains de ses héritiers, s'il décède, tout ce qu'il aura épargné et rien que ce qu'il aura épargné. Sans doute cette ressource n'équivaudra souvent pas à celle que procurerait l'établissement d'une pension de retraite: mais ici la nécessité fait loi, et nul d'ailleurs ne peut légitimement se plaindre, comme d'une injustice, de se trouver appelé à ne recevoir que ce qu'il aura apporté. Ajoutons que les pensions données sur une caisse de tontine, seulement après un certain nombre d'années de services, obligent fréquemment à repousser, avec une sévérité qui touche à l'injustice, la rémunération des services qui n'ont pas atteint la durée légale. Un capital restitué au moment de l'expiration des fonctions peut au reste, dans beaucoup de cas, offrir, soit au fonctionnaire, soit à sa famille, des ressources plus efficaces qu'une pension servie en viager.

On demandera peut-être pourquoi l'on ne laisserait pas à chacun le soin de faire sur lui-même ses épargnes, au lieu de les effectuer à sa place par la puissance de la loi? La réponse à cette objection est facile. Chacun comprend que la retenue forcée est une mesure toute prudente. Avec la modicité du traitement assuré aux instituteurs, comment, si la loi n'intervenait pas, supposer à toute cette nombreuse classe d'hommes, trop souvent aux prises avec le besoin, une fermeté de caractère assez indomptable pour faire résister leur épargne aux tentations fréquentes de la nécessité? N'arrive-t-il pas sans cesse, même au riche, de manquer de la force suffisante pour économiser son superflu? La retenue opérée par la loi obligera l'instituteur à ne jamais compter au nombre de ses ressources journalières le vingtième qu'il ne touchera pas sur son traitement fixe. Et un avenir modeste, mais certain, lui garantira un dédommagement strictement proportionné à la durée du léger sacrifice qui lui aura été imposé chaque jour.

Dans aucun cas, il ne pourra être ajouté aucune subvention sur les fonds de l'état, à la caisse d'épargne et de prévoyance établie dans chaque département en faveur des instituteurs communaux; mais cette caisse pourra recevoir les dons et legs particuliers.

L'article 16, qui termine le titre III, assujettit les instituteurs communaux aux conditions et aux preuves de capacité et de moralité exigées des instituteurs privés par le titre précédent.

Le titre IV, qui détermine les autorités préposées à l'instruction primaire, est l'un des plus importants de la loi. On comprend en effet que, si ces autorités ne représentaient pas sincèrement l'intérêt public, et n'offraient pas une réunion suffisante de lumières, aucune garantie n'existerait pour la distribution exacte, la bonne discipline, et la direction éclairée de l'éducation, soit publique, soit privée.

Le système du projet de loi consiste à créer près de chaque école un comité local de surveillance, et un comité supérieur dans chaque arrondissement.

Il résulte de l'article 17 du projet, que les écoles situées dans une même commune pourraient être surveillées par un seul comité local.

Il résulte de l'article 18, que des comités, subordonnés au comité d'arrondissement, et supérieurs aux comités locaux ou communaux, pourraient être formés par le ministre, suivant les besoins et la population des localités.

Votre commission a pensé que dans chaque commune il existe une autorité dont la présence rend inutile la création de comités spéciaux. Quant à la création facultative de comités intermédiaires entre la commune et le comité d'arrondissement, elle n'a pas vu qu'ils offrissent assez d'avantages pour balancer l'inconvénient de trop compliquer un système de surveillance qu'il faut s'efforcer de rendre simple afin qu'il soit efficace.

Cette autorité, élue par les citoyens, investie de leur confiance, imbue de leur esprit, éclairée sur leurs intérêts, c'est le maire et le conseil municipal, contre lesquels il n'est juste de se mettre en défiance que pour éviter ce qu'il y a souvent de trop exclusif dans l'esprit de localité.

Et comme il peut arriver que dans certains cas le conseil municipal tout entier ne s'occupe pas de la surveillance d'une école aussi activement, et d'une manière aussi spéciale que pourraient le faire un petit nombre de personnes choisies exprès, votre commission a pensé qu'en autorisant le conseil municipal à investir de ce soin des personnes déléguées par lui, on obtiendrait le double avantage de ne porter aucune atteinte, même indirecte, à des attributions qui paraissent devoir naturellement lui appartenir, et d'arriver à une surveillance plus directe, plus active, et mieux répartie.

C'est pour cela que l'avis de votre commission est de laisser le conseil municipal libre de placer chacune des différentes écoles de la commune sous la surveillance, soit de tout ou partie des mêmes délégués, soit de délégués différents.

C'est pour cela encore que nous vous proposons de donner au conseil municipal la faculté de prendre ses délégués même hors de son sein. Beaucoup de notables habitants des communes, qui ne feront pas partie du conseil, pourront, par la spécialité de leurs connaissances ou de leurs goûts, et par la nature habituelle de leurs occupations, être plus aptes que tous autres à être chargés de ce mandat. Souvent aussi des jeunes gens actifs et éclairés aimeront à faire, dans ces fonctions modestes, le premier apprentissage des soins que la vie publique impose. Plus fréquemment encore les conseils municipaux auront le bonheur de pouvoir confier cette délégation à une classe d'hommes qui ont pour mission spéciale de consacrer leur vie à améliorer, par la morale et par les lumières, le sort de l'humanité.

Vous avez déjà tous compris, messieurs, que je signale ici les curés et les autres ministres des différents cultes.

Suivant le système du projet de loi, le comité local établi près de chaque école se composerait du maire, du curé ou pasteur, et de trois conseillers municipaux désignés par le conseil municipal.

Cette composition serait celle que votre commission aurait adoptée, si un comité spécial près de chaque école, ou tout au moins dans chaque commune, lui avait paru nécessaire; mais elle a pensé que, créer un aussi grand nombre de comités, ce serait ajouter sans nécessité un rouage de plus à l'organisation des pouvoirs communaux; que l'on priverait par là les conseils municipaux d'une portion importante d'attributions qu'ils sont presque toujours aptes à remplir eux-mêmes, et toujours aptes à bien déléguer; qu'enfin l'on s'exposerait à beaucoup de dissensions locales et à de perpétuels conflits.

De tous les membres que le projet de loi place de droit dans les comités locaux d'écoles ou de communes, les seuls qui ne fassent pas partie du corps municipal sont le curé et le pasteur.

Votre commission a été bien loin de ne pas souhaiter la présence des ministres des cultes dans les comités chargés de surveiller et d'encourager l'instruction primaire; vous en verrez la preuve dans l'art. 19, relatif à la composition de celui des comités proposés par le projet qu'il lui a paru utile de seul conserver. Elle a dû compter que, loin de demeurer exclus de la surveillance des écoles, les ministres des cultes s'y trouveront au contraire facilement appelés par la délégation spontanée de ceux de leurs concitoyens que l'assentiment général aura investis des fonctions de conseillers municipaux. Ce choix libre sera, pour ceux des ministres des cultes sur lesquels il portera, un témoignage public de confiance et d'union qui profitera au bien général.

Si, d'un autre côté, en divers lieux, le clergé se montrait assez peu habile à comprendre sa divine mission de civilisation et de paix, pour ne voir l'instruction primaire qu'avec des yeux prévenus ou ennemis, il ne faudrait alors ni s'étonner ni se plaindre que, dans ces lieux-là, une part de surveillance ne lui fût pas donnée sur l'intérieur des écoles; car, pour bien inspecter l'enseignement, il faut le faire avec amour, et se pénétrer d'avance, dans sa conviction intime, qu'en favorisant l'instruction de ses semblables on travaille à leur bonheur ainsi qu'au bien du pays (1).

Les seuls comités spéciaux que votre commission vous propose d'établir sont ceux que le projet de loi a appelés comités d'arrondissement. On avait essayé, depuis 1816, d'en créer un par canton. Sur les 2846 cantons de France, ce n'est que dans 1531 que l'on est parvenu jusqu'ici à les organiser sur le papier; et ce n'est guère que dans la cinquième partie des cantons ainsi organisés qu'ils ont reçu une existence réelle suivie de quelques effets. Cette expérience sans doute n'est pas définitive. Plus libres et plus puissants, les comités cantonnaux se prendraient eux-mêmes plus au sérieux, et leur état actuel n'est pas l'exacte mesure de ce qu'ils deviendraient sous la législation que nous allons fonder. Toutefois cette expérience, et la connaissance que cette chambre possède de la situation des diverses parties de la France, démontrent assez que vouloir créer des comités dans tous les cantons serait, en beaucoup de lieux, ainsi

(1) Cet amendement pour la suppression du comité communal n'a pas été maintenu. Voir, *à cet égard*, le rapport de M. Cousin, ci-après pages 313 et suivantes.

qu'on s'est appliqué à le démontrer dans plusieurs des pétitions dont la chambre nous a fait le renvoi, se condamner à tenter l'impossible. Il faut, là où des comités cantonnaux se sont déjà établis, les maintenir; là où ils pourront désormais s'établir, les encourager; mais il est sage de ne pas commander législativement ce qui dans la pratique ne s'exécuterait pas; car la loi, pour se ménager le respect qui lui est dû, doit éviter de s'épuiser en prescriptions vaines.

Nous vous proposons de créer un ou plusieurs comités par arrondissement, et de laisser au ministre de l'instruction publique, lorsqu'il y aura lieu de former dans un arrondissement plusieurs comités, le soin d'en déterminer la circonscription, soit par cantons isolés, soit par cantons agglomérés, et sans jamais morceler les cantons dont l'unité ne doit pas être fractionnée.

Les comités d'instruction primaire cantonnaux ou d'arrondissement seront tous égaux en pouvoir.

La composition de ces comités, telle que votre commission la propose, diffère peu de celle que le projet de loi avait établie. Le maire de la commune qui sert de chef-lieu à la circonscription du comité, les plus anciens juges de paix, des curés, des ministres d'autres cultes, trois notables désignés par le conseil d'arrondissement et les membres domiciliés du conseil général de département, feront partie de chaque comité.

Nous avons pensé que ce serait une heureuse innovation d'y introduire un instituteur primaire: cette distinction honorable relèvera à leurs propres yeux ceux qui s'en trouveront investis; elle deviendra un juste objet d'émulation, et fournira souvent aux comités de très bons renseignements pratiques. A ce dernier titre votre commission vous propose de faire également entrer dans ceux de ces comités dans la circonscription desquels existeraient des colléges, institutions ou pensions, un des maîtres attachés à ces établissements.

Le comité sera présidé par le préfet ou le sous-préfet. Le préfet aura entrée dans tous les comités du département, et le sous-préfet dans tous ceux d'arrondissement, ainsi que le procureur du roi. Nous vous proposons de donner au comité lui-même le choix de son vice-président et celui du secrétaire, dont les fonctions importent tant aux travaux des comités. Pour laisser toute latitude dans ce dernier choix, on autoriserait les comités à prendre leur secrétaire hors de leur sein, et, par le seul fait de cette nomination, le secrétaire devenu membre du comité y aurait par conséquent voix délibérative.

Votre commission vous propose aussi de donner entrée dans les comités, avec voix délibérative, aux délégués qu'ils choisiraient pour surveiller ou inspecter les écoles.

L'article 20 décide que les comités s'assembleront au moins une fois par mois; il autorise leur convocation extraordinaire par un délégué du ministre, et donne, pour ce cas, la présidence à ce délégué; il fixe à cinq le *minimum* du nombre des membres qui doivent prendre part aux délibérations.

L'article 21 du projet de loi réglait les attributions des comités locaux de surveillance. La suppression de ces comités conduit naturellement à transporter au conseil municipal, qui les remplace, les attributions qui leur étaient conférées, à l'exception toutefois de l'inspection sur la salubrité et sur la discipline des écoles, qui doit spécialement appartenir aux maires.

L'article 21 du projet se trouvera par suite partagé en deux articles.

Un seul changement est proposé par la commission à la partie de l'article 21 qui formera l'article 22 : il ne porte que sur la rédaction, et est relatif au paragraphe qui prescrit la formation d'un état sur lequel seraient inscrits les enfants envers lesquels leurs familles auraient le tort impardonnable de ne leur donner ni l'éducation domestique, ni celle des écoles publiques ou privées. Dans plusieurs pays voisins, la loi va plus loin; elle commande aux parents d'envoyer leurs enfants aux écoles, et punit ceux qui désobéissent à cette prescription. Votre commission n'est pas d'avis qu'il appartienne à la loi civile, ni qu'il soit conforme à l'état actue de nos mœurs, de convertir ce délit moral en délit légal. La mesure, censoriale en quelque sorte, qui prescrit la formation d'un état des familles qui refusent l'instruction à leurs enfants nous a paru la seule qu'il fût dans les pouvoirs du législateur de prendre.

L'article 22, devenu l'article 23, règle les attributions du comité d'instruction primaire. Vous remarquerez que la nomination des instituteurs est donnée à ce comité, sur la présentation du conseil municipal et sous l'approbation du ministre. Sans cette dernière précaution, l'esprit de localité demeurerait sans contrôle, et les abus qu'entraînent trop souvent les tyrannies de coterie seraient sans aucun remède.

L'article 24 (23 du projet) établit les formalités à suivre en cas de poursuites à exercer devant le comité contre le maître qui s'est rendu coupable de négligence habituelle ou de faute grave dans l'exercice de ses fonctions. La commission vous propose d'ajouter une disposition qui laisse au conseil municipal la faculté d'allouer, s'il y a lieu, à un instituteur remplaçant le traitement de l'instituteur suspendu.

Un recours est ouvert par cet article à l'instituteur condamné, qui peut se pourvoir contre la décision du comité, devant le ministre en conseil royal. Ces derniers mots exigent une explication.

Votre commission a remarqué le soin avec lequel les auteurs du projet, se bornant à régler ce qui concerne l'instruction primaire, se sont gardés d'engager les autres questions qui intéressent l'organisation de l'instruction en France. La matière qui nous occupe est assez grave par elle-même pour que nous évitions d'entrer dans des débats incidents sur l'existence et les attributions de l'université, qui nous exposeraient à perdre de vue l'objet spécial du projet. Votre commission s'est bornée à considérer que, dans le cas particulier dont il s'agit, l'intervention du conseil royal est une garantie dont il ne faut pas priver l'instituteur ; et, en outre, que le législateur doit prendre les institutions dans l'état où il les trouve au moment où il fait la loi. L'existence actuelle du conseil royal ne peut manquer d'être acceptée par tout le monde comme un fait, quelle qu'ait été jusqu'à présent la diversité des opinions auxquelles cette institution a donné lieu.

Le mode de répression établi par l'art. 24, en cas de négligence habituelle, ou de faute grave de l'instituteur communal, ne détruit pas la juridiction attribuée par l'article 7 au tribunal civil de l'arrondissement, jugeant en chambre du conseil. L'art. 25 déclare commune aux écoles publiques et aux écoles privées cette garantie de surveillance.

L'art. 26 établit dans chaque département une ou plusieurs commissions, à la nomination du ministre de l'instruction publique, chargées de délivrer les brevets de capacité, et de faire les examens d'entrée et de sortie des élèves de l'école normale primaire. Votre commission demande que les examens, tant pour l'école normale que pour la délivrance des brevets de capacité, aient lieu publiquement et à des époques déterminées d'avance.

Le titre V^{e}, relatif aux écoles de filles, ne contient qu'un article, et se borne à déclarer les précédentes dispositions de la loi applicables à ces écoles, qui pourront être établies, selon les besoins et les ressources des communes, sur la demande des conseils municipaux (1).

Cette partie importante de l'enseignement primaire appelle

(1) Ce titre a été supprimé dans la loi.

des développements ultérieurs, et votre commission a reconnu avec le gouvernement que, pour lui donner une organisation satisfaisante, de nouvelles recherches sont encore nécessaires. L'un et l'autre sexe ont des droits égaux à profiter des bienfaits de l'instruction, et l'universalité d'éducation n'existera véritablement parmi nous que lorsque le législateur aura pu étendre sur tous deux une égale prévoyance. Nous hâtons de tous nos vœux le moment où des expériences moins incomplètes permettront d'entreprendre utilement un travail au succès duquel la civilisation de notre pays est si vivement intéressée.

Le projet de votre commission de l'année dernière avait fait une mention expresse des écoles d'adultes, des écoles dans les corps des armées de terre et de mer, et des écoles dans les maisons centrales de détention et dans les bagnes, mais sans régler le mode et les conditions de leur existence. L'utilité de ces institutions est incontestable, et il n'est pas une personne éclairée qui ne souhaite ardemment les voir réussir. Un seul motif nous a déterminés à ne pas leur donner place dans le projet de loi actuel; c'est qu'elles ne sont pas susceptibles d'être soumises au même régime que les écoles dont cette loi s'est particulièrement occupée, ni d'entrer dans le même système général d'organisation.

Je viens, messieurs, de parcourir devant vous, dans le détail de ses articles, le projet de loi sur l'instruction primaire, et je me suis efforcé en même temps de remonter jusqu'aux principes généraux sur lesquels, en cette matière, toute bonne législation doit être fondée. Je désire vous avoir convaincus, par cet examen, que le projet mérite l'approbation qu'il a reçue de votre commission. De grands biens doivent résulter pour notre pays de son adoption, quelque inévitables que soient, dans les premiers temps surtout, les difficultés que son exécution rencontrera.

Le projet de loi nous a paru simple, franc et pratique. Il

admet et organise avec une entière sincérité, dans l'instruction primaire, la liberté d'enseignement promise par la charte, et nous avons aimé à y trouver un gage des améliorations qui seront introduites dans les autres parties de l'instruction publique, lorsque le législateur pourra enfin s'occuper complètement de cette matière difficile qui intéresse à un si haut degré nos devoirs envers les générations futures. La liberté d'enseignement, même dans l'instruction primaire, en même temps qu'elle répandra sur le pays sa force fécondante, armera souvent, contre les idées qui nous sont les plus chères à tous, des opinions et des influences ennemies; sans cela elle ne serait pas la liberté. Mais nous l'aimons ainsi, parce que nous avons foi en elle et en nous, et parce que nous savons que l'avenir appartient à la vérité.

Si nous doutions de cet avenir que la propagation de l'instruction accélère, il nous faudrait, dans notre courte sagesse, au lieu de multiplier de tous côtés les écoles, fermer avec jalousie celles que nous possédons déjà. Ce qu'il adviendra de l'universalité d'enseignement, ce que sera la société quand tous les citoyens sauront lire et écrire, quand les forces de leur pensée seront doublées, quand le sentiment complet de leurs droits et de leurs devoirs les suivra dans chacun des actes de leur vie publique et privée, nous l'ignorons tous; mais ce que nous savons, c'est que cet avenir sera bon, parce que les instincts qui poussent l'humanité dans des voies morales ne sauraient être trompeurs.

Lorsque abordant des terres inconnues, où ils ne passeront qu'un jour, des navigateurs y déposent quelques utiles semences dont leurs yeux ne verront pas les fruits, ils ne savent pas ce que leur bienfait vaudra au pays qu'ils vont quitter pour toujours; mais il leur suffit d'espérer que leurs semblables en recueilleront un peu de bien. Nous aussi nous jetterons, par l'universalité de l'enseignement, une semence que récoltera l'avenir. Incertains de ce qui en naîtra, nous sommes sûrs au moins que nous accomplissons un devoir, et qu'une dette payée à l'humanité n'est jamais un placement à fonds perdu.

EXPOSÉ DES MOTIFS

DU PROJET DE LOI SUR L'INSTRUCTION PRIMAIRE, PRÉSENTÉ A LA CHAMBRE DES PAIRS PAR M. LE MINISTRE DE L'INSTRUCTION PUBLIQUE.

Séance du 6 août.

MESSIEURS LES PAIRS,

Le roi nous a ordonné de vous présenter le projet de loi sur l'instruction primaire que la chambre des députés vient d'adopter avec des amendements, qui seront également l'objet de vos délibérations.

Définir l'instruction primaire, de telle sorte qu'elle puisse en même temps être donnée partout, s'étendre et s'élever à mesure que s'étendent et s'élèvent les besoins de la population; lui assurer la liberté promise par la charte, sous la seule condition des garanties de moralité et de capacité exigées des professions les plus libres; fonder, en acceptant la concurrence des écoles privées, un vaste ensemble d'écoles publiques qui mettent l'instruction populaire à l'abri des lacunes et des chances de l'industrie particulière; former de bons maîtres, condition absolue des bonnes écoles; régler enfin le mode d'administration et de surveillance des écoles, en attribuant aux pouvoirs locaux et généraux la part d'influence et d'action qui leur convient : tels sont les principes, tel est le système des dispositions du projet de loi.

Ces principes sont simples, messieurs, et d'une utilité, je pourrais dire d'une nécessité, presque évidente. L'instruction primaire doit être universelle ; donc elle ne saurait être uniforme ; il faut qu'elle s'adapte aux besoins divers, aux divers degrés de développement des classes à qui elle est destinée ; qu'elle soit tantôt assez facile, assez modeste pour pénétrer dans les moindres villages, et s'offrir aux existences les plus humbles; tantôt assez développée, assez variée pour satisfaire aux convenances de ces professions, aujourd'hui si nombreuses et si importantes, qui ne prétendent pas à la science, mais qui ont besoin d'en connaître les éléments, car elles en font chaque jour l'application.

Vous voulez l'universalité de l'instruction primaire : appelez donc la liberté à votre aide ; que rien n'entrave le vœu des familles et les essais de l'industrie. Prenez garde seulement à deux choses : d'une part, souvenez-vous que, lorsqu'il s'agit de la fortune ou de la santé des citoyens, vous demandez à l'industrie libre certaines garanties fondamentales ; serez-vous moins soigneux, moins prévoyants, quand vous vous occupez de leur intelligence et de leur moralité ? D'autre part, ne vous faites point d'illusion; l'industrie libre, l'intérêt privé, sont absolument hors d'état de porter l'instruction primaire dans tous les lieux et à tous les degrés qu'elle doit atteindre pour que les besoins du pays soient satisfaits. L'expérience le démontre comme le prévoit la raison. La puissance publique seule est au niveau d'une telle œuvre. Que la puissance publique intervienne donc ; qu'elle fonde partout des écoles ; qu'à ses écoles elle assure des maîtres dignes de leur mission, si élevée bien que si obscure. Ainsi, mais seulement ainsi, vos soins pour l'instruction populaire seront efficaces ; vous accomplirez le devoir de l'état en respectant le droit et en acceptant le concours de la liberté.

Comment interviendra la puissance publique ? Agira-t-elle seule du haut de sa grandeur, pour ainsi dire, en se chargeant de tout le poids de l'entreprise, et en faisant partir du centre de l'état toute son action ? Non, messieurs ; si nous n'attendons pas de l'industrie privée tout ce qu'on s'en est quelquefois promis, nous ne voulons pas non plus imposer au pouvoir central un fardeau qu'il porte mal quand il le porte seul. L'instruction primaire est une dette de l'état envers la population; mais cette dette, pour être aisément et effectivement payée, doit être répartie entre les associations diverses et inégales dont la réunion forme l'état. La loi, cette expression de la raison publique et de l'intérêt général, imposera donc aux communes l'obligation de pourvoir aux besoins de l'instruction primaire. Si les communes n'y peuvent suffire, la loi appellera les départements à leur aide; et comme le concours des départements même laissera encore beaucoup à faire, les ressources générales de l'état seront alors invoquées et viendront combler les dernières lacunes. Ainsi seront excitées et employées, chacune à sa place et dans sa mesure, toutes les forces de la société.

Le même principe qui préside à la répartition des devoirs et des charges présidera à la distribution des droits et des pouvoirs. La commune, le canton, l'arrondissement, le département, l'état, concourront à la surveillance des écoles comme à leur entretien; et après avoir assuré leur situation matérielle, la loi, non moins soigneuse de leur existence, et, s'il m'est permis d'employer cette expression, de leur santé morale, appellera à veiller sur elles toutes les influences qui peuvent, qui doivent se prêter dans cette vue un mutuel appui.

Tel est le projet de loi, messieurs; ses dispositions n'ont pour objet que d'appliquer, de réaliser les principes que je viens d'indiquer. J'ose croire que vous les trouverez conséquentes et pratiques. En commençant par l'enseignement populaire les améliorations et les réformes que l'instruction publique en général nous paraît appeler, nous nous sommes également imposé de repousser toute prétention, toute promesse chimérique, et de ne refuser aucun auxiliaire, aucun moyen d'action. Nous n'hésitons pas à affirmer que c'est ici une loi sincère, nous espérons que ce sera aussi une loi efficace.

RAPPORT

DE M. COUSIN A LA CHAMBRE DES PAIRS.

Séance du 21 mai 1833.

MESSIEURS,

C'est surtout depuis la révolution de juillet que l'instruction primaire est le premier besoin du pays et du gouvernement.

Un pays qui veut être libre doit être éclairé, ou ses meilleurs sentiments lui deviennent un péril, et il est à craindre que, ses droits surpassant ses lumières, il ne s'égare dans leur exercice le plus légitime.

Un gouvernement qui, comme le nôtre, a loyalement accepté, à jamais et sans retour, le principe du gouvernement représentatif, c'est-à-dire la publicité et la discussion universelle, n'a d'autre force que celle que lui prête la conviction des citoyens, et il se trouve dans cette situation à la fois difficile et heureuse où la propagation des lumières est pour lui une condition d'existence. La raison publique paie avec usure tout ce qu'on fait pour elle; elle punit par ses égarements les gouvernements qui la négligent; mais elle récompense ceux qui la cultivent par ses progrès mêmes, en répandant de jour en jour davantage, dans tous les rangs de la population, le respect des lois, les sentiments honnêtes qui accompagnent toujours les idées justes, le goût du travail et l'intelligence des biens qu'il procure, la modération des désirs, et cet amour éclairé de l'ordre, qui est aujourd'hui le seul dévouement des peuples.

Aussi, dès les premiers jours de la révolution de juillet, le gouvernement s'est occupé sérieusement de l'instruction primaire, et lui a imprimé une impulsion puissante. La France entière est entrée dans cet utile mouvement. Les particuliers, les associations, les communes, les départements, l'état, ont rivalisé de zèle et de sacrifices. De beaux résultats ont été obtenus. Une loi était nécessaire pour les régulariser, les étendre, et donner à l'instruction primaire de l'avenir et de la durée.

Deux projets ont été tour à tour présentés aux chambres, qui déjà renfermaient d'excellentes parties; mais on regrette moins aujourd'hui que ces projets n'aient pu être discutés, puisque la loi soumise à vos délibérations, participant au progrès général, a pu recevoir du temps et de l'expérience d'heureux perfectionnements: elle a été reçue à l'autre chambre avec une faveur dont la marque infaillible et rare est la presque unanimité des suffrages qu'elle a obtenus, et le très petit nombre de modifications qu'une discussion approfondie y a introduites. Votre commission a examiné avec un soin scrupuleux et le projet du gouvernement et les amendements de la chambre des députés; et en me chargeant de l'honorable tâche de vous exposer les résultats de son travail, le premier ordre qu'elle m'a donné est celui de vous exprimer en son nom le plein assentiment qu'elle donne à la pensée fondamentale de la loi.

L'exposé des motifs nous présente cette loi comme essentiellement pratique. Et ce caractère, qu'un examen consciencieux ne peut lui refuser, elle l'emprunte à un autre caractère plus élevé encore.

Aux premiers pas que l'on fait dans la matière assez compliquée de l'instruction primaire, on y rencontre un certain nombre de principes opposés entre eux en apparence, qui se disputent l'honneur de résoudre toutes les difficultés, et dont chacun en effet, pris en lui-même, est d'une vérité si frappante qu'il obscurcit tous les autres, et d'une si grande portée qu'on est bien tenté de s'y abandonner et de le prendre pour guide unique. Ce principe engendre avec une facilité merveilleuse une suite de dispositions dont le bel ensemble offre une unité qui impose et une simplicité qui séduit. Mais cette simplicité est un piége, cette unité un écueil; car les autres principes ne sont pas détruits, parce que la théorie les a sacrifiés; ils reparaissent aussitôt qu'on met la main à l'œuvre, et leur action, qui n'a pas été prévue, éclate tout à coup en résistances qui à la longue entravent et arrêtent tout. Quel but doit se proposer une loi sur l'instruction primaire? Apparemment de la répandre le plus possible, de la rendre même universelle. Il faut donc bien se garder de mettre contre elle aucune force réelle, aucune prétention légitime. Pour satisfaire à tous les besoins, il faut accepter tous les moyens; ne repousser ni n'adopter exclusivement aucun principe, mais admettre sans aucun préjugé systématique tous ceux qui sortent de la matière et peuvent conduire au but commun. Telle est la pensée du projet du gouvernement; c'est par son élévation même qu'elle imprime à la loi entière un caractère pratique. Votre commission n'a point hésité à l'approuver, et je devais vous la signaler d'abord; car c'est à sa lumière que votre commission a examiné et que je vais essayer de vous faire apprécier les dispositions particulières dont se compose le projet de loi, ainsi que les amendements de la chambre des députés.

Le projet du gouvernement divise et résume toutes les questions d'instruction primaire en quelques questions fondamentales renfermées en quatre titres distincts. Le titre Ier traite des objets que doit embrasser l'instruction primaire; le titre II et le titre III déterminent la nature des écoles auxquelles cette instruction doit être confiée; et le titre IV établit les autorités qui doivent y être préposées. Il y avait un titre v sur les écoles spéciales de filles; mais la chambre des députés, d'accord avec le gouvernement, l'a retranché : je vais parcourir successivement ces différents titres.

Le titre 1er renferme la question la plus grave de l'instruction primaire. Multipliez ou diminuez les objets que doit embrasser l'instruction primaire, étendez-la ou resserrez-la, et il lui faudra d'autres maîtres, elle exigera d'autres dépenses et peut-être d'autres autorités. Mais cette question n'est pas seulement importante par son influence sur toutes les autres; ce n'est pas moins, messieurs, qu'une question sociale. Si l'instruction primaire doit être universelle, la société est au plus haut degré intéressée dans la détermination de la portée et de la limite de l'instruction donnée à tous. La loi de 1791 (1) parlait seulement *des parties de l'enseignement indispensables pour tous les hommes;* mais c'est là ne rien dire, et c'est se taire précisément sur le problème fondamental. La définition des objets de l'instruction primaire n'est pas un de ces détails qui doivent être livrés à l'administration : il n'y a pas une matière qui soit plus essentiellement législative, et la difficulté de la question ne dispense nullement de la résoudre.

Elle a eu jusqu'ici dans nos lois deux solutions contraires.

Quand on songe à toutes les connaissances qu'il serait utile à tous les citoyens d'une grande nation de posséder, et que l'on confond l'utile et le nécessaire, on est tenté de multiplier et d'élever les objets de l'instruction primaire. De là ces riches programmes dont le modèle appartenait de droit à la convention (2). Mais un enseignement primaire trop étendu et trop élevé a le malheur d'être impossible : on s'aperçoit

---

(1) Assemblée constituante, loi des 3 et 14 septembre 1791.

(2) Décrets du 21 octobre 1793; du 27 janvier 1795; du 17 novembre 1794, chap. IV.

bientôt que le temps, l'argent, les maîtres, tout manque quand on arrive à la pratique, et pour avoir voulu trop faire on se trouve n'avoir rien fait. Par là on est ramené au principe contraire, que l'instruction primaire, pour être accessible à tous, doit être renfermée en de sévères limites. C'est ce principe sage en lui-même, mais poussé par une réaction inévitable jusqu'à l'exagération, qui resserra si étroitement le programme de l'instruction primaire de la constitution de l'an 3 et de la loi de l'an 4 qui en découle; programme qui n'admettait plus d'autres objets que la lecture, l'écriture, les éléments du calcul et ceux de la morale républicaine (1). Le consulat et la loi de l'an 10 maintinrent ces limites; l'empire et la loi de 1806 qui créa l'université, le décret de 1808 qui l'organisa, retranchent, comme on s'y attend bien, la morale républicaine, et ne laissent que la lecture, l'écriture et le calcul ; et même le décret de 1811, art. 192, enjoint aux autorités compétentes « de veiller à ce que les maîtres ne « portent pas leur enseignement au-delà de ces limites.» Cette exagération est bien moins fâcheuse que la première ; mais elle a aussi ses inconvénients graves, qui peu à peu se sont fait sentir. En effet, l'instruction primaire ainsi abaissée, la voilà séparée par un intervalle immense de l'instruction secondaire; et une classe très nombreuse de citoyens qui ne peuvent atteindre jusqu'à celle-ci, et auxquels celle-là trop limitée ne suffit plus, manquent d'une instruction qui convienne à leur situation et à leurs besoins. Ou ils se réduisent à l'instruction primaire, et descendent au lieu de monter dans la culture de l'intelligence; ou ils s'élèvent à force de sacrifices jusqu'à l'instruction secondaire, qui s'efface bientôt et ne laisse aucune trace dans leur esprit, s'ils rentrent dans les modestes professions de leurs pères, ou qui les pousse à en sortir. Ainsi se forment dans nos colléges de nombreuses

---

(2) Loi du 3 brumaire an 4 (25 octobre 1795), titre 1er, art 5.

générations qui, contractant de bonne heure des habitudes incompatibles avec leur destinée naturelle, la rejettent, et, se répandant dans la société, y cherchant une place qu'elles ne trouvent pas toujours, portent partout une inquiétude fatale, toujours prête à se jeter dans tous les désordres. Ce mal est grave, messieurs; il est déjà ancien; il tourmente, il menace la société; et il tient en très grande partie à une mauvaise solution d'une question d'instruction primaire.

Une instruction primaire trop étendue, qui n'est pas accessible à tous, ou une instruction primaire trop bornée, qui ne suffit plus à un grand nombre, sont deux partis extrêmes dont les inconvénients sont manifestes. Le seul moyen de sortir de cette difficulté est de ne pas chercher à satisfaire d'une seule et même manière des besoins différents ; de ne pas imposer une solution simple à une question complexe, c'est-à-dire d'établir deux degrés entièrement distincts dans l'instruction primaire : l'un, qui, étant destiné à tous, peut être assez limité sans inconvénient; l'autre, qui, n'étant pas destiné à tout le monde, peut être agrandi avec avantage. C'est là ce que fait la loi : elle divise l'instruction primaire en instruction primaire élémentaire, et en instruction primaire supérieure. La création et l'organisation d'une instruction primaire supérieure a paru à votre commission une innovation prudente qui, bien ménagée, peut devenir un bienfait social.

L'instruction élémentaire étant destinée à tous les citoyens, même à ceux qui seraient hors d'état de la payer, et devant être universelle s'il est possible, peut être et doit être même resserrée dans des limites assez étroites. L'instruction élémentaire perd en solidité tout ce qu'elle gagne en étendue. A ce degré, il importe moins de savoir superficiellement un grand nombre de choses que d'en savoir bien quelques unes, celles qui sont indispensables. De sages limites sont aussi bonnes pour les maîtres que pour les élèves, et à la longue elles impriment aux uns et aux autres d'excellentes habitudes d'esprit, et leur sont un point de départ ferme et solide pour tout leur développement ultérieur. Nous approuvons donc le projet de loi d'avoir fixé ainsi qu'il suit le minimum de l'instruction primaire élémentaire : *l'instruction morale et religieuse, la lecture, l'écriture, les éléments de la langue française et du calcul, et le système légal des poids et mesures.* La langue française ajoutée à la lecture et à l'écriture, le système légal des poids et mesures ajouté au calcul, sont deux enseignements qui doivent être universels pour que le langage uniforme des lois soit partout compris, et pour resserrer de jour en jour davantage les liens qui unissent déjà toutes les parties de la population et augmenter encore cette admirable unité française qui est notre gloire et notre force. Il était nécessaire que, parmi les divers objets de l'instruction primaire, l'éducation morale et religieuse eût le rang qui lui appartient, c'est-à-dire le premier; car c'est l'éducation morale qui seule peut faire des hommes et des citoyens; il n'y a pas d'éducation morale sans religion. Cette maxime de l'expérience, écrite en quelque sorte à la tête de la loi, lui conciliera le respect des gens de bien, le concours de tous les pères de famille, facilitera son exécution, et en fera aux yeux de l'Europe entière une loi digne d'une grande nation civilisée.

Votre commission approuve également la manière dont le projet de loi constitue l'instruction primaire supérieure. Elle pense qu'aucun des objets que le projet assigne à l'instruction primaire supérieure ne pourrait en être retranché sans mettre en péril le but même qu'elle se propose. Il s'agit de diminuer le nombre des élèves de nos colléges, au profit des études classiques elles-mêmes; or on ne peut obtenir ce résultat qu'à la condition d'offrir comme en dédommagement une instruction assez libérale pour suffire à une partie de la population qui n'est dépourvue ni d'une certaine aisance ni d'un amour-propre légitime. Voilà pourquoi votre commission adopte la rédaction de la chambre des députés, qui, aux applications de la géométrie pratique, substitue les éléments de la géométrie et ses applications usuelles; rédaction plus rationnelle d'abord, et qui ensuite élève un peu l'instruction, en faisant enseigner les éléments de la géométrie en eux-mêmes, pour arriver à leurs applications usuelles, parmi lesquelles la commission a vu avec plaisir que la loi ait mentionné spécialement le dessin linéaire. L'arithmétique et les éléments de la géométrie pratique, avec les notions des sciences physiques et de l'histoire naturelle, applicables aux usages de la vie, représentent en petit, dans l'école primaire supérieure, l'enseignement scientifique de nos colléges. Les éléments de l'histoire et de la géographie, et surtout de l'histoire et de la géographie de la France, en représentent l'enseignement littéraire dans la mesure qui convient aux besoins du grand nombre. Enfin, le chant ajouté au dessin linéaire est, à toutes les autres parties de l'instruction, un complément de culture qui n'est pas perdu pour l'éducation intellectuelle et morale. L'instruction primaire supérieure doit embrasser tous ces objets pour atteindre son but; mais elle ne le manquerait pas moins en s'étendant trop. Le projet de loi porte que, « selon les besoins et les ressources des localités, l'instruction primaire supérieure pourra recevoir les développements qui seront jugés convenables. » La chambre des députés a supprimé l'épithète de *supérieure*. Si nous adoptons ce retranchement, c'est surtout pour éviter de provoquer dans la loi même et d'une manière spéciale une extension excessive de l'instruction primaire supérieure. Nous ne voulons pas dire que, selon les besoins et les ressources des localités, l'instruction primaire, soit élémentaire, soit supérieure, ne puisse utilement recevoir quelques développements; mais nous approuvons qu'en ce qui regardera les écoles publiques, ces développements soient soumis au jugement des autorités compétentes. Sans doute il y a des localités où il sera nécessaire d'ajouter aux objets prescrits par la loi tel ou tel cours accessoire: par exemple, un cours de langue allemande dans les provinces du Rhin; peut-être un cours de langue italienne ou espagnole dans certaines parties du Midi; et dans des communes manufacturières, quelques leçons sur les parties d'industrie propres à ces communes. Mais il ne faut pas multiplier ni même admettre légèrement ces cours accessoires, car ils auraient le double inconvénient d'enlever un temps considérable aux cours obligés déterminés par la loi, par là de les affaiblir, et ensuite d'ôter à l'instruction primaire son vrai caractère. L'instruction primaire doit être générale; elle prépare à toutes les carrières sans conduire à l'une plutôt qu'à l'autre; elle ne forme pas des artisans, mais des hommes. Ces considérations s'appliquent surtout à l'instruction primaire supérieure, dont l'extension illimitée irait précisément contre le but même de cette institution. Il est évident, en effet, que si l'instruction primaire supérieure s'élève ou tend à s'élever jusqu'à l'instruction secondaire, alors, loin de remédier au mal que nous avons signalé, elle le répand et le fait descendre plus profondément dans la société. Votre commission m'a donc chargé de déclarer à la chambre, qu'en acceptant le dernier paragraphe de l'article 1er, elle le fait sous toutes les réserves que je viens de vous exprimer.

Mais elle ne pouvait qu'applaudir au juste hommage rendu à la liberté de conscience et aux droits sacrés des familles par l'article 2, qui déclare expressément que le vœu des pères de famille sera toujours consulté et suivi en ce qui concerne la participation de leurs enfants à l'instruction religieuse.

Elle vous propose également d'adopter l'art. 3 avec le léger amendement de la chambre des députés, qui énumère les deux genres d'écoles que comprend l'instruction primaire dans l'ordre même qu'elles occupent dans le titre II et dans le titre III de la loi. Ces deux titres se rapportent aux écoles primaires privées et publiques.

Les deux grands principes de la liberté de l'enseignement et de l'intervention de l'état dans l'éducation, principes ennemis jusqu'à ce jour, sont heureusement réconciliés dans le projet du gouvernement au grand profit de l'instruction primaire. La liberté de l'enseignement est dans la charte; elle est dans le droit des familles; elle est dans celui des particuliers; elle est dans l'intérêt général de l'instruction primaire, qu'elle vivifie par la concurrence, et qu'elle enrichit par de perpétuelles innovations, parmi lesquelles il faut bien qu'il s'en rencontre quelques unes d'utiles. Le projet de loi reconnaît donc et consacre la liberté de l'enseignement. Jusqu'ici, pour fonder une école privée, il fallait une autorisation préalable que l'administration accordait ou refusait à son gré. Cette réserve renfermait tout un système d'arbitraire et de monopole; ce système ne subsiste plus. Toute autorisation préalable est retranchée, et tout citoyen peut à son gré lever une école primaire, élémentaire ou supérieure, et tout établissement quelconque d'instruction primaire, dans toute espèce de commune, urbaine ou rurale, sans autre condition que de présenter au maire de la commune où il veut tenir école un brevet de capacité obtenu après examen, qui atteste, selon l'heureux amendement de la chambre des députés, qu'il est digne de se livrer à l'enseignement. La première condition est celle de toutes les professions libérales, et le maître d'école ne peut se plaindre d'être à cet égard sur le même pied que l'avocat et le médecin. La seconde est une garantie nécessaire à l'instruction primaire elle-même et à la société tout entière, elle est dans la main de l'autorité municipale. Le projet de loi ôte donc toute entrave à la profession d'instituteur privé, et elle en assure le libre exercice. La surveillance de l'école est confiée à une autorité en grande partie élective, et l'instituteur ne peut être interdit de sa profession à temps ou à toujours, que par une sentence du tribunal civil. Votre commission n'a pu qu'accorder son suffrage à cet ensemble de dispositions, et elle vous propose d'adopter le titre II du projet de loi, avec les amendements de la chambre des députés.

Les écoles privées sont bonnes et utiles; elles méritent d'être respectées et encouragées : mais ne compter que sur elles serait livrer l'instruction primaire à la merci d'une industrie trop peu lucrative pour être fort cultivée; et le principe de liberté, s'il était admis comme principe unique, serait un obstacle invincible à l'universalité de l'instruction. Remarquez que les communes pauvres n'attirent guère l'instituteur privé; de sorte que ce seraient précisément ceux qui ont le plus besoin de l'instruction primaire qui en seraient presque infailliblement privés. L'intervention de l'état est donc indispensable. L'instruction primaire n'étant pas moins nécessaire à la société entière qu'aux particuliers, c'est le devoir et l'intérêt de l'état d'assurer l'instruction du peuple contre les caprices de l'industrie, et de lui donner la fixité et la dignité d'un service public régulier. C'est ce que fait le titre III du projet du gouvernement, par l'établissement d'un système d'écoles publiques extrêmement simple, et qui pourvoit à tous les besoins. Il consiste à attacher au moins une école élémentaire à toute commune ou à la réunion de plusieurs communes circonvoisines; à mettre une école primaire supérieure dans toutes les communes de 6,000 ames, et à établir une école normale primaire par département, pour donner chaque année un supplément d'instruction aux instituteurs déjà placés et pour en former de nouveaux. Chaque département possède ainsi un système complet d'instruction primaire dont les divers degrés se lient l'un à l'autre, se soutiennent et se vivifient réciproquement. Qu'une administration éclairée et vigilante préside au développement de ce système, et il suffira de quelques années pour que les germes féconds implantés par la loi dans tout département y portent les plus heureux fruits. La chambre des députés a, comme nous, rendu justice à cette judicieuse organisation; ses amendements n'ont eu d'autre objet que de la fortifier encore.

L'article 9 du projet du gouvernement attachait au moins une école publique élémentaire à toute commune; et il était évident qu'imposer une école publique à une commune n'était pas lui interdire d'en avoir plusieurs, si elle peut les entretenir, et que, dans ce cas, on répartira le mieux possible entre ces diverses écoles tous les enfants de la commune. Une foule de communes urbaines ont plusieurs écoles; et alors, au lieu de disséminer dans ces écoles les enfants des différentes communions, c'est la pratique constante de l'administration de rassembler dans une même école les enfants d'une même communion, quand ils sont assez nombreux pour composer une école entière, et quand les ressources locales le permettent. La chambre des députés a pensé que cette pratique était assez importante pour trouver place dans la loi : c'est un nouvel hommage à la liberté religieuse auquel nous nous réunissons ; et nous vous proposons d'adopter l'amendement de la chambre des députés, en le rédigeant de la manière suivante : « Dans le cas où les circonstances « locales le permettraient, le ministre de l'instruction pu- « blique pourra, après avoir entendu le conseil muni- « cipal, autoriser à titre d'écoles communales des écoles « plus particulièrement affectées à chacun des cultes recon- « nus par l'état. » Ainsi, quand il n'y aura qu'une seule école, tous les cultes la fréquenteront, et y puiseront une instruction commune, qui, sans nuire à la liberté religieuse, toujours placée sous la garantie de l'article 2 du titre Ier, fortifiera les liens qui doivent unir tous les enfants de la même patrie. Quand il y aura plusieurs écoles dans une commune, les différents cultes se les partageront. Ces différentes écoles seront toutes établies au même titre ; elles auront la même di-

travailler à satisfaire les parents, ni assez faible pour qu'il soit condamné à vivre au jour le jour; traitement fixe réparti à la fois entre la commune, le département et l'état, en telle proportion qu'il ne pèse excessivement à aucun des trois. Cette combinaison neuve et sage promet à l'instruction primaire un avenir; car il n'y a d'avenir que dans les mesures qui n'imposent à personne de trop rigoureux sacrifices.

Nous approuvons également l'article 14, qui fait régler la rétribution mensuelle des élèves payants par le conseil municipal, et qui fait percevoir cette rétribution dans la même forme et selon les mêmes règles que les contributions publiques directes. Par un sage amendement de la chambre des députés, le recouvrement de la rétribution ne donnera lieu à aucune remise au profit des agents de la perception. Il est bien entendu qu'il sera toujours loisible à l'instituteur de s'accorder avec les parents pour recevoir en nature la rétribution d'école; et, dans ce cas, il ne portera pas leurs noms sur la liste qui devra servir à former le rôle du percepteur; mais au besoin il pourra recourir au mode de recouvrement que la loi lui ouvre. Il n'aura plus à descendre à ces démarches basses qui le dégradaient à ses propres yeux et aux yeux des autres; il ne sera plus réduit à tendre la main, et souvent en vain, pour obtenir le modique salaire de ses peines. Soyez assurés que l'école y gagnera en gravité, et l'enseignement en autorité. Tout ce qui donnera de la fixité et de la dignité à la situation de l'instituteur relèvera l'instruction primaire dans l'esprit du peuple, et conciliera à l'école ce respect qui lui-même est un attrait. Remarquez que le conseil municipal ayant exempté d'avance ceux qui ne pourraient pas payer, la rétribution mensuelle ne sera recouvrée que sur ceux pour lesquels elle n'est point un sacrifice exclusif. On a ici le choix ou de gêner un peu la mauvaise foi des parents qui, pouvant payer, voudraient bien ne pas le faire, ou de laisser dépérir l'instruction primaire elle-même dans la personne du maître. Or, encore une fois, il faut bien savoir qu'en matière d'instruction primaire, le point vital c'est la bonne condition du maître. Il faut faire quelque chose pour obtenir cet important réultat.

C'est sous ce rapport que nous approuvons aussi l'établissement proposé par le gouvernement d'une caisse d'épargne et de prévoyance en faveur des instituteurs communaux dans chaque département, avec les amendements de la chambre des députés, amendements fondés sur l'expérience, et qui assurent à l'instituteur communal l'administration paternelle de ses économies. Là encore le projet de loi a marché heureusement entre deux partis extrêmes, celui de ne rien faire pour l'avenir de l'instituteur primaire, et celui d'accabler le trésor, en donnant à tout instituteur une pension à titre de fonctionnaire public. Une caisse d'épargne, sagement administrée, est un terme moyen qui ne sera pas sans résultat; mais c'est surtout à la piété publique qu'il faut en appeler; c'est à elle qu'il appartient de grossir les faibles épargnes des pauvres maîtres d'école. Il n'y a pas de bonne œuvre qui puisse être mieux placée, et qui puisse porter de meilleurs fruits; car la carrière de l'instituteur primaire est dure, et pour s'y soutenir il a besoin d'entrevoir dans sa vieillesse autre chose que la mendicité ou l'hôpital.

Votre commission vous propose, messieurs, d'adopter le titre III, tel qu'il a été amendé par la chambre des députés, avec les changements de rédaction dont je vous ai rendu compte. Elle voudrait pouvoir vous faire la même proposition relativement au titre IV.

Ce titre a pour objet de déterminer les autorités qui doivent être préposées aux écoles, leur composition et leurs attributions.

S'il est vrai qu'en général l'administration est plus importante encore que la loi elle-même, puisqu'une bonne admi-

Ainsi que la chambre des députés, nous donnons une adhésion entière à l'habile combinaison qui répartit entre la commune, le département et l'état, les dépenses qu'exige l'instruction primaire dans chaque département. A défaut de legs ou de dotations, chaque commune est tenue de pourvoir aux dépenses de l'instruction primaire de la commune; et en cas d'insuffisance des revenus ordinaires, le conseil municipal peut imposer la commune jusqu'à trois centimes additionnels. Il appartenait au patriotisme éclairé de la chambre des députés, et à son autorité spéciale en matière d'impositions, de décider que, si le conseil municipal ne satisfaisait pas à la loi, il y serait pourvu par une ordonnance royale. Si cette imposition extraordinaire ne suffit pas, la commune s'adresse au département, qui vient à son secours sur les fonds départementaux. En cas d'insuffisance des fonds ordinaires, le département devra s'imposer extraordinairement jusqu'à deux centimes additionnels; cette imposition sera votée par le conseil général du département, ou, à défaut du vote de ce conseil, elle sera établie par ordonnance royale. Enfin, quand la commune et le département auront ainsi épuisé toutes leurs ressources, ils pourront s'adresser au ministre de l'instruction publique, qui pourvoira au surplus des dépenses nécessaires, au moyen du crédit porté annuellement pour l'instruction primaire au budget de l'état. Cette habile combinaison a obtenu tous nos suffrages. Il en est de même de celle qui exige une rétribution mensuelle des familles qui peuvent la payer, et qui admet en même temps à titre gratuit, dans l'école communale élémentaire, les enfants des familles qui auront fait preuve d'indigence, et que le conseil municipal aura désignés comme ne devant payer aucune rétribution.

Vous reconnaîtrez, messieurs, dans toutes ces mesures l'esprit que nous avons déjà signalé, l'étendue et la fermeté de vues du véritable législateur, qui, recherchant et discernant tous les principes qui appartiennent à une matière, au lieu de les sacrifier l'un à l'autre, les emploie tous, en les mettant chacun à leur place. La constitution de 1791 et la loi de 1793 qui s'y rapporte proclamaient le principe de l'instruction gratuite, et par conséquent allouaient à l'instituteur primaire un traitement fixe considérable (1) qui eût écrasé les communes ou l'état. La loi de l'an 4, qui est le fond de toutes les lois subséquentes, pour n'accabler ni les communes ni l'état, détruit tout traitement fixe (2), ce qui a deux sortes d'inconvénients : le premier, de ne pouvoir plus obliger équitablement l'instituteur à recevoir assez d'élèves (3) gratuitement, c'est-à-dire de fermer l'école à ceux qui en ont le plus besoin; le second, de ne pas assurer à l'instituteur un sort convenable. Or, l'instituteur primaire, messieurs, c'est l'instruction primaire elle-même. Tout ce qui nuit à l'un retombe sur l'autre; et pour que l'instruction primaire fleurisse, il faut que le maître ne soit pas trop maltraité. Nulle loi ne s'était encore avisée d'admettre le principe de l'instruction gratuite pour les enfants pauvres, en maintenant le principe de la rétribution pour tous ceux qui peuvent la payer, et cela au moyen d'un traitement fixe, qui n'est ni assez fort pour que l'instituteur ne sente plus le besoin de bien faire et de

---

(1) Décret du 28 octobre 1793. *Du traitement des instituteurs et des institutrices.*

Art. 1er. Le minimum du traitement des instituteurs est fixé à 1,200 livres.

Art. 2. Les comités d'instruction publique et des finances feront un rapport sur la détermination du maximum du traitement et sur l'échelle des traitements intermédiaires.

Voyez aussi le décret du 19 décembre 1793, section III, art. 3, 4 et 5, et le décret du 27 février 1794, art. 5.

(2) Titre 1er, art. 6 et 8.

(3) *Ibid.* Art. 9. Seulement le quart. D'après la loi de l'an 10, ce n'est plus que le cinquième.

gnité, et tous les habitants de la commune contribueront à leur entretien, comme dans une sphère plus élevée tous les citoyens contribuent à l'impôt général, qui soutient les différents cultes. Cette mesure de haute tolérance nous a paru conforme au véritable esprit religieux, favorable à la paix publique, digne des lumières de notre siècle et de la munificence d'une grande nation.

La chambre des députés a cru devoir ajouter aux communes dont la population excède 6000 ames, celles qui sont des chefs-lieux de département, quelle que soit leur population, afin qu'il y ait au moins dans tout département une école primaire supérieure, et que cette foule de fonctionnaires et de citoyens, plus honorables que riches, qu'un chef-lieu de département réunit et attire, ne fussent pas placés entre la simple école élémentaire et le collége. Votre commission est entrée dans ces vues, qu'elle a cru mieux marquées par cette rédaction : Art. 10. « Les communes chefs-lieux de département, et celles dont la population excède 6000 ames, devront avoir en outre une école primaire supérieure. »

Elle a hésité davantage à adopter l'amendement fait à l'article 11, et qui permet à plusieurs départements voisins de se réunir pour entretenir une seule école normale primaire qui leur soit commune, tandis que le projet du gouvernement imposait une école normale primaire à chaque département. Peut-être la réunion de plusieurs départements, pour avoir une seule école normale, est-elle une économie de dépenses; mais d'abord c'est une erreur de croire que toute école normale soit nécessairement fort coûteuse. L'étendue d'un pareil établissement, et par conséquent sa dépense, varient selon les ressources et les besoins de chaque département. Dans les départements les plus pauvres, une école normale peut être établie sur le pied le plus modeste, et commencer par être une simple annexe d'une excellente école primaire, un simple externat, composé d'un assez petit nombre d'élèves, sans administration matérielle, de la discipline la plus facile, et où règne aisément et par la force même des choses l'esprit de simplicité, j'allais dire de pauvreté, nécessaire à l'humble condition qui attend le maître d'école. L'école normale s'agrandit avec la richesse des départements, et c'est seulement dans un petit nombre qu'elle doit former un pensionnat considérable. Ensuite l'institution d'une école normale par département a cet avantage d'intéresser bien plus le département, et toutes les communes dont il se compose, à l'école normale qui leur appartient en propre. Le département qui a cette école sous les yeux la surveille aisément; il la soigne, et par là s'y attache, et lui fait bien des sacrifices. Mais comment différents départements prendront-ils part à la surveillance d'une seule école? Il faudra donc qu'ils s'en remettent de la surveillance qui leur appartiendrait en commun à un seul département. Il n'est pas non plus facile de procurer le concert de plusieurs conseils généraux de département pour aucun objet, surtout pour celui-là, qui pourra bien leur paraître un objet de luxe; et, pendant ce temps, aucun des départements n'aura d'école normale. Les lois trop difficiles à exécuter ne s'exécutent pas. Nous craignons que l'amendement fait par la chambre des députés à l'article 11 ne serve dans la pratique à éluder la loi, et précisément sur le point le plus important, celui qui répond de tous les autres; car autant valent les maîtres, autant fleurissent les écoles. Cependant il est difficile d'affirmer qu'il n'y ait absolument aucun cas où la réunion permise par l'amendement ne soit convenable; et nous n'avons pas cru devoir vous proposer le rejet de cet amendement, rassurés par la réserve qui le termine, et qui exige que cette réunion soit autorisée par ordonnance royale. Notre vœu est que l'établissement d'une école normale par département soit la règle en cette matière, que la réunion soit l'exception, et que cette exception soit très rarement autorisée.

nistration supplée aux défauts des lois, et qu'une mauvaise administration gâte, dans l'exécution, les lois les meilleures, il faut reconnaître que c'est de l'administration des écoles qu'en dernière analyse dépend leur sort. Tout se résout dans le choix des hommes. La grande affaire dans l'instruction primaire, comme ailleurs, est de prendre les hommes qui conviennent au but qu'on se propose, et de les prendre partout où ils sont.

Puisque toute commune a son école élémentaire, et contribue dans une forte proportion à l'entretien de cette école, il est assez juste qu'elle ait le droit de la surveiller. C'est déjà un motif pour prendre dans la commune l'autorité préposée à la surveillance de l'école communale; mais ce n'est pas là la meilleure raison. La vraie, la décisive, c'est que l'école communale ne veut pas seulement une surveillance générale qui se fasse sentir de loin en loin, mais une surveillance constante et permanente. La surveillance est nulle si elle n'est pas de tous les jours; elle se compose de mille petits détails qui exigent la présence perpétuelle de l'autorité. Or, cette présence perpétuelle, il ne faut pas la demander à des personnes qui n'habitent pas la commune et ne l'habitent pas constamment. Il faut voir ici les choses et les hommes tels qu'ils sont. Ce qui est trop difficile ne se fait pas, et il n'y a de surveillance effective que de la part de ceux auxquels elle ne coûte pas de grands sacrifices. L'expérience à cet égard est complète. L'autorité placée trop loin des écoles communales peut leur être utile et nécessaire sous d'autres rapports, mais non pas pour la surveillance; et il n'y a pas un seul pays en Europe où l'instruction primaire ait fleuri dans les communes, autrement que sous la main d'une autorité communale. On peut regarder ce principe comme incontestable.

Mais ces comités de surveillance, excellents dans la commune parce qu'ils y sont toujours, ont besoin du contrôle d'une autre autorité exempte des petitesses trop souvent inséparables de l'esprit de localité, qui juge d'un peu plus haut, avec plus d'équité et de lumière, les difficultés sérieuses qui pourraient se présenter dans la commune. Cette autorité supérieure ne peut être en général utilement placée au canton qui, trop rapproché de la commune, n'est pas assez étranger aux misères de l'esprit de localité. On ne peut pas non plus la placer au chef-lieu du département qui, à son tour, est trop éloigné des communes. L'arrondissement est à la distance convenable. Le comité communal doit être chargé de tous les détails qui exigent une surveillance permanente. Le comité d'arrondissement, incapable de celle-là, doit être chargé seulement d'une inspection générale, et surtout de la direction morale, et de la décision dans les affaires graves. Au-dessus de ces autorités ainsi liées l'une à l'autre, et formant par leur concert une administration à la fois active et éclairée, serait toujours la puissance publique qui, devant le pays et les chambres, a la responsabilité des progrès de l'instruction primaire, et à laquelle doit aboutir toute la correspondance des comités, et appartenir la surveillance générale et une haute intervention dans un petit nombre de cas. Tel est le système d'autorités que le gouvernement prépose à l'administration des écoles primaires. Il nous a paru, comme à la chambre des députés, bien lié et bien entendu.

Il s'agit maintenant de déterminer comment doivent être composés le comité communal et le comité d'arrondissement.

La première idée qui se présente est de faire du conseil municipal de la commune le comité communal d'instruction primaire ; et la chambre des députés a cru devoir s'arrêter à cette idée, avec cette seule réserve que le conseil municipal pourra déléguer, pour la surveillance qui lui est attribuée, des habitants notables pris hors de son sein. Mais une simple délégation ne donnera pas à ces habitants notables un pouvoir suffisant. Ce seront des agents, non des égaux, auxquels le

« Dans les communes dont la population appartient à dif-
« férents cultes reconnus par l'état, l'un des ministres de
chacun de ces cultes, désigné par son consistoire, fera
« partie du comité de surveillance.

« Plusieurs écoles de la même commune pourront être
« réunies sous la surveillance du même comité.

« Lorsqu'en vertu de l'article 9 plusieurs communes se se-
« ront réunies pour entretenir une école, le conseil muni-
« cipal de chaque commune désignera un nombre égal de
« conseillers municipaux ou d'habitants notables pour exercer
« la surveillance. »

La composition du comité d'arrondissement est à peu près la même dans le projet du gouvernement et dans les amendements de la chambre des députés. L'esprit général de la loi y est heureusement développé par l'introduction judicieuse de tous les genres d'autorités qui peuvent y servir utilement la cause de l'instruction populaire. La chambre des députés a même singulièrement amélioré le projet du gouvernement, en plaçant d'office, à côté des représentants de l'autorité administrative, judiciaire, religieuse, et des citoyens notables, deux membres de l'instruction publique, l'un appartenant à l'instruction secondaire, l'autre à l'instruction primaire, afin que des hommes spéciaux fussent entendus dans le comité sur la matière même du travail de toute leur vie. Votre commission m'a chargé de vous exprimer la satisfaction avec laquelle elle a reçu cet amendement.

Passons aux attributions des deux comités.

Ces attributions nous ont paru sagement combinées pour lier entre eux les deux comités, et en même temps assez fortes pour que les comités qui en seront pourvus ne tombent pas dans la langueur et le découragement. L'expérience a démontré que ce qui donne de la vie à un comité, c'est un certain sentiment de sa puissance. On ne consent à se donner un peu de peine qu'à la condition de lui voir porter quelques fruits. Nous approuvons donc le projet du gouvernement, qui donne au comité de la commune et à celui de l'arrondissement des attributions capables d'intéresser l'un et l'autre à l'instruction primaire, par l'influence légale qu'ils exerceront sur elle. Ainsi le comité communal a beaucoup à faire : il prend sur plusieurs points une initiative importante; par exemple, il présente au comité d'arrondissement les candidats pour les places publiques (1); en cas d'urgence, il peut suspendre provisoirement l'instituteur. D'un autre côté, la décision appartient au comité d'arrondissement, qui nomme les maîtres entre les candidats du premier comité, et qui est chargé de faire le procès à l'instituteur, ou d'office ou sur la plainte du comité communal. Son pouvoir va jusqu'à réprimander, suspendre pour un mois, avec ou sans privation de traitement, et même jusqu'à révoquer l'instituteur de ses fonctions; enfin c'est lui qui a la correspondance avec le préfet et avec le ministre. La chambre des députés, en détruisant le comité local de surveillance pour y substituer le conseil municipal, a dû faire ici des changements qui tombent avec leur principe. Nous maintenons les articles 21 et 22 du projet du gouvernement; mais, après avoir déjà fortifié l'autorité du maire dans le comité communal par la présidence, nous avons voulu la fortifier encore en rappelant dans l'article 21 que les attributions du comité communal ne peuvent en aucune manière porter préjudice à celles du maire en matière de police municipale; ce qui est l'esprit de l'article 21 de la chambre des députés. Nous empruntons aussi à l'autre chambre l'amendement juste et convenable qui donne aux délégués que le comité d'arrondissement pourra choisir hors de son sein le droit d'assister aux séances de ce comité avec voix délibérative. Enfin, au paragraphe 4 de l'article 21 du projet du gouvernement, un peu embarrassé dans sa rédaction, nous préférons le paragraphe correspondant de la chambre des députés. Le fond de ce dernier pa-

(1) Disposition modifiée : c'est le conseil municipal qui présente l'instituteur.

ment : car ils sont absolument nécessaires à la bonne et complète surveillance de l'école. Si on veut qu'ils soient choisis, il faut le dire et l'écrire dans la loi : le silence de la loi à cet égard est injuste en lui-même, et manque de convenance. L'autorité religieuse doit être représentée d'office dans l'éducation de la jeunesse, tout comme l'autorité civile : il ne faut pas la condamner à y intervenir furtivement en quelque sorte, et comme sous un nom étranger ; et le curé ni le pasteur ne doivent pas être choisis par le conseil municipal simplement comme notables, mais bien en leur qualité de pasteur ou de curé. D'ailleurs les intentions de la chambre pourraient n'être pas remplies ; il pourrait y avoir des conseils municipaux qui n'entendraient pas bien toute la portée un peu mystérieuse du paragraphe 2 de l'art. 17, et qui ne donneraient dans le comité aucun représentant à l'autorité religieuse. Il s'ensuivrait qu'il y aurait une partie considérable de l'instruction de l'école qui serait privée de toute surveillance, et celle-là précisément que l'on a mise avec raison à la tête de toutes les autres. Cette lacune dans la surveillance ne peut être admise en aucun cas, et la loi doit en prévenir la possibilité. On dit que l'autorité religieuse pourra toujours, dans l'église ou dans le temple, exercer sur l'instruction religieuse des enfants la surveillance qu'elle n'exercerait pas dans l'école ; mais nous répondons que, si elle n'intervient pas plus tôt et de bonne heure, elle aura souvent à réparer ce qu'il eût été plus sûr de prévenir. On a beaucoup insisté sur l'incompatibilité des fonctions ecclésiastiques et des fonctions administratives : le principe peut être bon, mais il ne s'applique point ici. Il ne s'agit point ici d'une administration semblable à celle des conseils municipaux et des conseils d'arrondissement et de département. La surveillance de l'éducation religieuse n'a rien à voir avec les affaires d'administration ; nous ne voulons pas le moins du monde mêler la religion aux choses de la terre ; mais il est question ici de la chose religieuse elle-même. Nous sommes les premiers à vouloir, et à vouloir fortement, dans l'intérêt bien entendu de la religion, qu'elle reste dans le sanctuaire; mais l'école publique est un sanctuaire aussi, et la religion y est au même titre que dans l'église ou dans le temple. Il y a de plus ici une inconséquence manifeste : on ne met pas le curé et le pasteur dans le comité communal; et, à l'article 19, on les met d'office dans le comité d'arrondissement : mais si leur présence est nécessaire dans le comité supérieur, elle l'est encore bien plus dans le comité inférieur, où on administre infiniment moins. Il faudrait donc, pour être conséquent, les retrancher de l'un comme on les a retranchés de l'autre. Ce serait là, messieurs, nous ne craignons pas de le dire, un parti extrême, en contradiction directe avec l'esprit fondamental du projet de loi, et dont l'effet inévitable serait d'éloigner de l'école publique une partie de la population. Il y a sur ce point deux grandes fautes à faire : une est de donner la présidence et la haute influence dans les comités à l'autorité ecclésiastique; c'est la faute de la restauration : l'autre est de l'en exclure. La seconde faute ne vaudrait pas mieux que la première : la loi qui s'y laisserait entraîner serait une loi de réaction. Votre commission me charge donc de vous proposer de maintenir le principe de l'article 17 du projet de loi du gouvernement, en empruntant aux amendements de la chambre des députés plusieurs dispositions heureuses, et en fortifiant dans le comité communal l'influence du conseil municipal par la présidence du maire. L'article 17 sera ainsi refondu :

ART. 17.

« Il y aura près de chaque école communale un comité « local de surveillance, composé du maire, président; du « curé ou du pasteur, et de trois conseillers municipaux ou « habitants notables désignés par le conseil municipal.

conseil municipal pourra retirer, quand il lui plaira, la délégation qu'il leur aura confiée. Il n'est pas même dit qu'ils seront appelés en conseil pour rendre compte, et qu'ils auront voix délibérative dans les affaires d'école; de sorte que tout le pouvoir résidera dans le conseil municipal. Mais un conseil municipal est presque toujours représenté dans son action par le maire, et il faut bien savoir que c'est le maire qui sera à peu près tout le comité. Mais le maire d'une commune a bien des occupations, des occupations de tous les jours, qu'il sera obligé de négliger pour le soin de l'école, ou pour lesquelles il négligera l'école. Ajoutez que le maire n'est pas élu pour cette fonction, et qu'il pourrait n'y être pas propre, sans cesser d'être un excellent maire. Et puis est-il sage de concentrer ainsi dans les mains d'une seule personne toute la surveillance, un pouvoir aussi étendu, aussi délicat que celui dont le projet du gouvernement investit le comité communal, que la chambre des députés remplace par le conseil municipal, c'est-à-dire par le maire? Ce sera donc le maire qui présentera les candidats à la place d'instituteur primaire, un ou plusieurs, dit l'amendement, c'est-à-dire un seul quand il lui plaira: d'un autre côté, il pourra aussi suspendre temporairement l'instituteur. C'est une sorte de dictature sur l'école communale qu'il est impossible d'attribuer à une seule personne, encore moins à une personne qui n'aura pas été spécialement choisie pour cela.

Il a paru, messieurs, à votre commission, que la surveillance d'une école primaire est une fonction spéciale d'instruction publique qui réclame une autorité spéciale, tant dans la commune que dans l'arrondissement. Pour être conséquent, dans le système de la chambre des députés, il faudrait prendre aussi pour le comité d'arrondissement, le conseil d'arrondissement ou une délégation de ce conseil, nomme on le fait pour la commune. La chambre des députés ce l'a pas fait pour l'arrondissement, et elle y a sagement laissé l'autorité spéciale relative aux écoles instituée par le projet du gouvernement. On ne voit donc pas pourquoi, pour la commune, on n'aurait pas une autorité du même genre, instituée *ad hoc*, et sur laquelle pèserait une responsabilité spéciale. Il ne faut pas prendre une autorité à deux fins, en quelque sorte; car c'est le moyen de n'atteindre ni l'une ni l'autre. Votre commission a donc adopté le principe du projet du gouvernement, qui institue un conseil communal différent du conseil municipal. Mais en même temps il ne serait ni juste ni prudent de ne pas accorder au conseil municipal une part considérable d'influence dans le comité communal. Aussi le projet du gouvernement met-il dans ce comité le maire et trois conseillers municipaux désignés par le conseil municipal. Il faudrait même que le conseil municipal pût choisir ses représentants à ce comité, ou dans son sein, ou hors de son sein. Et pour augmenter encore et rendre plus sensible l'influence du conseil municipal dans le comité communal d'instruction primaire, votre commission vous propose d'attribuer de droit au maire la présidence de ce comité. C'est là certainement faire au conseil municipal, c'est-à-dire au maire, une belle part; lui accorder plus serait lui donner tout, ce qui ne vaudrait rien. Votre commission a d'autant plus regretté que le conseil municipal ait été substitué au comité spécial d'instruction primaire qu'établissait le projet du gouvernement, que par là il est devenu impossible d'accorder une part officielle dans la surveillance de l'école à l'autorité religieuse. L'intention de la chambre des députés n'a nullement été de l'exclure; et il est probable qu'il était dans le secret de sa sagesse que le curé ou le pasteur seraient toujours choisis parmi les habitants notables, comme délégués du conseil municipal. Mais il ne suffit pas que le curé ou le pasteur puissent être choisis par le conseil municipal; il faut qu'ils ne puissent pas ne pas l'être; il faut qu'ils le soient infaillible-

ragraphe est trop important, il a trop occupé votre commission, pour qu'il soit possible à son rapporteur de ne pas s'y arrêter quelques moments.

Ce paragraphe porte que le comité communal arrête un état des enfants qui ne reçoivent l'instruction primaire ni à domicile ni dans les écoles privées ou publiques. Le paragraphe du projet du gouvernement allait un peu plus loin, et sa rédaction enveloppée couvrait le principe d'un appel, d'une invitation à faire à ces enfants et à leurs familles. La chambre des députés a vu dans cet appel comme l'ombre du principe qui fait de l'instruction primaire une obligation civile; et, dans la conviction que l'introduction de ce principe dans la loi est au-dessus des pouvoirs du législateur, elle a tenu pour suspect jusqu'au droit modeste d'invitation que le projet du gouvernement conférait aux comités communaux, et elle ne leur a laissé que le droit de dresser un état des enfants qui, à leur connaissance, ne recevraient en aucune façon l'instruction primaire. Un tout autre ordre de pensées a été développé dans le sein de votre commission. Une loi qui ferait de l'instruction primaire une obligation légale ne nous a pas paru plus au-dessus des pouvoirs du législateur que la loi sur la garde nationale et celle que vous venez de faire sur l'expropriation forcée pour cause d'utilité publique. Si la raison de l'utilité publique suffit au législateur pour toucher à la propriété, pourquoi la raison d'une utilité bien supérieure ne lui suffirait-elle pas pour faire moins, pour exiger que des enfants reçoivent l'instruction indispensable à toute créature humaine, afin qu'elle ne devienne pas nuisible à elle-même et à la société tout entière? Une certaine instruction dans les citoyens est-elle au plus haut degré utile ou même nécessaire à la société? Telle est la question. La résoudre affirmativement, c'est armer la société, à moins qu'on ne veuille lui contester le droit de défense personnelle, c'est l'armer, dis-je, du droit de veiller à ce que ce peu d'instruction nécessaire à tous ne manque à personne. Il est contradictoire de proclamer la nécessité de l'instruction universelle, et de se refuser au seul moyen qui la puisse procurer. Il n'est pas non plus fort conséquent peut-être d'imposer une école à chaque commune, sans imposer aux enfants de cette commune, l'obligation de la fréquenter. Otez cette obligation, à force de sacrifices vous fonderez des écoles ; mais ces écoles pourront être peu fréquentées, et par ceux-là précisément auxquels elles seraient le plus nécessaires, je veux dire ces malheureux enfants des pays d'industrie et de fabriques, qui auraient tant besoin d'être protégés par la loi contre l'avidité ou la négligence de leurs familles. Point d'âge fixe où l'on doive commencer à aller aux écoles, et où on doive les quitter; nulle garantie d'assiduité ; nulle marche régulière des études; nulle durée, nul avenir assuré à l'école. La vraie liberté, messieurs, ne peut être l'ennemie de la civilisation ; tout au contraire, elle en est l'instrument; c'est là même son plus grand prix, comme celui de la liberté dans l'individu est de servir à son perfectionnement. Votre commission n'aurait donc point reculé devant des mesures sagement combinées que le gouvernement aurait pu lui proposer à cet égard, et elle en aurait pris peut-être l'initiative, sans la crainte de provoquer des difficultés qui eussent pu faire ajourner une loi impatiemment attendue. Si elle n'a pas défendu le droit d'invitation confusément renfermé dans le projet du gouvernement, c'est que ce droit, dépourvu de sanction pénale, n'a guère plus de force que celui de pure statistique qui reste dans l'amendement de la chambre des députés. Ce droit est bien peu de chose. Plusieurs de nous n'y ont même trouvé que l'inconvénient de pouvoir devenir vexatoire sans pouvoir être utile. Mais la majorité de votre commission a pensé qu'il importait de maintenir dans la loi un germe faible, il est vrai, mais qui, fécondé par le temps, le progrès des mœurs publiques et le vrai amour du peuple, peut devenir un jour le principe d'un titre additionnel qui donnerait à cette loi toute son efficacité.

Quelle que soit déjà l'étendue de ce rapport, je dois encore appeler l'attention de la chambre sur le dernier paragraphe de l'article 22 du projet de la chambre des députés, correspondant au dernier paragraphe de l'article 21 du projet du gouvernement. La chambre des députés y donne au préfet le droit d'instituer définitivement les instituteurs communaux, tandis que le projet du gouvernement réservait ce droit au ministre de l'instruction publique. Votre commission n'a pu approuver cette substitution, et elle y a reconnu la trace du même principe qui avait déjà substitué le conseil municipal au comité communal d'instruction primaire; principe qui, dans sa généralisation, serait l'exclusion de toute autorité spéciale dans l'instruction primaire, et qui la concentrerait dans les autorités ordinaires de la commune et du département. Ainsi, tout à l'heure, c'était le conseil municipal, c'est-à-dire le maire, qui avait tout pouvoir sur l'école communale; il pouvait suspendre le maître d'école; il présentait à la nomination du comité d'arrondissement un ou plusieurs candidats, c'est-à-dire un seul, comme nous l'avons déjà dit: de telle sorte que le droit de nomination du comité d'arrondissement était annulé, et que le maire seul nommait véritablement l'instituteur primaire, comme il pouvait le suspendre. Maintenant ce serait, dans la même hiérarchie, le fonctionnaire qui est au dessus du maire, savoir le préfet, qui conférerait au maître d'école l'institution définitive. Votre commission a jugé absolument impossible d'exiler de l'instruction primaire le ministère de l'instruction publique, qui n'est pas autre chose que la puissance publique en matière d'instruction. Dans le projet du gouvernement, le ministre de l'instruction publique appelle à son aide toutes les autres parties de l'administration générale: ici, l'autorité municipale, qui occupe en très grande majorité le comité communal, et a quatre membres sur cinq ou six; là, l'autorité des préfets et des sous-préfets, qui sont présidents de tous les comités d'arrondissement et de département; mais enfin il retient sa main dans l'instruction primaire; il s'éclaire des lumières des deux comités; celui-ci présente, celui-là nomme l'instituteur; mais c'est le ministre de l'instruction publique qui lui confère l'institution qui définitivement le fait membre de l'instruction publique. En effet, à quel ordre de fonctions appartient l'instituteur primaire? Toute la question est là. Ce n'est ni au clergé, ni à l'armée, ni aux travaux publics, ni à cette partie de l'administration que représente le ministère de l'intérieur. Il appartient apparemment à l'instruction publique, par conséquent au ministère de l'instruction publique. Il répugne donc que son institution lui soit conférée par un fonctionnaire d'un autre ordre que le sien; et c'est évidemment au chef du corps enseignant qu'il appartient d'instituer un membre du corps enseignant, à son degré le plus humble comme à son degré le plus élevé. Là est le titre de l'instituteur primaire au recours au ministre, dans le cas où il se croit opprimé par l'esprit de localité. La chambre, comme le gouvernement (paragraphe 2 de l'article 23 du gouvernement, et paragraphe 2 de l'article 24 de la chambre des députés) ont admis que l'instituteur accusé par le comité communal, où domine l'influence municipale, par-devant le comité d'arrondissement, où domine l'influence du préfet, et condamné par ce dernier comité, peut en appeler de cette décision au ministre de l'instruction publique en conseil royal. Cette généreuse disposition a son principe dans l'institution conférée à l'instituteur par le ministre. Elle manque de base si le ministre auquel l'instituteur en appelle n'est point intervenu dans son institution : cet instituteur lui est alors étranger. Mais, dans le système de la loi, puisque le ministre de l'instruction publique a institué le maître d'école, ce pauvre maître d'école, caché dans le coin du dernier village de France, est devenu par là un fonctionnaire du ministère de l'instruction publique ; il est sous la protection du corps dont il fait partie ; et il ne peut perdre son état sans que le chef de ce corps, le ministre de l'instruction publique, en connaisse. Mettez en face de ce système celui de la loi de l'an 4 qui concentre l'instruction primaire dans l'administration départementale, et permettez-moi de vous demander de quel côté est la grandeur des vues, de quel côté la protection due à l'instruction primaire, et les garanties que doit trouver au moins dans son humble carrière celui qui se dévoue à l'instruction des enfants du peuple ? Votre commission vous propose donc le rétablissement de l'institution par le ministre de l'instruction publique, et la rédaction suivante du dernier paragraphe de l'article 22 du projet du gouvernement, et du 2e paragraphe de l'article 23 du même projet :

« Il (le comité d'arrondissement) nomme les instituteurs « communaux sur la présentation du comité communal, procède à leur installation et reçoit leur serment. « Ils doivent être institués par le ministre de l'instruction « publique.

Art. 23.

« L'instituteur frappé d'une révocation pourra se pourvoir « devant le ministre de l'instruction publique en conseil « royal. Ce pourvoi devra être formé dans le délai d'un mois « à partir de la notification de la décision du comité, de la-« quelle notification il sera dressé procès-verbal par le maire « de la commune. Toutefois la décision du comité est exécu-« toire par provision. »

C'est encore dans les vues générales que nous venons d'exposer que le projet du gouvernement a voulu que les brevets de capacité qui confèrent le droit d'enseigner fussent délivrés sous l'autorité du ministre de l'instruction publique.

et que les membres des commissions chargées d'examiner les aspirants à ces brevets fussent également nommés par lui. On ne pourrait se refuser à ces dispositions, et leur suppression équivaudrait à la suppression de l'intervention de l'état dans l'instruction primaire et de la responsabilité ministérielle. Seulement la chambre des députés a introduit la publicité des examens, et votre commission adhère volontiers à cet amendement, qui est une garantie de plus de l'assiduité et du zèle que les juges apporteront à leurs importantes fonctions. Cette excellente disposition assimile l'examen pour le brevet d'instituteur primaire à ceux qui confèrent tous les grades de l'instruction secondaire.

Le projet du gouvernement consacrait aux écoles spéciales de filles un titre v[e] en un seul article, qui se contentait d'appliquer à ces écoles les dispositions précédentes de la loi. Le gouvernement avait lui-même présenté cet article unique avec circonspection, et la discussion ayant fait voir que quelques unes des dispositions précédentes ne s'appliquaient pas rigoureusement aux écoles de filles, le gouvernement et la chambre se sont accordés à ajourner le moment de s'occuper de cette partie importante de l'instruction primaire. Nous n'avons donc point à vous entretenir du titre v, qui demeure supprimé; mais, à l'exemple de plusieurs honorables membres de l'autre chambre, nous invitons le gouvernement à recueillir le plus tôt possible tous les renseignements nécessaires pour nous présenter, dans le plus court délai, un supplément à la loi sur l'instruction primaire, relativement aux écoles de filles; car, en attendant, les écoles existantes ne pourront participer aux bienfaits de la loi nouvelle. Elles échapperont à l'autorité salutaire des nouveaux comités. Les institutrices ne jouiront ni du traitement fixe assigné à l'instituteur primaire, ni par conséquent des avantages de la caisse d'épargne et de prévoyance. Il y a donc urgence, et peut-être au fond n'y a-t il pas une si grande difficulté à faire rentrer ce genre d'écoles dans la législation nouvelle. L'enseignement, tel qu'il est déterminé dans le titre 1er, convient également aux filles et aux garçons. Il n'y a absolument rien à retrancher dans l'enseignement de l'école élémentaire; et, dans celui de l'école primaire supérieure, il suffit d'ôter les éléments de la géométrie avec ses applications usuelles : tout le reste doit être maintenu; et il ne s'agit que d'ajouter, à l'un et à l'autre degré, l'enseignement de quelques travaux de femme, qu'il n'est pas même nécessaire de mentionner dans la loi. Le titre II sur les écoles privées ne peut admettre la moindre différence, qu'il s'agisse de l'un ou de l'autre sexe. Quant au titre III, nulle commune ne peut être obligée d'avoir une école spéciale de filles, ni d'entretenir une institutrice; mais toute commune qui, sur la demande des conseils municipaux, établirait une pareille école, serait soumise aux conditions générales du titre III : l'institutrice communale serait alors assimilée à l'instituteur communal; elle aurait comme lui un traitement fixe, et elle tomberait sous la surveillance des comités établis au titre IV, comme elle aurait dû être pourvue du brevet de moralité et de celui de capacité obtenu après un examen qui pourrait ne pas être public. Les comités pourraient déléguer leur surveillance à des dames inspectrices, mais en gardant leurs droits et leur autorité.

La nomination, la révocation et l'institution de l'institutrice communale, seraient soumises à toutes les formalités prescrites au titre IV. Comme la commune ne peut être tenue d'avoir une école spéciale de filles, de même le département ne le serait nullement d'avoir une école normale primaire pour former des institutrices; la condition du brevet répondrait assez de leur capacité. Ainsi, nulle difficulté sérieuse pour les écoles spéciales de filles; mais il faut bien savoir qu'il y en aura très peu; car de pareilles écoles, absolument spéciales et tenues exclusivement par des femmes, sont tout-à-fait des écoles de luxe qui s'élèveront seulement dans les grandes villes. On ne voit pas pourquoi, dans les campagnes et les petites villes, les filles ne fréquenteraient pas les écoles primaires ordinaires, publiques ou privées. Il suffit que les instituteurs aient, pour les travaux du sexe, une sous-maîtresse. Les précautions les plus simples préviennent aisément toute espèce de danger. L'instruction des filles deviendrait par là tout aussi universelle que celle des garçons. Mais en persistant, contre les leçons de l'expérience, dans cette erreur si répandue que les enfants du sexe ne peuvent recevoir l'instruction que dans des écoles tenues exclusivement par des femmes, le problème de l'éducation des filles sur une grande échelle est à peu près insoluble; car il n'y a pas d'apparence que de pauvres communes rurales puissent suffire aux frais de deux écoles communales distinctes, qui exigeraient deux traitements égaux, deux bâtiments différents, en un mot des sacrifices que les grandes villes seules peuvent supporter. Mais je m'arrête, messieurs; car votre commission n'a pas cru de sa prudence de vous proposer les amendements qui pourraient combler la lacune grave que laisse dans la loi la suppression du titre V; elle se contente de rappeler au gouvernement que, tant que cette lacune subsiste, la loi est incomplète (1).

Arrivés au terme de ce rapport, trop long peut-être, mais que justifiera, j'espère, à vos yeux l'importance de la matière, en jetant un dernier regard sur la loi qui vous est soumise, nous lui reconnaissons le mérite trop rare, qu'au lieu d'égarer la discussion législative dans des détails qui doivent être laissés à l'administration, elle la resserre sur un petit nombre de points fondamentaux qui, une fois nettement résolus, décident de tout le reste. Mais si nous sommes loin

(1) Le conseil royal, dans sa séance du 2 août 1833, a décidé que l'ancienne législation restait applicable jusqu'à nouvel ordre aux écoles primaires de filles.

de regretter de ne pas trouver dans la loi des dispositions qui peuvent très bien faire l'objet de réglements ultérieurs, nous n'avons pas moins senti, et nous nous permettons de rappeler au gouvernement la nécessité de ces réglements pour que cette loi ne demeure pas vaine. Les germes qu'elle renferme ont de la vie, nous le croyons; mais il faut les féconder par de fortes mesures administratives. Plus la loi que nous venons d'examiner est conçue dans des vues conciliatrices et modérées, plus elle admet et réclame une exécution énergique. Quand le génie même de l'organisation, celui qui du chaos fécond de la révolution française tira la puissante et simple administration sur laquelle nous vivons encore, quand Napoléon s'occupa de l'instruction publique, il ne se contenta pas d'une loi générale; il commença sans doute par ce décret de 1808, qui restera toujours comme un chef-d'œuvre de bon sens pratique au milieu des progrès du temps qui l'ont laissé en arrière sur quelques points; mais il fit suivre ce décret d'un certain nombre de grands réglements, entre autres de ces beaux programmes d'études qui n'énumèrent pas seulement les objets obligés de l'instruction secondaire, mais qui les répartissent habilement en différents cours, enchaînent ces cours les uns aux autres, et en forment un ensemble vigoureux, qui a duré comme tous les ouvrages de Napoléon, et qui soutient encore aujourd'hui l'enseignement de nos colléges (1). A cet exemple il importe de fixer le programme de l'école élémentaire, celui de l'école primaire supérieure, celui de l'école normale primaire, et d'établir pour chacune de ces écoles un plan d'études partout le même; car l'in-

(1) Réglement pour l'enseignement dans les lycées, du 19 novembre 1809: arrêté sur les livres classiques à l'usage des lycées, du 17 septembre 1811; application de ce statut et de cet arrêté aux colléges communaux, août 1812; statut sur les agrégés, 24 août 1810; statuts sur les facultés des sciences et des lettres, 16 février 1810; statut sur l'école normale, 30 mars 1810

struction primaire peut être et doit être une d'un bout de la France à l'autre; et cette unité ne sera pas son moindre bienfait, par la force nouvelle qu'elle prêtera à l'unité nationale. A ce modèle uniforme, fixé par l'autorité supérieure pour chacune des trois grandes classes d'écoles que je viens de désigner, les autorités pourront ajouter des cours accessoires divers, selon les lieux, mais toujours sous la condition qu'ils ne nuisent point à l'unité de l'enseignement obligé. Cette unité si précieuse réclame donc des programmes d'études fortement conçus, à l'instar de ceux des lycées de l'empire; elle demande surtout un certain nombre d'ouvrages spéciaux sur chacun des objets de l'instruction primaire déterminés par le titre 1er de la loi, ouvrages qui devraient être faits par des maîtres habiles, dans un but pratique, et sans cesse perfectionnés, de manière à devenir, au bout de quelque temps, les livres classiques de l'instruction primaire. Dignes alors de l'adoption du gouvernement, qu'ils soient répandus sous ses auspices dans toutes les écoles publiques; ils y développeront dans la mesure convenable les programmes d'études, aideront puissamment les maîtres et les élèves, et imprimeront à l'instruction primaire un mouvement unique, rapide et facile. Mais ce qui n'importe pas moins peut-être, c'est de faire de l'instruction primaire une carrière hiérarchique comme l'instruction secondaire; car il y a bien de la distance entre les deux points extrêmes de cette carrière, entre l'élève d'une petite école normale primaire, qui sort de là pour devenir l'aide d'un pauvre maître d'école de village, et le directeur d'une grande école normale à pensionnat, dont le traitement et la position sont souvent fort relevés. Entre ces deux extrémités, il y a bien des points intermédiaires qu'il serait aisé de convertir en autant de degrés réguliers d'avancement, que le mérite laborieux et la bonne conduite s'appliqueraient à franchir successivement. En un mot, messieurs, la loi que nous vous proposons d'adopter avec quelques amendements est, nous ne craignons pas de le dire, une bonne loi; qu'elle soit discutée avec sagesse, fermeté, persévérance, et, dans un certain nombre d'années, le gouvernement de juillet, qui a reçu l'instruction primaire dans un état si déplorable, pourra la montrer avec un juste sentiment de fierté à ses amis et à ses ennemis.

EXPOSÉ DES MOTIFS

DU PROJET DE LOI SUR L'INSTRUCTION PRIMAIRE, AMENDÉ PAR LA CHAMBRE DES PAIRS, PRÉSENTÉ DE NOUVEAU A LA CHAMBRE DES DÉPUTÉS, PAR M. LE MINISTRE DE L'INSTRUCTION PUBLIQUE.

Séance du 1er juin 1833.

MESSIEURS,

Conformément aux ordres du roi, nous avons l'honneur de vous présenter le projet de loi sur l'instruction primaire dont la chambre s'est déjà occupée, et que la chambre des pairs vient d'adopter avec quelques amendements qui doivent être soumis à vos délibérations.

Déjà, messieurs, les votes d'un grand nombre de conseils généraux et de conseils municipaux ont en quelque sorte devancé l'adoption de ce projet. Les sommes allouées par les conseils généraux de département, pour l'instruction primaire en 1833, s'élèvent à 1,100,166 fr.; et plusieurs ont formellement exprimé qu'ils votaient ces allocations dans l'espérance que la loi proposée serait bientôt en vigueur. Beaucoup de conseils municipaux ont également manifesté l'intention de faire, dès que la loi serait rendue, et pour en seconder l'exécution, notamment en ce qui concerne l'instruction primaire supérieure, des sacrifices considérables. Je reçois presque chaque jour, à ce sujet, des demandes et des propositions qui attestent avec quel zèle l'administration sera soutenue par le pays dans l'accomplissement de cette tâche. De mon côté, je me suis déjà occupé de préparer les mesures et les instructions nécessaires, pour assurer la prompte et complète exécution de la loi. Cette exécution exigera, soit de la part de l'administration spéciale de l'instruction publique, soit de la part de l'administration générale, des travaux assez longs, et qui ne seront pas sans difficulté. Il s'agit de fonder, dans beaucoup de lieux, des établissements nouveaux. Des pouvoirs nouveaux eux-mêmes et divers seront appelés à y concourir. Il faudra que leurs attributions soient déterminées avec détail et précision, de telle sorte qu'au lieu de s'entraver mutuellement, ils marchent ensemble, et sans embarras vers le même but. Leur action, dans les premiers temps surtout, devra être soigneusement surveillée et dirigée, afin qu'ils s'engagent dans des voies conformes au véritable esprit de la loi. Une inspection étendue et attentive des écoles maintenant existantes sera nécessaire, non seulement pour procurer à l'administration cette connaissance exacte de l'état actuel de l'instruction primaire qui doit la diriger dans ses travaux, mais encore, et surtout peut-être, pour faire pénétrer dans les campagnes comme dans les villes, au sein des familles comme dans l'esprit des instituteurs, une ferme confiance dans l'autorité supérieure, et le sentiment de sa bienveillance active. Enfin l'extension des écoles normales primaires, l'introduction dans leur régime intérieur des bons principes et des bonnes habitudes qui doivent former de bons maîtres, et la composition des traités ou livres élémentaires de tout genre, nécessaires pour alimenter l'instruction à mesure qu'elle se répand, exigeront des soins particuliers, et une attention assidue à ne point perdre de temps, car l'œuvre est longue et urgente à la fois.

Les préparatifs convenables sont faits, messieurs, pour que ces divers travaux commencent promptement et s'exécutent sans relâche. Nous n'attendons plus pour nous y livrer, et pour accomplir ainsi, en fait d'instruction populaire, cette promesse de la charte à laquelle la chambre s'est déjà si intimement associée, que l'adoption définitive du projet de loi qui vous est soumis. Nous l'espérons de votre patriotisme et de vos lumières.

RAPPORT DE M. DUMON, DÉPUTÉ, SUR LES AMENDEMENTS ADOPTÉS PAR LA CHAMBRE DES PAIRS.

Séance du 12 juin 1833.

MESSIEURS,

Le projet de loi sur l'instruction primaire, qui a occupé le commencement de votre session, et qui doit en consacrer la fin, a subi dans la chambre des pairs plusieurs amendements dont vous nous avez confié l'examen. Nous les avons presque tous adoptés sans débats; leur incontestable utilité nous a trouvés unanimes: un seul, relatif à la composition et aux attributions du comité local de surveillance, a donné lieu à une discussion prolongée, d'où est sortie une combinaison nouvelle, que nous avons unanimement adoptée, et à laquelle adhère le gouvernement. Cette première modification nous a amenés à vous en proposer quelques autres, qui éclaircissent ou complètent la rédaction, et s'expliquent suffisamment par elles-mêmes.

Le gouvernement avait proposé d'établir auprès de chaque école communale un comité local de surveillance composé du maire, du ministre du culte, et de trois conseillers municipaux désignés par le conseil municipal. Indépendamment des attributions de surveillance et de discipline, le projet du gouvernement donnait à ce comité local le droit de présenter au comité d'arrondissement les candidats pour les écoles publiques, et celui de suspendre provisoirement l'instituteur communal de ses fonctions, à la charge d'en rendre compte sur-le-champ au comité d'arrondissement.

Votre première commission substitua au comité local le conseil municipal tout entier. En lui permettant de déléguer à des habitants notables, choisis dans son sein ou hors de son sein, ses attributions de surveillance, elle lui réserva expressément le droit de présentation et de suspension provisoire. Elle retirait ainsi au ministre du culte la place de droit que le projet du gouvernement lui avait assignée dans le comité local, non par aucun esprit d'hostilité ou de défiance, elle s'empressait de le déclarer, mais dans l'espérance hautement exprimée que cette mission de surveillance serait rendue au ministre du culte par la délégation du conseil municipal.

Cette organisation fut consacrée par vos suffrages. Soumise à l'examen de la chambre des pairs, elle a éprouvé des changements qui rétablissent presqu'en entier le projet du gouvernement. La chambre des pairs a réorganisé le comité local et lui a rendu toutes ses attributions ; elle y a fait entrer de droit le maire et le ministre du culte; elle y appelle trois délégués du conseil municipal ; mais elle ne limite pas le choix de ce conseil, et lui laisse, ainsi que vous l'aviez fait vous-mêmes, la faculté d'utiliser, hors de son sein, le dévouement et l'aptitude de tous les amis de l'instruction primaire.

Tel est, messieurs, l'état de la discussion. Maintenant, que convient-il de faire ? La chambre doit-elle persévérer dans son premier système ? Doit-elle adopter celui de la chambre des pairs ? ou bien n'existe-t-il pas dans ce conflit d'opinions une solution nouvelle qui puisse les concilier ?

En examinant ces questions avec le désir unanime de les résoudre au profit du plus grand développement de l'instruction primaire, nous avons pris pour point de départ celui qui a déjà été marqué par votre sagesse. Lorsque vous avez dressé le programme de l'instruction primaire, vou s ne vou êtes pas contentés, messieurs, d'y inscrire les connaissances qui forment un homme éclairé et un bon citoyen; vous avez déclaré que l'instruction primaire serait morale et religieuse. Le caractère religieux de l'enseignement primaire ainsi reconnu, il est évident que les ministres du culte ne peuvent rester étrangers à cet enseignement. Cette conséquence, messieurs, votre première commission l'avait déduite avant nous, et vous l'aviez consacrée vous-mêmes avant la chambre des pairs ; mais de quelle manière et dans quelles limites les ministres du culte doivent-ils intervenir dans l'instruction primaire ? C'est ici que le dissentiment commence.

La commission a dû examiner, en premier lieu, le système que vous avez adopté, celui de l'admission élective des ministres du culte. Nous nous sommes demandé si, le caractère religieux étant fondamental dans l'instruction primaire, le concours des ministres du culte pouvait être accidentel et attaché aux chances d'une élection ? L'instruction religieuse se donne à la fois dans l'école de la commune et dans l'église du village ; n'y aurait-il aucun danger dans une sorte de divorce entre ces deux enseignements ? Vous avez espéré, il est vrai, que l'élection du conseil municipal rendrait à l'instruction primaire le concours des ministres du culte qui voudraient en effet y concourir; mais cet espoir ne risque-t-il pas d'être souvent déçu ? et d'ailleurs, l'obligation d'être élu n'a-t-elle pas en elle-même, pour les ministres du culte, d'assez grands inconvénients ? Le bon prêtre a droit au respect de tous; ce respect universel est-il compatible avec la discussion personnelle et publique que provoque la candidature électorale ? Le bon prêtre doit sa bienveillance à tous; cette bienveillance impartiale ne peut-elle pas être altérée par les sympathies et les répugnances que manifestent les luttes de l'élection ? Remarquez surtout, messieurs, que, pour les fonctions électives ordinaires, nul n'est candidat, s'il ne veut l'être ; ici le prêtre est candidat nécessaire dans la pensée même de la loi. Pour lui, ne pas être nommé, c'est être exclu. Or, si l'élection ajoute quelque chose à son autorité, l'exclusion, d'un autre côté, l'abaisse et la diminue.

Ces objections nous ont paru sérieuses. Elles nous ont fait craindre que le système d'admission élective n'eût en effet, ou du moins ne parût avoir un caractère exclusif que vous n'avez pas voulu lui donner. Ainsi, tout en nous réservant de chercher dans une autre combinaison les garanties que vous aviez demandées à ce système, nous nous sommes déterminés à vous proposer d'y renoncer.

Ces garanties, messieurs, nous ne les avons pas trouvées d'une manière suffisante dans le système adopté par la chambre des pairs. En premier lieu, le conseil municipal ne nous a pas semblé jouer un assez grand rôle dans l'instruction primaire. Parmi les cinq membres du comité communal, quatre, il est vrai, ont une origine municipale; mais ce comité, une fois nommé, absorbe tous les pouvoirs : il présente, il surveille, il suspend l'instituteur communal, à l'exclusion du conseil municipal tout entier. Nous comprenons une distinction entre ces diverses attributions, et la préférence donnée à un comité spécial pour l'exercice de quelques unes; mais nous ne pouvons admettre que le conseil municipal, qui dote l'instruction primaire, soit tenu complètement en dehors de l'école communale.

Un autre inconvénient nous a frappés, Messieurs, dans cette délégation absolue de l'autorité municipale à un comité spécial. Le ministre du culte a, de droit, une place dans ce comité, et son influence y sera très utile à l'instruction primaire; mais dans nos campagnes (et c'est surtout pour les campagnes que la loi est faite), la supériorité de position et de lumières ne rendra-t-elle pas quelquefois cette influence prépondérante? Convient-il dès lors de conférer toutes les attributions à un comité que peut dominer une influence à laquelle vous avez voulu faire sa part, mais que vous ne voulez point admettre à l'exclusion ni au-dessus de toutes les autres.

En résumé, messieurs, nous avons pensé que votre système ne faisait peut-être pas assez pour le caractère religieux de l'instruction primaire, et que celui de la chambre des pairs ne faisait pas assez pour son caractère municipal. Nous vous proposons une combinaison nouvelle, qui, empruntant quelque chose à ces deux systèmes, nous a paru une conciliation plus heureuse des divers intérêts qui se rattachent à l'instruction primaire.

Nous conservons le comité local de surveillance. Un zèle plus vif et plus soutenu, une responsabilité plus étroite et plus efficace s'attachent à des fonctions spéciales ; et des inspecteurs choisis promettent une surveillance plus assidue et plus intelligente que les conseillers municipaux de nos campagnes chargés, au milieu de tant d'autres soins, d'inspecter des écoles que tous n'ont pas fréquentées.

Nous appelons de droit le maire et le ministre du culte dans le comité communal, en réservant au maire la présidence. Nous n'avons pas cru possible de restreindre la surveillance du ministre du culte à l'instruction religieuse. Dans la théorie, on peut distinguer l'instruction religieuse de l'instruction ordinaire ; dans la pratique de l'enseignement, ces deux instructions se confondent : elles perdraient trop l'une et l'autre à être séparées. Lorsqu'un enfant s'essaie à lire dans l'histoire sainte, est-ce à la religion, est-ce à la lecture qu'il se forme ? Il se forme à toutes les deux. Dans une instruction primaire bien donnée, la culture intellectuelle tourne au profit de la culture morale, et l'enseignement religieux agrandit l'intelligence. L'instituteur primaire ne professe pas à telle heure la religion, à telle heure la science ; il les unit dans presque toutes ses leçons. D'ailleurs où poser la limite ? La religion touche à la morale, la morale à la discipline, la discipline à l'enseignement tout entier.

Nous avons complété le comité communal par l'adjonction d'un ou plusieurs membres choisis sur les lieux par le comité d'arrondissement. La désignation de ce comité nous a paru préférable à celle du conseil municipal lui-même. Ses occupations habituelles le rendent meilleur juge de l'aptitude spéciale que ces fonctions exigent; et, dans une position plus élevée, il se préservera mieux des préventions de localité. Cette attribution nouvelle multipliera, d'ailleurs, les relations que la loi établit déjà entre le comité communal et le comité d'arrondissement; et l'intimité de ces relations ne peut que profiter à l'instruction primaire.

Le comité communal institué, nous avons dû régler le partage des attributions entre ce comité, le maire et le conseil municipal.

L'attribution la plus essentielle est sans contredit la présentation de l'instituteur; car du choix de l'instituteur dépend l'esprit général de l'enseignement. Nous conférons le droit de présentation au conseil municipal. Pour l'exercer avec fruit, il suffit de la sollicitude de bons pères de famille, et pour que cette sollicitude soit toujours éclairée, nous demandons que le conseil municipal soit tenu de prendre, avant toute présentation, l'avis du comité communal.

Nous donnons au maire le droit de suspendre, en cas d'urgence, l'instituteur communal. Nous avons voulu qu'une mesure qui influe si profondément sur le sort de l'instituteur, et quelquefois même sur celui de l'école, eût un caractère municipal : l'urgence de la mesure ne permettait pas d'attendre la convocation du conseil; il a donc fallu remettre le droit de suspension aux mains du maire. Nous avons pensé d'ailleurs que l'attribution de ce droit, et la responsabilité personnelle qui y serait attachée, donneraient au maire une plus grande autorité sur l'instituteur, et à l'instituteur lui-même une plus forte garantie; et, pour compléter cette garantie, nous proposons que la suspension ne puisse être ordonnée que sur la plainte du comité communal.

Enfin nous avons donné les attributions de surveillance au comité communal. Nous avons déjà dit que la surveillance exige une mission spéciale et permanente; l'expérience a prouvé, soit en France, soit ailleurs, qu'une école primaire ne prospère qu'à l'aide d'une surveillance qui lui est propre. L'influence du comité communal sera grande sans doute, et nous devons le souhaiter pour qu'il s'attache à sa mission, pour qu'il s'en fasse à la fois un honneur et un devoir, et que son activité croisse avec le bien qu'elle aura produit. Mais nous avons prévenu tous les abus possibles de cette influence, en retirant au comité communal la présentation et la suspension provisoire, et en ne lui laissant qu'un droit d'avis dans le premier cas, et de réquisition dans le second. La présentation et la suspension sont les moyens d'action les plus efficaces sur l'instruction primaire, et nous aurions dû craindre d'énerver l'action du comité communal en les lui retirant, si nous n'avions espéré que ces influences diverses, qu'il est utile d'établir, seront bien rarement contraires l'une à l'autre, et qu'un dévouement commun à l'instruction primaire établira une constante harmonie entre tous ceux qui sont appelés à en assurer les progrès.

Tel est, messieurs, l'ensemble de notre système. En introduisant les ministres du culte dans le comité communal, nous avons fait la part du sentiment religieux; nous avons fait celle de l'intérêt municipal en appelant les autorités de la commune à délibérer sur la présentation et la suspension de son instituteur. La composition du comité communal en assure l'indépendance et les lumières. Dans l'école, il est une garantie pour les familles; auprès des autorités municipales il est une garantie pour l'instituteur. Nous avons voulu, en un mot, en employant dans le degré de leur importance toutes les influences locales, assurer toutes les chances de succès à la cause qus nous devions servir, à la cause de l'instruction primaire.

Vous jugerez, messieurs, si nous avons réussi. Il nous a coûté de vous proposer des amendements, et d'ajourner ainsi de quelques jours le vote d'une loi qui est une des promesses de la charte, et qui doit faire fructifier toutes les autres. Nous n'avons pas cédé à un vain désir de perfectionnement : un dissentiment entre les deux chambres, sur une question importante, nous a paru devoir être terminé par la proposition d'un nouveau système : l'unanimité de votre commission lui permet d'espérer que sa proposition sera adoptée.

Votre commission a l'honneur de vous proposer, à l'unanimité, l'adoption du projet de loi avec les amendements indiqués aux articles 17, 19, 20, 21, 22 et 23.

EXPOSÉ DES MOTIFS DU PROJET DE LOI

AMENDÉ PAR LA CHAMBRE DES DÉPUTÉS, ET PRÉSENTÉ DE NOUVEAU A LA CHAMBRE DES PAIRS, PAR M. LE MINISTRE DE L'INSTRUCTION PUBLIQUE.

Séance du 20 juin 1833.

MESSIEURS,

Le roi nous a ordonné de vous présenter le projet de loi sur l'instruction primaire, que vient d'adopter la chambre des députés. Ce projet vous a déjà occupés, et la plupart des amendements que vous y aviez apportés ont reçu la sanction de l'autre chambre. Elle en a introduit quelques uns qui ont surtout pour objet de concilier, quant à la formation et aux attributions des comités chargés de surveiller les écoles primaires, des opinions diverses et dignes d'égards. Nous n'entrerons point, au sujet de ces amendements, dans de nouveaux détails; les principes essentiels et l'efficacité pratique de la loi n'en sont point altérés, et nous espérons que la chambre voudra bien, en les adoptant, nous mettre en mesure d'exécuter enfin une loi depuis long-temps promise et attendue, et qui n'aura, il est permis peut-être de l'affirmer d'avance, que de salutaires résulats.

RAPPORT FAIT À LA CHAMBRE DES PAIRS, PAR M. COUSIN, SUR LE PROJET DE LOI AMENDÉ PAR LA CHAMBRE DES DÉPUTÉS.

Séance du 22 juin 1833

MESSIEURS,

La chambre des députés a adopté la plus grande partie des amendements que vous aviez cru devoir faire au projet de loi sur l'instruction primaire. De tous ces amendements, le plus grave est celui qui assure l'intervention réelle de la religion dans l'éducation du peuple, en faisant entrer de droit les ministres de la religion dans les comités communaux de surveillance. L'adoption de cet amendement est un hommage rendu à la pratique de toutes les nations civilisées, et un signe non équivoque des progrès toujours croissants de la raison publique.

Mais, en même temps, nous ne pouvons vous le dissimuler, messieurs; les modifications qui ont été faites aux articles 17, 19, 20, 21, 22 et 23 du titre IV, altèrent sérieusement la loi dans sa partie vitale, savoir: la composition et les attributions des comités communaux. Rejeter ces modifications serait ajourner la loi. Votre commission ne vous propose donc point de les rejeter, mais elle m'a ordonné de vous en signaler les vices.

L'expérience a démontré l'absolue nécessité d'une autorité spéciale à laquelle soit confiée, dans chaque commune, la surveillance de l'instruction primaire. C'est une erreur grave de s'en reposer de cette surveillance sur une autorité qui ne résiderait pas dans la commune, et qui serait placée à l'arrondissement ou même au canton. Un comité supérieur est excellent pour trois choses: la direction générale, la décision sur certains points, et l'inspection. Mais il faut bien distinguer l'inspection, qui est nécessairement rare, de la surveillance, qui doit être permanente, de tous les jours, de tous les instants, en quelque sorte. Elle se compose de détails qui exigent la présence continuelle, dans la commune, de ceux qui seront chargés de l'exercer. Ce n'est pas par des mesures d'éclat qu'on gouverne une école primaire; c'est par une foule de petits soins, suivis et soutenus, dont une autorité locale est seule capable.

Une fois qu'il est bien reconnu que c'est dans la commune qu'il faut prendre les surveillants de l'instruction primaire de la commune, il semble tout naturel de confier cette surveillance au conseil municipal; mais c'est encore là une erreur. Parce qu'il y a dans la commune une autorité déjà établie, il ne s'ensuit nullement que cette autorité convienne à ce nouvel objet, pour lequel elle n'a pas été faite. Un conseil municipal n'est pas l'autorité universelle de la commune : il n'y est pas chargé de la justice de paix; il n'y est pas chargé du recensement de la garde nationale, etc. Pourquoi donc serait-il chargé d'une fonction qui, par sa nature, lui est plus étrangère encore que toutes celles-là: d'une fonction qui exige des connaissances et des qualités d'un genre tout particulier? Loin de là, dès qu'on y réfléchit sérieusement et sans préjugés, le bon sens conduit forcément à établir dans la commune une autorité spéciale pour une matière aussi spéciale que l'instruction primaire.

Mais quelles sont les personnes qui, dans une commune

sont capables de la surveillance de l'école? Il s'en présente deux tout naturellement : le maire et le curé, ou le pasteur. Il est impossible de concevoir un comité communal de surveillance où ces deux fonctionnaires n'entrent pas de plein droit; l'un plus particulièrement pour la partie matérielle et administrative, l'autre pour la partie morale et religieuse. Il est évident qu'exclure le ministre de la religion du comité de surveillance ce serait supprimer la surveillance même de l'éducation morale et religieuse, dont lui seul est capable; et l'éducation morale et religieuse est précisément la fin de l'instruction primaire. Qu'on nous cite un pays sur la terre où l'éducation du peuple fleurisse sans être liée plus ou moins à la religion, et par conséquent sans la surveillance des ministres de la religion? Grâce à Dieu, cette vérité est sortie triomphante de la discussion; elle honore la loi qui la consacre, et le gouvernement qui l'a proclamée et défendue.

Mais si le maire et le ministre de la religion font nécessairement partie du comité communal de surveillance, ils ne suffisent pas pour le composer. Un trop grand nombre de membres dans un comité est un inconvénient; mais un trop petit nombre est un inconvénient aussi. Un comité ne peut pas être composé seulement de deux membres; et vous aviez approuvé, messieurs, la disposition du projet primitif du gouvernement, qui, pour former le comité communal, ajoutait au maire et au ministre de la religion trois notables de la commune, choisis par le conseil municipal, dans son sein ou hors de son sein. Cette disposition était fort sage: un comité de cinq personnes avait plus d'autorité. Les trois nouveaux membres s'interposaient utilement entre le maire et le ministre du culte pour écouter et peser leur raisons, et faire pencher la balance tantôt d'un côté, tantôt d'un autre. La chambre des députés a substitué à ces trois membres *un ou plusieurs habitants de la commune;* et un honorable député ayant reproduit comme amendement l'article du projet du gouvernement, qui exigeait trois membres au moins, la chambre, en rejetant cet amendement, a semblé trouver excessif le nombre de trois, de sorte qu'en se conformant et au texte et à l'esprit de la loi, on pourra très bien n'avoir qu'un seul membre dans le comité communal, avec le maire et le curé. Et cependant, comme la chambre a maintenu le paragraphe de l'article 20, qui exige la présence de trois membres pour qu'il puisse y avoir délibération du comité communal, il s'ensuit que l'absence d'un seul membre pourra paralyser l'action de ce comité. On a, dit-on, voulu diminuer par là l'autorité du ministre de la religion. Mais cette autorité était-elle donc excessive dans un comité où le ministre de la religion avait en face de lui le maire investi de la présidence, avec trois membres ou trois délégués du conseil municipal? L'influence laïque avait quatre membres sur cinq dans ce comité; sera-t-elle plus assurée lorsqu'il n'y aura que deux membres, et qu'il suffira de l'absence d'un membre opposant pour la rendre vaine? Au lieu de concilier, comme elle prétend le faire, les justes droits de l'autorité municipale et de l'autorité religieuse, cette combinaison, ou plutôt ce défaut de combinaison les met aux prises l'une avec l'autre, sans les contre-poids et les intermédiaires que la loi primitive avait établis, et qui avaient obtenu votre approbation. Nous doutons, messieurs, que de cet amendement de la chambre des députés il puisse sortir autre chose que des collisions fâcheuses.

Le même amendement attribue au comité d'arrondissement la nomination du membre ou des membres qui doivent, avec le ministre du culte et le maire, composer le comité communal de surveillance. L'avantage qu'on se propose de cette mesure est de placer dans le comité communal des membres qui devront y apporter plus de lumières, puisqu'ils auront été choisis par une autorité plus élevée et plus éclairée que le conseil municipal. Cet avantage est réel, mais il est bien surpassé par les inconvénients qu'entraînera cette mesure. C'est toujours une anomalie que l'intervention d'un comité d'arrondissement dans la nomination des membres d'un comité communal. Il semblerait équitable que le conseil municipal, sans être exclusivement chargé de la surveillance de l'école, y participât en un certain degré. Lui ôter toute participation à cette surveillance n'est pas juste en soi, et n'est pas sans danger. En effet, c'est mettre en état de suspicion tous les conseils municipaux. Or, remarquez qu'après avoir fondé une école dans une commune, il reste une grande difficulté, savoir, de procurer à cette école des écoliers. Pour cela, il faut attirer les familles à l'instruction primaire. Mais c'est le conseil municipal qui représente les familles d'une commune. Il importe donc de ménager ce conseil. Il était vraisemblable qu'il trouverait dans son sein trois membres capables d'entrer dans le comité de surveillance. En tous cas il pouvait choisir hors de son sein. Par ces liens avec le comité, le conseil s'affectionnait à l'école communale, et il devenait plus enclin à faire pour elle des sacrifices. L'amendement de la chambre des députés court le risque d'indisposer le conseil municipal contre le comité de surveillance, en ne l'y faisant pas représenter suffisamment. Ces membres choisis d'en haut pourront bien, par cela même, ne plaire à personne. Le comité et l'instruction primaire n'y gagneront ni faveur ni autorité.

Vous venez de voir, messieurs, à quel prix on s'est efforcé de procurer la meilleure composition du comité communal, apparemment afin de le rendre plus propre aux fonctions délicates et importantes dont le chargeait le projet du gouvernement. De toutes les attributions du comité, la plus effective était le droit de présenter des candidats pour la place de maître d'école. Un amendement de la chambre des députés lui enlève ce droit. Cependant, jamais comité n'avait été si laborieusement composé. Il remplissait toutes les conditions requises pour présenter les candidats les plus convenables.

Par la diversité de ses éléments, il était forcé d'envisager un candidat sous les différents points de vue qui importent à l'instruction primaire. Le curé ou le pasteur lui demandait les habitudes morales dignes d'un instituteur de l'enfance; le maire en exigeait la fermeté et l'activité, qui seules peuvent assurer la bonne tenue de l'école. Un pareil comité offrait donc toutes les garanties d'une présentation raisonnable. D'ailleurs, avoir concouru à la nomination du maître d'école était nécessaire au comité lui-même pour surveiller utilement le maître d'école. Quelle peut être en effet l'autorité d'un comité sur un maître à la nomination duquel il n'a contribué en rien, et sur le sort duquel il n'a aucune influence? Le maître d'école, messieurs, ne comptera qu'avec ceux qui l'auront présenté et qui pourront le révoquer. S'il est sûr de leur appui, il s'inquiétera médiocrement de la surveillance d'un comité sans puissance, et il est à craindre que de son côté le comité ne se décourage et ne se dégoûte de fonctions qui ne lui donnent pas grande importance.

Mais à qui donc, messieurs, confie-t-on ce droit de présenter des candidats que l'on juge au-dessus de la capacité d'un comité spécial composé des deux fonctionnaires les plus éclairés de la commune, le maire et le curé, et d'un ou de plusieurs membres choisis par le comité d'arrondissement? A qui, messieurs? au conseil municipal de la commune; à ce conseil municipal que tout à l'heure on avait cru incapable d'entrer pour quelque chose dans la surveillance de l'école, ou même de choisir des délégués en état de la bien exercer. La contradiction est un peu trop forte: si le conseil municipal n'a pas assez de lumières pour surveiller l'instruction primaire, comment peut-il en avoir assez pour apprécier celui qui doit la donner? Cette instruction primaire se compose de beaucoup d'objets dont le conseil municipal n'est pas toujours juge; on l'a reconnu. Il est évident surtout qu'il ne peut être juge de la bonne instruction morale et religieuse : comment peut-il donc savoir si quelqu'un possède ou non cette instruction? Ce discernement difficile appartient incontestablement au comité spécial de surveillance, et surtout au membre de ce comité chargé de tout ce qui concerne l'instruction religieuse. Il est vrai que le conseil municipal devra prendre l'avis du comité communal; mais cet avis est-il obligatoire, et le comité communal conserve-t-il au moins le droit de présenter aussi des candidats au conseil municipal, qui, à son tour, en présente au comité d'arrondissement? Non, l'avis du comité communal n'est pas obligatoire. On l'écoutera, sauf à faire ensuite tout ce qu'il plaira. Dans ce cas, l'avis préalable est vain; il n'est guère bon qu'à constater l'indépendance et l'autorité supérieure du conseil municipal, et la nullité du comité spécial de surveillance.

Nous ne reproduirons pas ici les objections que le premier rapport de votre commission vous avait soumises contre la présentation du maître d'école par le conseil municipal. Ces objections avaient obtenu vos suffrages, et nous croyons qu'elles sont demeurées sans réponse. Nous nous contenterons de vous faire remarquer que les amendements de la chambre des députés font ici deux choses également fâcheuses. D'un côté, on ôte au conseil municipal sa part naturelle d'influence dans la surveillance de l'école de la commune, et de l'autre on enlève au comité spécial d'instruction primaire son intervention légitime dans la présentation des candidats; on divise des attributions qui doivent être réunies; on donne au conseil municipal une attribution énorme, mais isolée, dont il est peu capable, et on ne laisse au comité spécial de surveillance que des attributions trop insignifiantes pour qu'elles puissent l'intéresser; enfin on choque à la fois et le comité communal et le conseil municipal, en faisant intervenir le comité d'arrondissement dans la nomination du comité communal. Il est permis de redouter que cette dissémination, et, pour ainsi dire, cette dislocation d'attributions, ne donne pas des résultats fort heureux, et qu'une machine composée de tant de rouages ne marche pas avec la facilité désirable. Le projet primitif du gouvernement concentrait toute l'influence locale, en matière d'instruction primaire, entre les mains d'un seul et même comité spécial, qu'il composait de toutes les notabilités communales qui pouvaient être utiles à l'école. Au lieu de placer en face l'un de l'autre, comme des pouvoirs rivaux, le conseil municipal et le comité de surveillance, il mettait une représentation convenable du conseil municipal dans ce comité. Il n'avait peur ni de l'influence ecclésiastique ni de l'influence municipale; il les appelait toutes deux, et les liait l'une à l'autre en leur conférant des attributions communes. Ainsi organisé, composé de membres divers, et chargé d'attributions suffisantes, le comité communal d'instruction primaire avait de l'unité, de la force et de la vie. De ce comité, messieurs, il ne reste plus qu'une ombre.

Et cette ombre a paru trop redoutable encore. Il s'est trouvé des personnes qui ont craint que les comités communaux, ainsi organisés ou désorganisés, ne suscitassent par leur puissance anarchique de graves embarras à l'autorité centrale; et, par suite de ces alarmes, a été adopté un amendement qui confère au ministre de l'instruction publique, sur le rapport du comité d'arrondissement, le droit de dissoudre un comité de surveillance, et de le remplacer par un comité spécial dans lequel personne ne sera compris de droit. En vérité, messieurs, après avoir mutilé et appauvri les comités de surveillance, il pouvait paraître superflu de se ménager encore contre eux des armes dont on n'aura guère besoin de faire usage; car le découragement et la langueur sont bien plus à craindre de leur part qu'une orageuse indépendance. Il ne serait pas même aussi facile qu'on peut le croire d'exécuter ce sévère amendement. En effet, supposez qu'un comité communal de surveillance, presque uniquement composé du maire et du curé, provoque l'application du paragraphe 5 de l'article 17, il sera très aisé certainement de détruire ce comité, mais il ne le sera pas de le remplacer; car le maire et le curé, quoique exclus du comité communal, demeureront avec toute l'autorité attachée à leur caractère. Et quelle force pourrait avoir un comité nouveau, dont ces deux personnages ne feraient pas partie, et auquel même ils feraient la guerre? Ce qu'il y a de plus sûr, c'est que la pauvre école succomberait dans ces tristes débats.

Nous venons de vous rendre compte des principaux amendements introduits par la chambre des députés. Nous ne vous avons point dissimulé les défauts que nous y avons aperçus. Nous pensons que les amendements qui viennent de vous être exposés, au lieu d'améliorer la loi, l'altèrent dans son principe général, et la rendent d'une application pénible. Mais enfin, messieurs, cette loi contient d'autres parties qui sont excellentes; et même, dans ce titre IV, il subsiste des dispositions fécondes qui, sous une main habile, peuvent encore porter d'heureux fruits. Cette loi est depuis longtemps promise, et elle est impatiemment attendue. Il a paru à votre commission qu'il pouvait suffire à cette chambre d'avoir marqué la légitime influence qui lui appartient en rappelant dans la loi un principe tutélaire; et après avoir loyalement averti le gouvernement des difficultés que rencontreront dans la pratique les nouveaux amendements de la chambre des députés, nous vous proposons, à l'unanimité, d'adopter la loi telle qu'elle nous est représentée, avec ses mérites et avec ses défauts.

COLLECTION

DES MODÈLES ET TABLEAUX

A L'USAGE

DE MM. LES PRÉFETS, RECTEURS, PRÉSIDENTS DE COMITÉ
ET INSTITUTEURS.

DÉPARTEMENT

Modèle n° 1.

INSTRUCTION PRIMAIRE.

ÉTAT des dépenses auxquelles donnera lieu pour 1834 l'entretien des écoles primaires communales.

NOMS des COMMUNES.	POPULATION		COMMUNES qui se réunissent pour entretenir une école primaire élémentaire.	NOMBRE			DÉPENSES.			RESSOURCES.			RESTE à imposer sur les communes, et à acquitter par le département et l'état.	MONTANT			RESTE à acquitter par le département et par l'état.
	par commune.	par réunion de communes.		D'ÉCOLES primaires élémentaires, par commune ou par réunion de communes.	D'ÉCOLES primaires supérieures.	des maisons d'école communales.	FRAIS DE LOCATION pour les communes qui ne possèdent pas de maison d'école, ou qui n'en possèdent que pour une partie de leurs instituteurs.	TRAITEMENT des instituteurs.	PORTION de ces dépenses afférente à chaque commune isolée, ou à chacune des communes réunies.	PRODUITS des fondations, legs et donations.	SOMMES imputées sur les revenus ordinaires des communes.	TOTAL.		en principal des contributions foncière, personnelle et mobilière.	des 3 centimes additionnels au principal de ces contributions.	des impositions votées ou à voter par les communes.	

RÉSUMÉ.

Nombre des communes..

Population..

Nombre d'écoles primaires élémentaires..

———— supérieures..

———— de maisons d'écoles communales..

Frais de location de maisons d'école.................. }

Traitement des instituteurs.................. }

Portion de cette dépense acquittée

avec le produit des fondations, legs et donations.........

avec les revenus ordinaires des communes.............

avec les produits des impositions établies sur les communes.

Reste à acquitter par le département et par l'état...........

Portion de cette dépense acquittée par le département

avec ses revenus ordinaires.........................

avec le produit de l'imposition que le conseil général est autorisé à voter..

Reste à acquitter par l'état..

1137 du bordereau.

Modèle n° 2.

DÉPARTEMENT

d

INSTRUCTION PRIMAIRE.

TABLEAU des communes pour lesquelles, à l'époque du 5 septembre les maires n'auraient pas encore fait parvenir au secrétariat de la préfecture et des sous-préfectures les délibérations des conseils municipaux, à l'effet de voter les fonds nécessaires pour procurer un local à l'instituteur primaire, et lui assurer un traitement fixe, avec l'indication des sommes auxquelles ces dépenses pourraient être fixées d'office.

NOMS DES COMMUNES.	PROPOSITION du préfet pour la fixation		TOTAL.	RESSOURCES des communes.		TOTAL.	Reste à imposer sur les communes, et à acquitter par le département et l'État.	Principal des contributions foncière, personnelle et mobilière.	Produit des 3 centimes additionnels au principal de ces contributions.	Montant des impositions à établir d'office sur les communes.	OBSERVATIONS.
	du prix de location des maisons d'école.	du traitement fixe des instituteurs.		Produit des fondations, legs et donations affectés à l'instruction primaire.	Revenus ordinaires disponibles.						

DÉPARTEMENT

d

Modèle n° 3.

INSTRUCTION PRIMAIRE.

TABLEAU des communes dont les conseils municipaux ont réglé les sommes nécessaires pour procurer un local à l'instituteur et lui assurer un traitement fixe en 1834, et pour lesquelles les maires n'auraient pas encore fait parvenir, le 5 septembre, au secrétariat de la préfecture et des sous-préfectures les délibérations des conseils municipaux à l'effet de s'imposer pour acquitter ces dépenses.

NOMS DES COMMUNES.	SOMMES ALLOUÉES par le conseil municipal		TOTAL.	RESSOURCES des communes.		TOTAL.	Reste à imposer sur les communes, et à acquitter par le département et l'état.	Principal des contributions foncière, personnelle et mobilière.	Produit des 3 centimes additionnels au principal de ces contributions.	Montant des impositions à établir d'office sur les communes.	OBSERVATIONS.
	pour la location des maisons d'école.	pour le traitement fixe des instituteurs.		Produit des legs et donations affectés à l'instruction primaire.	Revenus ordinaires disponibles.						

Modèle n° 4.

DEPARTEMENT
d

ARRONDISSEMENT
d

INSTRUCTION PRIMAIRE.

ÉTAT du montant des rôles de la rétribution mensuelle accordée aux instituteurs des écoles primaires communales élémentaires et supérieures pendant l'année 183 .

NOMS des COMMUNES.	MONTANT de la rétribution mensuelle par élève ou par catégorie d'élèves.	JANVIER.		FÉVRIER.		MARS.		AVRIL.		MAI.		JUIN.		JUILLET.		AOUT.		SEPTEMB.		OCTOBRE.		NOVEMB.		DÉCEMB.		MONTANT total DES RÔLES.
		Nombre d'élèves.	Montant des rôles.	Nombre d'élèves.	Montant des rôles.	Nombre d'élèves.	Montant des rôles.	Nombre d'élèves.	Montant des rôles.	Nombre d'élèves.	Montant des rôles.	Nombre d'élèves.	Montant des rôles.	Nombre d'élèves.	Montant des rôles.	Nombre d'élèves.	Montant-des rôles.	Nombre d'élèves.	Montant des rôles.	Nombre d'élèves.	Montant des rôles.	Nombre d'élèves.	Montant des rôles.	Nombre d'élèves.	Montant des rôles.	

N° 1082 *bis* du bordereau.

Modèle n° 5.

DÉPARTEMENT
d
—
ARRONDISSEMENT
d
—

ANNÉE 183 .

INSTRUCTION PRIMAIRE.

ÉCOLE COMMUNALE * D

COMMUNE
d
—
MOIS
d

* Élémentaire ou supérieure.

ÉTAT des élèves qui doivent payer la rétribution mensuelle.

NUMÉROS d'ordre.	NOM des élèves.	PRÉNOMS.	NOM des parents ou tuteurs.	PRÉNOMS.	PROFESSION	DEMEURE.	SOMME due.	OBSERVATIONS.
1.	2.	3.	4.	5.	6.	7.	8.	9.
					TOTAL...........			

Certifié véritable par le soussigné instituteur primaire de la commune d

Le 183 .

Vu et vérifié par le soussigné, maire de la commune d

Le 183 .

RENSEIGNEMENTS POUR ORDRE.

Nombre d'élèves payant la rétribution en argent..........................
——— payant en nature ou par des arrangements particuliers......
——— exemptés de la rétribution ....
Nombre total des élèves de l'école au mois d ....
——— au mois précédent..
Différence... { Augmentation..............................
{ Diminution.................................
Enfants de 5 à 12 ans dans la commune.......................................
Nombre d'enfants allant à d'autres écoles......................................
——— recevant l'instruction chez leurs parents........................

N° 1005 du bordereau.

Modèle n° 6.

MINISTÈRE DE L'INSTRUCTION PUBLIQUE.

INSTRUCTION PRIMAIRE ÉLÉMENTAIRE.

UNIVERSITÉ

Instruction primaire.

PROCÈS-VERBAL de l'examen subi par le sieur né le à département d à l'effet d'obtenir le brevet de capacité pour l'instruction primaire élémentaire.

MATIÈRES DE L'EXAMEN.	RÉSULTAT DE L'EXAMEN.	OBSERVATIONS.
Instruction morale et religieuse.......... { Catéchisme. Histoire sainte. { Ancien Testament. Nouveau Testam.		
Lecture........... { Imprimés........ { français. latins. Manuscrits ou cahiers lithographiés.		
Écriture.......... { bâtarde ronde cursive } en lettres... { ordinaires. majuscules.		
Procédés pour l'enseignement de la lecture et de l'écriture.		
Éléments de la langue française. { Grammaire............ { Analyse grammaticale de phrases dictées. Orthographe.......... { Théorie. Pratique.		
Éléments du calcul. { Théorie. Pratique { Numération. Addition.... Soustraction... Multiplication Division.... { appliquées aux nombres entiers et aux fractions décimales.		
Système légal des poids et mesures ; conversion des anciennes mesures en nouvelles.		
Premières notions de géographie et d'histoire.		

Nous membres de la commission d'instruction primaire, réunis en la salle d , au nombre de membres, après avoir fait subir publiquement au sieur l'examen qui précède,

Avons jugé que le sieur était digne d'obtenir le brevet de capacité pour l'instruction primaire élémentaire.

En foi de quoi nous avons signé le présent procès-verbal, dont un duplicata sera aussitôt transmis à M. le recteur de l'académie.

A , ce 183 .

Signature du récipiendaire.

Les membres de la commission d'instruction primaire,

N° 1103 du bordereau.

Modèle n° 7.

MINISTÈRE DE L'INSTRUCTION PUBLIQUE.

INSTRUCTION PRIMAIRE SUPÉRIEURE.

UNIVERSITÉ DE FRANCE. Instruction primaire.

PROCÈS-VERBAL de l'examen subi par le sieur né le à département d à l'effet d'obtenir le brevet de capacité pour l'instruction primaire supérieure.

MATIÈRES DE L'EXAMEN.	RÉSULTAT DE L'EXAMEN.	OBSERVATIONS.
1° Tout ce qui est compris dans le programme pour l'instruction primaire élémentaire,		
Et de plus :		
Pour l'instruction morale et religieuse, quelques développements ;		
Pour l'arithmétique, les proportions, les règles de trois et de société ;		
2° Notions de géométrie :		
Angles, perpendiculaires, parallèles ; surfaces des triangles, des polygones, du cercle ; volume des corps les plus simples ;		
Applications usuelles de la géométrie ; { Arpentage, Toisé, Levé des plans ;		
Dessin linéaire ;		
Notions des sciences physiques et de l'histoire naturelle applicables aux usages de la vie, et comprenant les définitions des machines les plus simples ;		
Éléments de la géographie et de l'histoire générales, de la géographie et de l'histoire de France ;		
Notions de la sphère ;		
Chant. { Musique. Plain-chant. } théorie, pratique ;		
Méthodes d'enseignement { simultané, mutuel.		

Nous membres de la commission d'instruction primaire, réunis en la salle d au nombre de membres, après avoir fait subir publiquement au sieur l'examen qui précède,

Avons jugé que le sieur était digne d'obtenir le brevet de capacité pour l'instruction primaire supérieure.

En foi de quoi nous avons signé le présent procès-verbal, dont un duplicata sera aussitôt trasmis à M. le recteur de l'académie.

A , ce 183

Les membres de la commission d'instruction primaire,

Signature du récipiendaire.

N° 1104 du bordereau.

Modèle n° 8.

MINISTÈRE DE L'INSTRUCTION PUBLIQUE.

UNIVERSITÉ DE FRANCE.

STRUCTION PRIMAIRE.

BREVET DE CAPACITÉ.

INSTRUCTION PRIMAIRE ÉLÉMENTAIRE.

Nous

président et membres de la commission d'instruction primaire séant à chef-lieu de l'arrondissement d département d académie d nommés par M. le ministre-secrétaire d'état au département de l'instruction publique, et chargés à ce titre : 1° d'examiner les aspirants au brevet de capacité pour l'instruction primaire élémentaire ; 2° de délivrer ledit brevet aux aspirants qui en auront été jugés dignes :

Vu le procès-verbal par nous dressé cejourd'hui, et constatant que le sieur né le à canton d arrondissement d département d a été examiné par nous sur l'instruction morale et religieuse, la lecture, l'écriture, les éléments de la langue française et du calcul, le système légal des poids et mesures ; et les premières notions de la géographie et de l'histoire, ainsi que sur les procédés et méthodes d'enseignement de ces diverses connaissances ;

Vu les articles 4 et 25 de la loi du 28 juin 1833, et les articles 1, 5, 8, 10, 11 et 12 du réglement du conseil royal en date du 19 juillet 1833 ;

Estimons que le candidat a fait preuve de la capacité requise pour donner l'instruction primaire élémentaire, et, en conséquence, avons accordé audit sieur le présent brevet pour lui servir et valoir ce que de raison.

Délivré à le 183

Au nom et sous l'autorité de M. le ministre de l'instruction publique

Signature de l'impétrant.

Les membres de la commission d'instruction primaire,

N° 1105 du bordereau.

Modèle n° 9.

MINISTÈRE DE L'INSTRUCTION PUBLIQUE.

BREVET DE CAPACITÉ.

UNIVERSITÉ DE FRANCE.

INSTRUCTION PRIMAIRE.

INSTRUCTION PRIMAIRE SUPÉRIEURE.

Nous

président et membres de la commission d'instruction primaire séant à chef-lieu du département d académie d nommés par M. le ministre-secrétaire d'état au département de l'instruction publique, et chargés à ce titre : 1° d'examiner les aspirants au brevet de capacité; 2° de délivrer ledit brevet aux aspirants qui en auront été jugés dignes;

Vu le procès-verbal par nous dressé cejourd'hui, et constatant que le sieur né le à canton d arrondissement d département d a été examiné par nous sur l'instruction morale et religieuse, la lecture, l'écriture, les éléments de la langue française et du calcul, le système légal des poids et mesures, et, en outre, sur les éléments de la géométrie et ses applications usuelles, spécialement l'arpentage; sur le dessin linéaire; sur les notions des sciences physiques et de l'hisoire naturelle applicables aux usages de la vie; sur le chant; sur les éléments de l'histoire et de la géographie, et surtout de l'histoire et de la géographie de la France; ainsi que sur les procédés et méthodes d'enseignement de ces diverses connaissances;

Vu les articles 4 et 25 de la loi du 28 juin 1833, et les articles 1, 5, 8, 9, 10, 11, 12 et 13 du réglement du conseil royal, en date du 19 juillet 1833 :

Estimons que le candidat a fait preuve de la capacité requise pour donner l'instruction primaire supérieure, et, en conséquence, avons accordé audit sieur le présent brevet pour lui servir et valoir ce que de raison.

Délivré à le 183

Signature de l'impétrant.

Au nom et sous l'autorité de M. le ministre de l'instruction publique;
Les membres de la commission d'instruction primaire,

N° 1106 du bordereau.

Modèle n° 10.

BUDGET POUR UNE ÉCOLE NORMALE PRIMAIRE.

ACADÉMIE D

DÉPARTEMENT D

État présumé des recettes et dépenses de l'école normale primaire de pour 183 .

RECETTES.

Subvention allouée par le conseil général du département pour les dépenses de l'école...

Subvention allouée par la ville où l'école est placée...

Montant des bourses créées par le conseil général.....

Montant des bourses créées par la ville où l'école est placée.

Montant de la pension des élèves libres.............

Montant des bourses entretenues par les communes...

Montant du complément des bourses à payer par les familles des élèves.................................

Montant des bourses universitaires.................

Frais divers payés par les élèves.....................

Recettes extraordinaires présumées................

N. B. Indiquer le nombre des élèves et le prix de la bourse ou de la pension payée par chacun d'eux.

(Si l'école normale ne consiste qu'en un externat, indiquer à l'article des recettes le montant des allocations votées par le département ou par les communes pour indemnité à accorder aux élèves-maîtres pendant leur séjour à l'école.)

DÉPENSES.

Traitements du directeur, des maîtres et autres employés.

Gages des domestiques.........................

Nourriture......................................

Blanchissage....................................

Chauffage.......................................

Entretien des élèves.............................

Menues dépenses (fournitures de papier, plumes, encre, etc).......................................

Achat et entretien du mobilier...................

Dépenses d'infirmerie............................

Bibliothèques et cabinets (achats de livres et d'instruments.)......................................

Entretien et conservation des bâtiments..........

RÉCAPITULATION.

Dépenses présumées..............

Recettes présumées..............

DIFFÉRENCE............

Présenté par le directeur de l'école normale primaire de

Vu et arrêté par la commission de surveillance,

Vu et arrêté par le recteur en conseil académique,

N° 1101 du bordereau

Modèle n° 11.

PLAN

D'UN REZ-DE-CHAUSSÉE CONTENANT UNE CLASSE POUR 100 ÉLÈVES ET UN LOGEMENT POUR L'INSTITUTEUR.

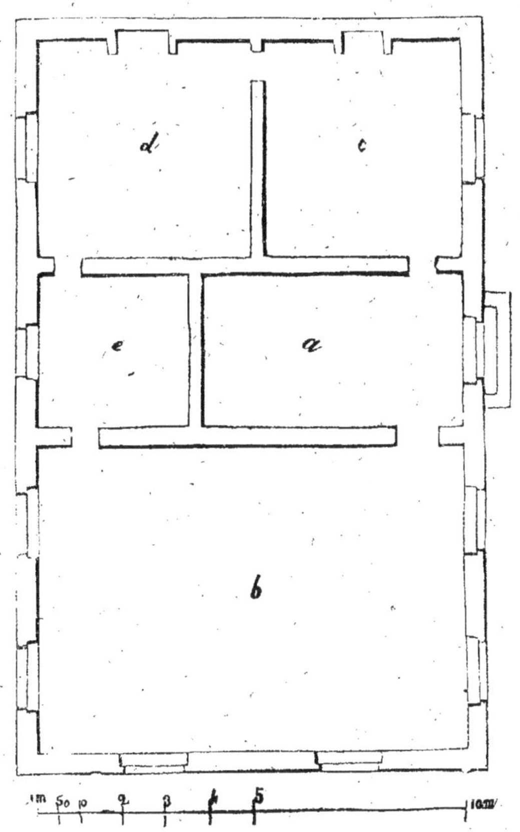

a Vestibule.

b Salle d'école.

c Première pièce du logement de l'instituteur.

d Deuxième pièce.

e Cabinet d'étude de l'instituteur, contigu à la classe.

Modèle n° 12.

PLAN DÉTAILLÉ

DE LA SALLE DE CLASSE POUR 100 ÉLÈVES.

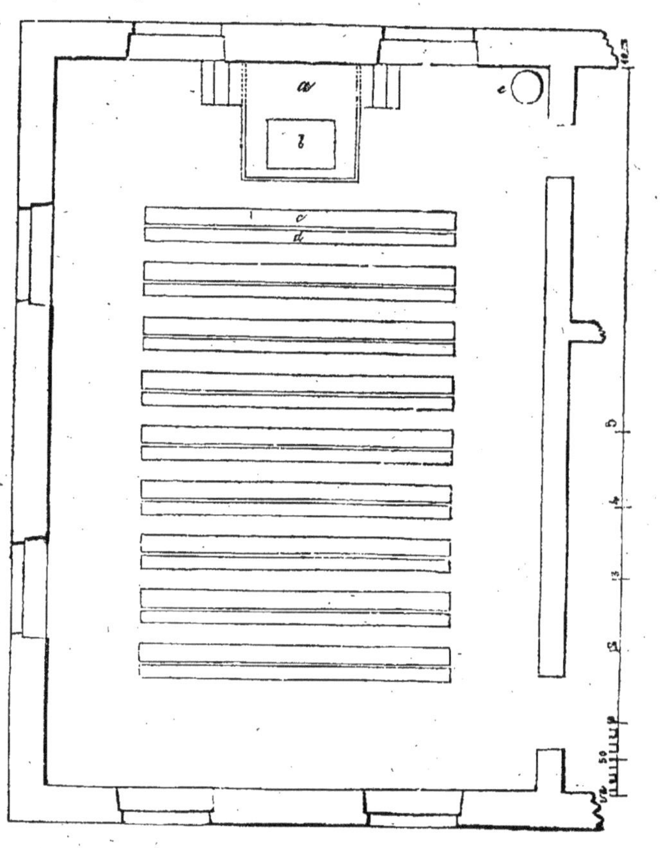

a Estrade du maître.
b Bureau de l'instituteur.

c Table.
d Banc.
e Poêle.

Modèle n° 13.

d ACADÉMIE

—

d DÉPARTEMENT

SITUATION et besoins de l'instruction primaire pendant l'année 183 .

(RÉPARTITION GÉNÉRALE.)

ARRONDISSEMENTS, ET CANTONS.	COMMUNE.	POPULATION.	REVENUS.			ÉCOLES primaires communales		TRAITEMENT			MAISONS D'ÉCOLE				LIVRES ÉLÉMENTAIRES; matériel de l'enseignement, mobilier.	ÉCOLES NORMALES PRIMAIRES. (Indiquer la somme demandée et l'objet de la dépense.)		COMPLÉMENTS de traitement pour les instituteurs en exercice.	SECOURS A D'ANCIENS INSTITUTEURS.	CONTRIBUTION A CES DÉPENSES		OBSERVATIONS. (Indiquer si les écoles sont catholiques, protestantes, israélites, ou mixtes.)
			Centimes additionnels.	Autres revenus				éventuel.		fixe.	A ACHETER. (Indiquer le montant de la dépense nécessaire.)	A CONSTRUIRE. (Indiquer le montant de la dépense nécessaire.)	A RÉPARER. (Indiquer le montant de la dépense nécessaire.)	A LOUER. (Indiquer le prix de la location et la durée du bail.)		INTERNAT.	EXTERNAT.			par LA COMMUNE.	par LE DÉPARTEMENT.	
				ordinaires.	extraordinaires.	élémentaires.	supérieures.	Nombre des élèves non gratuits.	Taux de la rétribution mensuelle.													

N° 1128 du bordereau.

Modèle n° 14.

ACADÉMIE
d

DÉPARTEMENT
d

ARRONDISSEMENT
d

CANTON
d

INSTRUCTION PRIMAIRE.

RENSEIGNEMENTS à fournir pour les communes qui demandent des secours destinés à acheter, à construire ou à réparer des maisons d'école.

NOMS DES COMMUNES.	POPULATION.	REVENUS	OBJET DE LA DEMANDE.			MONTANT de la dépense jugée nécessaire.	SOMMES pour lesquelles contribuent		SUBVENTION demandée aux fonds généraux	OBSERVATIONS. (La demande pour chaque commune doit être nécessairement accompagnée du devis des travaux et d'une délibération du conseil municipal visée par le préfet du département.)
			Terrain et maison à acheter.	Maison à construire.	Maison à réparer.		la commune.	le département.		

N° 1129 du bordereau.

Modèle n. 15.

ACADÉMIE d

DÉPARTEMENT d

INSTRUCTION PRIMAIRE.

RENSEIGNEMENTS à fournir sur les instituteurs qui demandent des secours ou des compléments de traitement.

ARRONDISSEMENT d

CANTON d

NOM et population de la commune.	NOMS et prénoms des instituteurs.	AGE.	ÉTAT-CIVIL.	NOMBRE des enfants.	ANNÉES de service.	LOGEMENT fourni par la commune, ou à la charge de l'instituteur.	TRAITEMENT		AUTRES TRAITEMENTS, comme greffier de la mairie, etc.	NOMBRE des élèves		CE QUE DONNE le département.	CE QU'ON DEMANDE aux fonds généraux.	OBSERVATIONS.
							fixe.	éventuel.		payant.	gratuits.			

N° 1130 du bordereau.

DÉPARTEMENT d

ARRONDISSEMENT d

STATISTIQUE DE L'INSTRUCTION PRIMAIRE PAR CANTON. — Modèle n° 16.

ACADÉMIE d

CANTON d

NOM des COMMUNES.	POPULATION. De 500 ames et au-dessous.	POPULATION. De 501 ames à 1,500.	POPULATION. De 1,501 ames à 3,000.	POPULATION. De 3,001 ames à 5,000.	POPULATION. De 5,001 ames et au-dessus.	REVENUS DE CHAQUE COMMUNE. Les 5 centimes additionnels.	REVENUS DE CHAQUE COMMUNE. Autres revenus.	Dépenses ordinaires de chaque commune.	COMMUNES qui n'ont point d'écoles, ni communale, ni privée.	COMMUNES qui doivent être réunies à d'autres pour l'instruction primaire.	COMMUNES qui ne peuvent avoir qu'une école communale pour garçons et filles.	COMMUNES qui avoir plu commu pour les garçons.	COMMUNES peuvent sieurs écoles nales pour les filles.	NOMBRE DES ENFANTS de l'âge de 5 à 12 ans. Garçons.	NOMBRE DES ENFANTS de l'âge de 5 à 12 ans. Filles.	NOMBRE MOYEN DES ÉLÈVES. GARÇONS. En hiver.	NOMBRE MOYEN DES ÉLÈVES. GARÇONS. En été.	NOMBRE MOYEN DES ÉLÈVES. FILLES. En hiver.	NOMBRE MOYEN DES ÉLÈVES. FILLES. En été.	NATURE des ÉCOLES EXISTANTES. Communales.	NATURE des ÉCOLES EXISTANTES. Privées.	DEGRÉS DES ÉCOLES. supérieures.	DEGRÉS DES ÉCOLES. élémentaires.	DEGRÉS DES ÉCOLES. ancien 3e degré.	MÉTHODES d'enseignement. mutuel.	MÉTHODES d'enseignement. simultané.	MÉTHODES d'enseignement. individuel.
1.	2.	3.	4.	5.	6.	7.	8.	9.	10.	11.	12.	13.	14.	15.	16.	17.	18.	19.	20.	21.	22.	23	24	25	26	27	28
TOTAUX...																											

N° 1082 du bordereau.

STATISTIQUE DE L'INSTRUCTION PRIMAIRE PAR CANTON. — Modèle n° 16 (*Suite*).

NOMS DES COMMUNES.	NOMS et PRÉNOMS		DATES		EN QUOI CONSISTE		TRAITEMENT FIXE		RÉTRIBUTION payée par élève et par mois		Autres traitements dont jouit l'instituteur comme greffier, chantre, etc.	Nombre des élèves gratuits.	NOMBRE DES ANNÉES que les enfants passent à l'école (terme moyen).		INSTITUTEURS		
	des instituteurs.	des institutrices.	du brevet.	de l'installation.	le logement.	l'indemnité de logement.	de l'instituteur.	de l'institutrice.	à l'instituteur.	à l'institutrice.			Garçons.	Filles.	dispensés du service militaire.	qui ont obtenu des médailles. A. B.	autorisés à recevoir des pensionnaires.
1.	29	30	31	32	33.	34.	35.	36.	37.	38.	39.	40	41.	42.	43.	44.	45.

Nota. On doit répéter dans cette colonne les noms des communes qu'on a déjà inscrits dans la colonne n° 1.

DOCUMENTS pour les caisses d'épargne.			COMMUNES où sont établis				INSTITUTEURS AMBULANTS.	COMMUNES privées d'école communale			SOMMES NÉCESSAIRES			VOTES et engagement		OBSERVATIONS.
Age.	Années de service.	Infirmités.	des instituts de frères ou de sœurs, etc.	des écoles normales ou des écoles-modèles	des classes d'adultes.	des salles d'asile.		par défaut de local.	par défaut de réparation du local.	par défaut de ressources pour l'instit.	pour procurer une maison d'école.	pour agrandir ou réparer la maison d'école.	pour assurer un traitement fixe à l'instituteur.	de la commune.	de département.	On fera connaître quels cultes sont professés dans chaque commune ; — quels instituteurs sont catholiques, protestants, israélites. — On donnera tous les autres renseignements utiles non contenus dans les colonnes.
46	47	48	49.	50.	51	52	53	54	55.	56.	57.	58.	59.	60	61	62.

Modèle n° 17.

ACADÉMIE
d

—

DÉPARTEMENT
d

ARRONDISSEMENT

—

CANTON
d

INSTRUCTION PRIMAIRE.

COMITÉ D'INSTRUCTION PRIMAIRE D'

REGISTRE du personnel des instituteurs et institutrices par canton (1).

NOMS des INSTITUTEURS. 1.	PRÉNOMS. 2.	DATE de NAISSANCE. 3.	ÉCOLE Privée. 4.	ÉCOLE Communale. 5.	DATE du BREVET. 6.	NATURE du BREVET. 7.	DATE de l'installation dans la commune. 8.	COMMUNE dans laquelle l'instituteur a précédemment exercé. 9.	NOMBRE d'élèves. 10.	MÉTHODE d'enseignement. 11.	NOTES sur L'INSTITUTEUR. 12.	CE QU'IL EST DEVENU. 13.
INSTITUTRICES.												

(1) Une page au moins est affectée à chaque commune du canton.

N° 1081 du bordereau.

Modèle n° 18.

ACADÉMIE
d

DÉPARTEMENT
d

INSTRUCTION PRIMAIRE.

COMITÉ D'INSTRUCTION PRIMAIRE D

ARRONDISSEMENT
d

CANTON
d

TABLE du registre du personnel des instituteurs primaires.

NOM DES INSTITUTEURS par ordre alphabétique.	PRÉNOMS	NUMÉROS des pages des communes où ils ont exercé successivement depuis leur inscription au registre.									OBSERVATIONS.
A											
B											
C											

N° 1081 du bordereau.

Modèle n° 19.

ACADÉMIE d

DÉPARTEMENT d

INSTRUCTION PRIMAIRE.

ÉCOLE COMMUNALE * D

ARRONDISSEMENT d

COMMUNE d

REGISTRE d'ordre à l'usage des instituteurs.

* *Élémentaire ou supérieure.*

N° D'ORDRE.	DATE.	OBJET DES ENREGISTREMENTS.
		Modèles de divers enregistrements.
1	1er Juillet 1833.	Reçu de M. le recteur de l'académie un exemplaire de la nouvelle loi sur l'instruction primaire.
2	15 Juillet.	Copie d'une lettre adressée à M. le maire pour lui demander la conservation du titre d'instituteur communal. (Suit la teneur de la lettre.)
3	6 Août.	Visite d'un inspecteur délégué par le comité communal. L'inspecteur soussigné, après avoir examiné l'état des classes et interrogé plusieurs élèves, déclare avoir été satisfait de la bonne tenue de l'école, et des progrès des élèves.
4	8 Novembre.	Reception du diplôme d'instituteur communal. Lettre du président du comité d'arrondissement en date du 6 courant. (Suit la teneur de la lettre.)
5	31 décembre.	Envoi à M. le président du comité d'un certificat de M. le maire, constatant que l'instituteur continue à remplir dans la commune les conditions de son engagement décennal.

N° 1001 du bordereau.

Modèle n° 20.

ACADÉMIE
d

DÉPARTEMENT
d

ARRONDISSEMENT
d

INSTRUCTION PRIMAIRE.

CANTON
d

COMMUNE
d

ÉCOLE COMMUNALE * D

REGISTRE d'inscription des élèves admis dans l'école.

* Élémentaire ou supérieure.

Numéro d'ordre.	NOM des ÉLÈVES	PRÉNOMS.	DATE de leur naissance.	LIEU DE NAISSANCE.				PRÉNOMS		PROFESSION des parents.	ÉLÈVES		DATE		CONDUITE de l'élève pendant son séjour à l'école.	OBSERVATIONS.
				Commune.	Canton.	Arrondissem.	Département.	du père.	de la mère.		payant la rétribution.	exempts de la rétribution.	de l'entrée à l'école.	de la sortie de l'école		
	1.	2.	3.	4.	5.	6.	7.	8.	9.	10.	11.	12.	13.	14.	15.	16.

N° 1002 du bordereau

Modèle n° 21

d ACADÉMIE
d DÉPARTEMENT
d ARRONDISSEMENT
183 .

INSTRUCTION PRIMAIRE.

ÉCOLE COMMUNALE (1) d

FEUILLE D'APPEL à l'usage des instituteurs pour constater chaque jour la présence des élèves.

d CANTON
d COMMUNE
d MOIS

LE SIGNE | ANNONCE L'ABSENCE DU MATIN; — L'ABSENCE DE L'APRÈS MIDI, ET + L'ABSENCE DU JOUR ENTIER.

DATES DU MOIS.

NUMÉRO D'ORDRE.	NOMS DES ÉLÈVES.	1	2	3	4	5	6	7	8	9	10	11	12	13	14	15	16	17	18	19	20	21	22	23	24	25	26	27	28	29	30	31	TOTAL DES JOURS D'ABSENCE.	MOTIFS DE L'ABSENCE.	OBSERVATIONS.

N° 1004 du bordereau.

(1) Élémentaire *ou* supérieure.

Modèle n° 22.

ACADÉMIE
d

DÉPARTEMENT
d

ARRONDISSEMENT
d

COMMUNE
d

INSTRUCTION PRIMAIRE.

LISTE des élèves par classe et par ordre de mérite dans l'école communale (1) *d* (2)

NOMS.	PRÉNOMS.	INSTRUCTION morale et religieuse.	LECTURE.	ÉCRITURE.	LANGUE française	CALCUL, poids et mesures.	GÉOMÉTRIE, arpentage.	DESSIN linéaire.	SCIENCES physiques et histoire naturelle.	HISTOIRE et géographie.	CHANT.	ÉTUDES accessoires.	RÉCAPITULATION ou nombre total des points obtenus.	NOTES sur la conduite de l'élève.	OBSERVATIONS.

(1) Élémentaire ou supérieure.

(2) Un tableau semblable doit être dressé chaque mois par l'instituteur, et remis sous les yeux du comité. Il inscrira successivement dans chaque colonne le numéro obtenu par les élèves aux compositions du mois. Tous les numéros seront ensuite additionnés dans la colonne de récapitulation, et l'élève qui aura le moins de points obtiendra le premier rang. Chaque colonne sera subdivisée autant de fois qu'il y aura de compositions par mois sur chaque objet.

N° 1003 du bordereau.

Modèle n° 23.

INSTRUCTION PRIMAIRE.

ENGAGEMENT DE SE VOUER DIX ANS AU SERVICE DE L'INSTRUCTION PUBLIQUE.

Je soussigné né à département d le instituteur primaire communal de la commune de canton d département d pourvu d'un brevet de capacité du degré, en date du nommé par le conseil de l'arrondissement le institué le installé le atteint par la loi sur le recrutement de l'armée pour la classe de , promets, conformément à ladite loi, de me vouer pendant dix ans au service de l'instruction publique.

A *le* 183 .

(Signature de l'instituteur.)

Vu pour la légalisation de la signature ci-dessus.

A *le* 133 .

(Signature du maire.)

Je soussigné (*père* ou *tuteur*) consens à ce que mon (*fils* ou *pupille*) se voue pour dix ans au service de l'instruction publique.

A *le* 183 .

(Signature du père ou tuteur.)

Vu pour la légalisation de la signature ci-dessus.

A *le* 183 .

(Signature du maire de la commune ou réside le père ou tuteur.)

Vu pour légalisation.

A *le* 183 .

(Le préfet ou sous-préfet de l'arrondissement dans lequel exerce l'instituteur.)

Vu par le recteur.

N° 1007 du bordereau.

Modèle n° 24

CERTIFICAT D'ACCEPTATION

DE L'ENGAGEMENT DÉCENNAL.

UNIVERSITÉ DE FRANCE.

EXTRAIT DU REGISTRE DES DÉLIBÉRATIONS DU CONSEIL ROYAL DE L'INSTRUCTION PUBLIQUE.

Séance du 183 .

Le conseil royal de l'instruction publique, sur le rapport de M. le conseiller chargé des écoles primaires, conformément à l'article 14 de la loi du 21 mars 1832, reçoit l'engagement de se vouer pendant dix ans au service de l'instruction publique, contracté le par le sieur (*Noms et prénoms.*)
né à département d
le instituteur primaire exerçant
à institué le

Le ministre-secrétaire d'état au département de l'instruction publique,

Signé

Le conseiller exerçant les fonctions de chancelier,

Signé

Le conseiller exerçant les fonctions de secrétaire,

Signé

Certifié conforme à l'original.

Le conseiller exerçant les fonctions de secrétaire,

Modèle n° 25.

ACADÉMIE

d

INSTRUCTION PRIMAIRE.

DÉPARTEMENT

d

ÉTAT nominatif des instituteurs primaires faisant partie de la classe de 183 , *pour le recrutement de l'armée, et qui sont aptes à contracter l'engagement décennal.*

NOM des instituteurs.	PRÉNOMS.	DATE de la naissance.	LIEU de la naissance.	COMMUNE où ils exercent.	CANTON.	DEPARTEMENT.	DATE du brevet.	NATURE d'u brevet.	DATE de la nomination.	DATE de l'institution.	NOM de l'instituteur precedent.	PRÉNOMS.	CE QU'IL EST devenu.	S'IL ÉTAIT dispensé ou non.	DATE de l'envoi des pièces au ministre.	DATE de l'acceptation de l'engagement par le conseil royal.	NUMÉRO obtenu au tirage.	DATE de la décision du conseil de révision qui prononce la dispense.	OBSERVATIONS.
1	2.	3.	4.	5.	6.	7.	8.	9.	10.	11.	12.	13.	14.	15.	16.	17.	18.	19.	20.

N° 1132 du bordereau.

Nota. Les colonnes numéros 17, 18 et 19 ne seront remplies qu'après la clôture des opérations relatives au tirage.

Modèle n° 26.

INSTRUCTION PRIMAIRE.

ACADÉMIE d

DÉPARTEMENT d

ÉTAT nominatif des jeunes gens du département d des classes de 183 à 183 , qui ont été dispensés du service militaire, en qualité d'instituteurs primaires.

CLASSE.	NOM.	PRÉNOMS.	NAISSANCE.		NUMÉROS de la liste départementale.	QUALITÉS des SUJETS DISPENSÉS.	LIEUX où exerçaient les sujets à l'époque de l'exemption.	DATES de l'acceptation des engagements par le conseil royal.	DATES de la décision des conseils de révision.	RÉSIDENCE actuelle des sujets dispensés.	OBSERVATIONS.
			Lieu.	Date.							
1.	2.	3.	4.	5.	6.	7.	8.	9.	10.	11.	12.

N° 1133 du bordereau.

Modèle n° 27.

ACADÉMIE d	INSTRUCTION PRIMAIRE	CANTON d
DÉPARTEMENT d		COMMUNE d
ARRONDISSEMENT d	ÉCOLE COMMUNALE DE	

Certificat de présence des instituteurs dispensés du service militaire.

Je soussigné maire de la commune d , département d certifie que le sieur , instituteur primaire, dispensé en cette qualité du service militaire, continue à exercer ses fonctions dans ladite commune, et remplit ainsi les conditions de l'engagement décennal qu'il a contracté envers le conseil royal de l'instruction publique le

Fait à *le* 183 .

Transmis à M. le président du comité.

Le 183 .

Transmis au recteur par le président du comité d

Le 183 .

Modèle n° 28.

MINISTÈRE

DE

L'INSTRUCTION PUBLIQUE.

Université royale

DE FRANCE.

Académie d

INSTRUCTION PRIMAIRE.

N° du registre général.

INSTRUCTION PRIMAIRE DE FILLES.

BREVET DE CAPACITÉ POUR L'ENSEIGNEMENT PRIMAIRE.

Deuxième degré.

Nous,

Recteur de l'académie d , en exécution de l'article 21 de l'ordonnance royale du 21 avril 1828 concernant l'instruction primaire;

Sur la demande formée par la d , née à , département d le , tendant à obtenir un brevet de capacité pour pouvoir être admise à tenir une école primaire du deuxième degré :

Vu les dispositions de la circulaire ministérielle du 3 juin 1819, portant que les brevets du deuxième degré, ou degré inférieur, seront accordés aux personnes qui sauront, outre les principes de leur religion, suffisamment lire, écrire et chiffrer pour en donner des leçons;

Vu les certificats de bonne conduite et de bonnes mœurs qui nous ont été présentés par la postulante, conformément à l'ordonnance du 12 mai 1831;

Vu le procès-verbal de l'examen qu'elle a subi le 183 :

Avons accordé à ladite..... le présent brevet qui lui est nécessaire pour être appelée aux fonctions de l'instruction primaire, aux termes de l'ordonnance du 21 avril 1828.

Délivré à , *le* 183 .

Signature de l'impétrante.

Le recteur de l'académie,

PAR M. LE RECTEUR :

Le secrétaire de l'académie,

Modèle n° 29.

MINISTÈRE

DE

L'INSTRUCTION PUBLIQUE.

Université royale

DE FRANCE.

Académie d

INSTRUCTION PRIMAIRE.

N° du registre général.

INSTRUCTION PRIMAIRE DE FILLES.

BREVET DE CAPACITÉ POUR L'ENSEIGNEMENT PRIMAIRE.

Premier degré.

NOUS,

Recteur de l'académie d , en exécution de l'article 21 de l'ordonnance royale du 21 avril 1828 concernant l'instruction primaire ;

Sur la demande formée par la d , née à , département d , le , à l'effet d'obtenir un brevet de capacité, pour pouvoir être admise à tenir une école primaire du premier degré :

VU la circulaire ministérielle du 3 juin 1819, portant : « *Les connaissances exigées des institutrices du premier degré seront les principes de leur religion, la lecture, l'écriture, les quatre premières règles de l'arithmétique, celles de trois et de société, et les éléments de la grammaire ;* »

VU les certificats de bonne conduite et de bonnes mœurs qui nous ont été présentés par la postulante, conformément à l'ordonnance du 12 mars 1831 ;

VU le procès-verbal de l'examen qu'elle a subi le

AVONS ACCORDÉ à ladite le présent brevet qui lui est nécessaire pour être appelée aux fonctions de l'instruction primaire, aux termes de l'ordonnance du 21 avril 1828.

Délivré à , *le* 183 .

Signature de l'impétrante :

Le recteur de l'académie,

PAR M. LE RECTEUR :

Le secrétaire de l'académie,

Modèle n° 30.

MINISTÈRE

DE

L'INSTRUCTION PUBLIQUE.

Université royale

DE FRANCE.

Académie d

INSTRUCTION PRIMAIRE.

N° du registre général.

Nota. S'il s'agit d'une ville, le quartier, la rue, le n° de la maison doivent être désignés.

ÉCOLES PRIMAIRES DE FILLES.

Autorisation d'institutrice.

NOUS,

Recteur de l'académie d , en exécution de l'article 21 de l'ordonnance royale du 21 avril 1828 concernant l'instruction primaire ;

Sur la demande présentée par la , née à , département d , le , à l'effet d'être autorisée à tenir une école primaire de filles dans la commune d , département d

VU le brevet de capacité de degré délivré, par à ladite , sous la date du

VU l'avis motivé du comité de surveillance de l'instruction primaire séant à département d , en faveur de la demande dont il s'agit,

AUTORISONS ladite à exercer les fonctions d'institutrice primaire du degre dans la commune d

Délivré à *le* 183

Signature de l'institutrice. Le recteur de l'académie,

TABLE ALPHABÉTIQUE DES MATIÈRES.

A

Actes civils. Leur rédaction fait partie des objets d'enseignement dans les écoles normales primaires, 171.

Adjoint. Remplace de droit le maire dans les divers comités d'instruction primaire, 59, 67.

Adultes (*Cours d'*). Complément des écoles primaires, 86, 234.—Dépenses auxquelles l'établissement de ces cours donne lieu, 235.

Age. Quel âge est nécessaire pour tenir école, 32.

Agriculture (*Écoles d'*). V. *Écoles rurales*.

Amendes. Prononcées contre ceux qui tiendront des écoles illégales, 35.

Architectes. Peuvent être choisis pour les commissions d'examen, 136.

Arpentage. Compris dans le programme des écoles primaires supérieures, 27.

Arrondissement (V. *Comités*, *Conseil*, *Tribunal d'*).

Asile (*salles d'*). Avantages qu'elles offrent pour l'éducation physique et morale des enfants pauvres; — bien-être qu'en retirent les parents eux-mêmes, 233; — frais de premier établissement, 234.

Associations charitables pour l'instruction primaire. La loi n'en fait pas mention, 270; — différence entre les associations locales et temporaires, et les associations permanentes; — celles-ci doivent être autorisées par ordonnance royale;—droits que conservent les associations sur les établissements qu'elles ont fondés, 31.—Liste des associations légalement autorisées, 151; — encouragements qui leur sont accordés, 191.

Associations religieuses. V. *Associations charitables*, et *Frères des écoles chrétiennes*.

Autorisations spéciales d'enseigner. Ne sont plus nécessaires pour les écoles primaires créées d'après la loi, 32; — sont maintenues provisoirement pour les écoles de filles, 227.

Autorités préposées à l'instruction primaire, 58, 252; — différence entre les attributions des préfets et celles des recteurs, 58, 123, 225; — id. à l'égard des écoles de filles, 125. — V. *Comités*, *Conseil royal*, *Ministre*, *Préfets*, *Recteurs*.

B

Bail. Pour la location des maisons d'école, 98.

Bibliothèques, à l'usage des instituteurs, 25.—Pour les écoles normales, 171.

Bourses. Entretenues dans les écoles normales primaires, 118, 173.

Brevets de capacité. Nécessaires pour tenir école, 32; — par qui délivrés, 80; —anciens brevets, 81; —restent-ils valables? 82; —nouveaux brevets, de deux degrés, 127.—Brevets pour les écoles de filles, 227.

Budget de l'état (*Fonds portés au*) pour l'instruction primaire; —compte annuel de l'emploi de ces fonds, 47.

Budget des écoles normales. V. *Écoles normales*.

C

Caisses d'épargne et de prévoyance, 53, 311; —pourquoi elles ont été préférées aux pensions de retraite, 54; —comment elles seront entretenues, 55, 119; exemples de ce qu'elles produiront, 56; —projets de statuts de ces caisses, 119, 138, 251, 279.

Calcul (*Éléments du*). Sont enseignés dans les écoles primaires, 25.

Capacité (V. *Brevets de*).

Chant. Fait partie des objets d'enseignement dans les écoles primaires supérieures ;—influence de cet enseignement sur la civilisation ;—pendant trois ans ne sera pas obligatoire pour les brevets de capacité, 27, 132, 136.

Chemins vicinaux. Peuvent devenir un objet d'études dans les écoles normales primaires, 172.

Classes primaires annexées aux colléges ou autres établissements d'instruction secondaire. Sont-elles soumises à la surveillance des comités? 72.

Clôture des écoles. Par qui prononcée? 35.

Code de l'instruction primaire. Principales divisions et but de ce livre, 3, 5.

Comité communal. Sa composition, 60, 314, 332, 344 ;—ses attributions, 70, 318, 338 ;—peut être dissous par le ministre de l'instruction publique, 61.—Avantages d'un comité local de surveillance, 312, 341.

Comité d'arrondissement. 62 ;—circonscription du comité, 63, 122, 284 ;—sa composition, membres de droit, membres élus, 63 ;—présidence, 66, 103 ;—ordre et tenue des séances, 67, 103 ;—attributions du comité, 70, 221, 318 ;—frais de bureau des comités, 109, 122, 193.

Commissions d'examen pour la délivrance des brevets de capacité, 80, 128, 254.—Lieux où elles siégeront, 132, 134.— Mode de nomination des commissaires, 81, 134. — Mode des examens, 81, 128, 136. — Listes des candidats reçus, 131.

Commission de surveillance pour les caisses d'épargne, 138.

Commission de surveillance pour les écoles normales primaires. Sa formation, ses attributions, 175.

Communes (Obligation des) d'entretenir au moins une école élémentaire. —Réunion des communes limitrophes pour cet objet, 38, 97, 108, 272.—Des écoles communales peuvent être autorisées pour les différents cultes, 39, 108, 305. — Les communes de 6,000 ames, ou chefs-lieux de département, sont obligées d'avoir en outre une école primaire supérieure, 40. — Moyen de pourvoir à ces dépenses, 45, 276. — Ressources des communes 14, 113. — Tableaux des dépenses, 98, 114. — Tableaux des communes qui ne possèdent point de maisons d'école, ou qui n'en possèdent point de convenables, 101.

Concours pour l'admission aux écoles normales. V. Ecoles normales.

Concours pour l'admission aux écoles supérieures. V. Elèves gratuits.

Condamnés à des peines afflictives ou infamantes. Ne peuvent tenir école, 33.

Conseil académique. Arrête le budget des écoles normales, 176. — Propose les candidats pour les distributions de médailles, 214.

Conseil général des départements. Chargé de pourvoir à l'entretien des écoles normales, 42, 117, 156 ; — et à l'insuffisance des ressources communales, 46. — Indication des objets sur lesquels doivent porter ses votes, 154. — Tableaux des sommes votées pour 1833, 157.

Conseil municipal des communes Chargé de pourvoir à l'entretien des écoles communales, 38, 196. — Règle le taux de la rétribution des élèves, 48, 96. — Détermine le nombre d'élèves gratuits dans les écoles élémentaires, 51, 97 ; —et dans les écoles supérieures, 53, 97.—Arrête le traitement fixe des instituteurs, 45, 96.— Présente les candidats pour les fonctions d'instituteur communal, 71, 337, 345. — Atteste la moralité des candidats, 32.

Conseil royal de l'instruction publique. Reçoit les engagements des instituteurs communaux, 199 ;—accepte les dons et legs faits aux congrégations religieuses 45 ; — donne son avis sur l'emploi des fonds alloués en faveur de l'instruction primaire, 188 ; —autorise la création d'écoles modèles, et de pensionnats primaires, 102, 217 ;—fait les réglemens généraux d'études et de discipline, 84 ;—juge en dernier ressort les pourvois des instituteurs communaux suspendus ou révoqués, 79.

Contraventions aux lois et réglements en matière d'instruction primaire. V. Poursuites judiciaires.

Cours publics. V. *Ecoles d'adultes.*

Cousin.—Ses rapports sur l'instruction primaire en Prusse et en Allemagne, 12.

Cuvier.—Ses rapports sur les écoles de Hollande, 10.

D

Délégués du ministre près des comités, 68.—Délégués choisis par les comités pour inspecter les écoles, 72.

Délits commis par les instituteurs dans l'exercice de leurs fonctions; poursuites et procédure, 35, 271.

Dépenses relatives aux écoles. Sont à la charge des communes, 37, 114.

Dépenses des écoles normales. Sont à la charge des départements, 102. — Nature de ces dépenses, 117.

Dessin linéaire. Fait partie de l'instruction primaire supérieure; avantages de cet enseignement, 27.

Directeurs d'écoles normales. Comment nommés, 171.

Discipline (Peines de), V. *Suspensions, Réprimande, Révocation.*

Dispenses du service militaire. V. *Engagements décennaux.*

Donations, Dons et Legs en faveur des écoles, 45. — En faveur des associations religieuses, 45. — En faveur des caisses d'épargne, 56. — Mode de partage, dans ce dernier cas, 57.

Droits et encouragements accordés aux instituteurs, 75.

E

Ecoles chrétiennes. (V. *Frères des.*)

Ecoles d'adultes. V. *Adultes.*

Ecoles élémentaires, 25, 242.

Ecoles de filles. La loi nouvelle leur est-elle applicable, 82, 222, 255, 288—Pourrait l'être facilement 326.— Législation spéciale à leur égard, 223. —Distinction entre les pensionnats et les écoles primaires, pour la surveillance et l'enseignement, 225. —Règles pour les écoles primaires laïques, 227; — pour les écoles de sœurs, 229; — pour les écoles supérieures, ou institutions et pensions, 230.

Ecoles israélites. Leur nombre, 40; — Soumises, comme les autres, à la surveillance des comités d'arrondissement, 64.

Ecoles mixtes pour les élèves de diverses religions. Comment l'instruction religieuse doit être donnée dans ces écoles, 30, 148.

Ecoles modèles. Comment ce titre est accordé. Nombre de ces écoles, 43; — Ecoles modèles préparatoires, 102 118.

Ecoles normales primaires. Seront établies par départements, 42, 166. — Leur nombre actuel, 43. — Plusieurs départements peuvent se réunir pour fonder et entretenir une école normale, 42, 102, 306, 274. — Dépenses des écoles normales sont à la charge des départements, 102, 117, 165. — Emplacement le plus convenable pour ces établissements, 168. — Règlement général; objets d'études, 170. — Directeur et maîtres adjoints, 171. — Admission des élèves-maîtres, 173. — Examens d'entrée et de sortie, 81, 116, — Règlements pour ces examens, 141. 179. — Classification des élèves par ordre de mérite, 142. — Commission de surveillance, 175. — Budget des écoles normales primaires, 176. — Tableaux des écoles normales en activité ou en projet, 180. — Subventions en faveur de ces établissements, 191.

Ecoles de prisons, 237.

Ecoles privées. Formalités à remplir; toute personne qui remplit ces formalités peut ouvrir une école, 32, 101, 245, 269, 303.

Ecoles protestantes. Leur nombre, 40. — Soumises, comme les autres, à la surveillance des comités, 64.

Écoles publiques ou communales. Quelles sont ces écoles? — Fonds pour leur entretien, 37. — Toute commune est obligée d'entretenir au moins une école élémentaire, 38. — Nombre désirable d'écoles par commune, 107. — Nécessité des écoles publiques, 247, 304.

Ecoles régimentaires, 237.

Ecoles rurales, 236.

Écoles primaires supérieures. Avantages de ces écoles, 40, 243, 265 — 267; — différence avec les écoles *intermédiaires*, 40; — comment seront organisées les écoles supérieures; — doivent être distinctes des écoles élémentaires; peuvent être annexées aux colléges, 41. — Sont obligatoires dans les communes au-dessus de 6,000 ames et les chefs lieux de département; facultatives dans les autres villes, 109, 273; — tableau des communes de 6,000 ames, avec l'indication des établissements qu'elles possèdent, 158.

Écriture. Est comprise dans le programme des écoles, 25.

Élémentaire. V. *Écoles élémentaires.*

Élèves gratuits. Admis aux écoles publiques élémentaires, 51; — aux écoles supérieures, 53, 121; — le comité doit s'assurer qu'il a été pourvu à leur instruction, 70.

Élèves payants. V. *Rétribution.*

Engagements décennaux pour la dispense du service militaire. 199; — époques où ils doivent être contractés, 200; — les instituteurs communaux seuls obtiennent la dispense du service militaire, 201; — les élèves des écoles normales jouissent de la même faveur, 203; — mesures pour vérifier si les instituteurs dispensés continuent à remplir les conditions de leur engagement, 204. — L'engagement décennal ne dispense point du service de la garde nationale, 206.

Enseignement gratuit, libre. V. *Gratuité*, *Liberté de l'enseignement*.

Enseignement (*Méthodes d'*). V. *Méthodes*.

Enseignement (*objet de l'*), dans les écoles primaires, 23, 261. V. *Instruction primaire élémentaire supérieure*.

Examens (V. *Commissions d'*).

Examens d'entrée et de sortie des élèves-maîtres. V. *Écoles normales*.

F

Filles (V. *Écoles de*).

Frais de bureau des comités d'instruction primaire, 103, 122, 193.

Franchise de la correspondance pour le service des écoles, 195.

Frères des écoles chrétiennes. But de leur institution, 7; — peuvent-ils recevoir dans leurs écoles des élèves autres que les enfants pauvres? 52. — Liste des divers instituteurs, 151.

G

Garde nationale. Les instituteurs ne sont point dispensés du service ordinaire, mais peuvent l'être, 206.

Géographie (*Éléments de la*). Doivent être enseignés dans les écoles primaires supérieures, 27.

Gratuité d'enseignement, 247, 248.

Greffe et taille des arbres. Est un objet d'études dans les écoles normales, 171.

Gymnastique. Fait également partie du programme des écoles normales, 170.

Histoire (*Éléments d'*). Enseignés dans les écoles primaires supérieures, 27.

H

Histoire naturelle (*Notions d'*), enseignées dans les écoles supérieures, 72.

I

Impositions des communes. Etablies volontairement ou d'office pour l'entretien des écoles, 45, 99, 112, 249, 308. — *Id.* des départements, 46, 99, 115.

Individuelle (*Méthode*), 145.

Ingénieurs des ponts et chaussées. Sont aptes à faire partie des commissions d'examen pour les brevets de capacité, 136.

Inspecteurs d'académie. Peuvent être délégués par les recteurs pour présider les commissions d'examens, 129. — Chargés de faire des rapports au conseil académique, sur les instituteurs qui leur auront paru les plus dignes d'obtenir des encouragements, 214.

Inspecteurs généraux des études. Doivent prendre connaissance, dans leurs tournées, des procès-verbaux d'examens, 129.

Inspection des écoles privées ou publiques. Confiée au comité communal, 21. — Le comité d'arrondissement les inspecte également, ou les fait inspecter, 72. — Cette inspection doit-elle s'étendre sur les classes primaires annexées aux collèges et autres établissements d'instruction secondaire? 72.

Instituteurs primaires. Avantages attachés à cette fonction, 76. V. aussi *Droits et encouragements accordés aux instituteurs*. — Importance de leur mission. — Amélioration de leur sort, par les diverses dispositions de la loi, 89. — Doivent trouver en eux-mêmes leur meilleure récompense, 90. — Devoirs qu'ils ont à remplir, 91. — Envers les familles et la société, 92. — Leurs relations journalières avec les parents, 93. — Déférence qu'ils doivent avoir pour les diverses autorités, 95. — Modèle d'un bon instituteur, 250.

Instituteurs ambulants, 235. — Formalités qu'ils ont à remplir, 236.

Instituteurs communaux. Avantages que la loi leur assure, 43. — Conditions pour être nommé instituteur communal, 57. — Mode de nomination, 71, 76, 77, 103, 322. — V. *Écoles publiques*.

Instituteurs privés. Déclaration qu'ils doivent faire à la mairie. — Visite préalable de leur école, 101. — Peuvent participer aux secours du gouvernement, 101. — V. *Écoles privées*.

Institutrices. V. *Écoles de filles*.

Instruction primaire (*Historique de l'*). En France, 7.—En Angleterre, 9. En Allemagne, 12.—Ses résultats pour le bien-être de la société, 9. — Esprit des diverses lois sur l'instruction primaire, 10, 17. — Ce que fit l'empire en sa faveur, 11.—Ses vicissitudes sous la restauration, 12.—État de l'instruction primaire au moment de la révolution de 1830, 12. — Ce qui fut fait de 1830 à 1832, 13. — Ce qui reste à faire, 14.

Instruction primaire (*Objet de l'*) Enseignement élémentaire, enseignement primaire supérieur, 25, 242. V. *Écoles primaires*, *élémentaires* et *supérieures*. — Avantages de cette division, 244. —Surveillance et encouragement de l'instruction primaire, 58. V. *Autorités préposées aux Écoles*.

J

Juge de paix. Est membre de droit du comité d'arrondissement, 63. — Peut-il être suppléé dans cette fonction, 67.

Jugements pour affaires relatives à l'instruction primaire. V. *Délits*, *Poursuites*.

Juridiction. V. *Autorités*.

L

Langue française. Est d'obligation dans les écoles primaires, 26.

Législation (*Sommaire de la*) *sur l'instruction primaire*, depuis, 1789, 17.

Liberté d'enseignement, 32, 235, 269, 303. — Quels sont les cas qui peuvent empêcher de tenir école, 33. — Libre concurrence des instituteurs, 153.

Livres élémentaires destinés aux élèves indigents, 192. — Avantages de ces distributions, 207. — Quels livres conviennent le mieux, 208. — Voies de transports ; modes de distribution, 210—213.

Local gratuit. Doit être fourni à l'instituteur communal, 43. V. *Maisons d'écoles*.

Location. V. *Bail*, *Maisons d'écoles*.

Loi sur l'instruction primaire. Est une des conséquences de la révolution de juillet. 6. — Sur les premiers projets présentés aux chambres, 259. — Promulgation, but général de la loi du 28 juin 1833, 84. — Principes sur lesquels elle repose, 15, 239—242, 289, 291, 295.

M

Maires des communes. Délivrent les certificats de moralité, 32. — Reçoivent la déclaration des instituteurs privés, 101. — Président les comités communaux d'instruction primaire, 337. — Peuvent suspendre provisoirement l'instituteur. Le maire du chef-lieu est membre de droit du comité d'arrondissement. V. *Comités*, *Conseil municipal*.

Maisons d'écoles. Location, 97, 110. — Durée du bail, 98.—Construction, achat, réparation, 111, 189. — Choix du local, 183. — Plan d'une maison d'école, logement de l'instituteur, 184.

Matériel nécessaire pour l'enseignement mutuel, 187, 190

Médailles (*Distribution de*) *aux instituteurs*, 214.

Méthodes d'enseignement. Liberté des méthodes, 29. — Méthodes diverses, 145. — Encouragements accordés aux meilleures, 148.

Ministre de l'instruction publique. Son intervention dans l'instruction primaire, 252. — Règle la répartition des sommes votées en faveur de l'instruction primaire, 47. — Détermine la circonscription, nomme plusieurs membres des comités, 63.—Peut dissoudre les comités communaux, 61.— Peut envoyer des délégués près des comités, 68.—Institue les instituteurs publics, 77. — Nécessité de cette disposition, 322. — Nomme les membres des commissions d'examen, et arrête l'époque où elles doivent siéger, 81.— Recommandations adressées par le ministre aux instituteurs, 88.

Ministres du culte. Font et doivent faire partie des comités communaux, 59, 283, 315, 334. — Sont membres de droit des comités d'arrondissement, 63. — Peuvent être appelés aussi aux commissions d'examen, 135.

Moniteurs des écoles mutuelles, 146; — encouragemens qu'ils obtiennent, 191.

Morale (*La*) Fait partie de l'instruction primaire, 25, 262.

Moralité (*certificat de*). Doit être produit pour tenir école. — Forme du certificat, 26, 270.

Musique enseignée dans les écoles primaires supérieures, V. *Chant*.

Mutuelle (*Méthode*), 146. —Sa propagation en France, 147.—Encouragements qu'elle obtient, 148, 191.

N

Naturelle (*Notions d'histoire*). V. *Histoire*.

Notables, par qui délégués pour les comités communaux, 59, 61; — pour les comités d'arrondissement, 64, 69.

O

Obligation d'envoyer les enfants aux écoles. La législation de 1795 la prescrivait, 10. — Pourrait l'être encore, 320. — Le comité communal dresse l'état des enfants qui ne vont pas aux écoles, 70, 287.

P

Paulet (*Chevalier*). V. l'indication suivante.

Pauvres (*Enfants*). Exemple d'un chevalier, au dix-huitième siècle, qui en réunit 200 chez lui, 7. V. *Élèves gratuits*.

Pensionnats primaires: les anciennes dispositions sont-elles abrogées? 217.—Cas où ces établissements sont nécessaires, *ibid*. —Tout instituteur veté peut être autorisé à recevoir des élèves internes, 218. — Formalités à remplir pour obtenir cette autorisation, 220. — Intervention du comité à cet égard, 221.

Plaintes contre l'instituteur. V. *Discipline*.

Plans d'écoles primaires. Seront déposés dans les départemens, 100. — Plan pour une maison d'école de cent élèves, 184.

Poids et mesures (*Système légal des*). Enseigné dans les écoles primaires, 25.—Doit l'être exclusivement, 26.

Polytechnique (*Anciens élèves de l'école*). Sont aptes à faire partie des commissions d'examen pour les brevets de capacité, 136.

Ponts et Chaussées. V. *Chemins vicinaux*, *Ingénieurs*.

Poursuites contre ceux qui ouvrent des écoles illégales, 35, 270.—Contre les instituteurs eux-mêmes, pour inconduite ou immoralité, 36.

Préfets. Le ministre réclame leur concours pour l'instruction primaire, 106, 124. —Différence entre leurs attributions et celles des recteurs, 123. —Sont chargés de tout ce qui concerne les dépenses des communes et des départemens pour l'instruction primaire, 96, 107; — président de droit tous les comités, 66; — règlent de concert avec les recteurs ce qui est relatif aux écoles normales primaires, 171, 175.

Présence (*Registre de*) des élèves, 199.

Principal,—*professeur*,—*proviseur de collége*. Membres des comités d'arrondissement, 64.

Prisons (*Écoles primaires établies dans les*), 237.

Procureurs du roi. Sont membres de droit des comités d'arrondissement, 66.

Programme des écoles primaires. Pour l'instruction élémentaire, 25, 129, 297.—Pour l'instruction primaire supérieure, 26, 130, 300.—Programme accessoire. — Objets variés qu'il peut admettre, 28, 268. —Programme des écoles normales primaires, 270.

Physique (*Notions de*). Doivent être enseignées dans les écoles primaires supérieures, 27.

R

Récompenses accordées aux instituteurs. V. *Droits et encouragements*. *Médailles*, *Secours*.

Recteurs. Leurs attributions dans l'exécution de la loi, 106, 124. — Leur concours nécessaire, 125. — Objets qui rentrent spécialement dans leurs attributions, 125. — Arrêtent l'époque à laquelle doivent se réunir les commissions d'examen, 129. — Les procès-verbaux de ces examens leur sont transmis, 31.—Doivent recevoir pour chaque instituteur un duplicata des certificats de moralité, 101.—Autorisent provisoirement les instituteurs communaux, 103.—Nomment les maîtres-adjoints dans les écoles normales, 172.—Se concertent avec les préfets pour tout ce qui est relatif aux écoles normales, 102, 171, 175. — Écoles primaires de filles, placées dans leurs attributions spéciales, 227.

Régents des colléges communaux. Peuvent être délégués par le ministre pour faire partie des comités, 164.

Registre du personnel des instituteurs, 197.—Registres nécessaires à l'instituteur lui-même, 198.

Réglement des écoles normales primaires, 170.—Études, discipline, administration économique, 178. — Réglement d'entrée et de sortie des élèves-maîtres, 141, 179.

Réglement général des écoles primaires. Serait d'un grand avantage, 28, 328.

Religieuse (Instruction). Est un des objets compris dans le programme des écoles, 25, 262.—Liberté des familles à cet égard, 29, 264.—Instruction religieuse dans les écoles de différents cultes, 30 : 148.

Religion. Nécessité d'une pensée religieuse dans l'instruction primaire, 91, 263.

Réprimande, peine de discipline à l'égard des instituteurs. Par qui prononcée, 78. V. *Discipline.*

Retenues pour les caisses d'épargne. Facultative à l'égard du traitement éventuel.—Obligatoire pour le traitement fixe.—En cas de décès de l'instituteur, le produit de ces retenues profite aux veuves et autres héritiers, 55.

Retraite (Pension de). V. *Caisses d'épargne*

Rétribution des élèves en faveur des instituteurs. Principe juste, 247, 278. —Comment doit être réglée et perçue cette rétribution, 48, 99, 120, 249, 310.—Elle peut être payée en nature, 49. — Réclamations pour le paiement de cette rétribution; comment elles sont jugées, 100, 121.

Rétribution universitaire. Les écoles primaires sont franches de tout droit envers l'université, 76.—Un vingtième de cette rétribution est affecté à l'instruction primaire, 37.

Réunion de plusieurs communes pour la fondation et l'entretien des écoles, 38, 97, 108.—*Id.* des départements pour les écoles normales, 42, 102, 274, 306.

Révocation des instituteurs communaux; pourvoi en conseil royal, 79, 287.

S

Secours et encouragements à l'instruction primaire. Avis du comité nécessaire, 175.—Répartition des fonds, 188.—Secours aux communes, 189. —Aux écoles normales, 191.—Aux instituteurs, 192.

Serment (Obligation du). Pour les instituteurs communaux, 76.—Les membres des comités doivent-ils aussi prêter serment? *Ibid.*

Service militaire (Dispense du). V. *Engagements décennaux.*

Sévices (Les) des instituteurs contre les enfans peuvent donner lieu à des poursuites, 36.

Sexes (les deux) peuvent-ils être réunis dans la même école? 222.

Simultanée (Méthode), 145. — Méthode simultanée-mutuelle, 146.

Sociétés d'encouragement pour l'instruction primaire, 152, 191.

Sociétés religieuses. V. *Associations.*

Sourds-muets (Écoles de). Nombre de sourds-muets en France.—Nombre d'écoles spéciales qui leur sont destinées. Combien fréquentent ces écoles, 138.

Sous-préfet. — Rend exécutoire chaque mois le rôle des élèves payants, 49. — Préside de droit tous les comités de l'arrondissement, 66. — Dresse le tableau des besoins de l'instruction primaire, 98, 113.

Statistique des écoles primaires. Doit être envoyée annuellement par le comité d'arrondissement, 74. — Relevé de la statistique officielle en 1832, 75. — Instruction pour la rédaction des tableaux statistiques, 196.

Supérieure (Instruction primaire). En quoi elle consiste, 26. — Ses avantages, 40.

Surveillance des écoles, 246. V. *Comités.*

Suspension. L'instituteur communal peut être suspendu de ses fonctions. Par qui la suspension est prononcée, 71, 78, 277, 337.

T

Traitement éventuel des instituteurs. En quoi il consiste, 48. V. *Rétribution.*

Traitement fixe. Son minimum dans les écoles élémentaires et les écoles supérieures, 43, 96, 99, 111, 114, 275. — Comment il sera pourvu à ce traitement, 248. — Quel était le taux de ce traitement sous les anciennes lois de 1793 et 1794, 309.

Transports de livres destinés aux enfants pauvres, 212.

Tribunal civil ou correctionnel d'arrondissement. En quel cas il juge pour affaires relatives à l'instruction primaire, 35.

U

Université. Sa création et son influence sur l'instruction primaire, 10. — Sa part dans l'exécution de la loi, 58, 287. — L'instituteur communal devient membre de l'Université, 91. — Comment l'Université sera représentée dans les comités d'instruction primaire, 64, 285; — Dans les commissions d'examen, 129, 135.

V

Voltaire. — Ce qu'il pensait de l'instruction populaire, 8.

Paris, imprimerie de P. Dupont et G. Laguionie, rue de Grenelle-St-Honoré, n° 55.

MODÈLES IMPRIMÉS *à l'usage des Écoles primaires, qui se trouvent à la Librairie Normale d'Education de* **P. Dupont**, *Hôtel-des-Fermes, à Paris.*

	INSTITUTEURS.	F. C.
1001	Registre d'ordre où doit être inscrit tout ce qui concerne l'école. la feuille...	» 10
1002	Registre d'inscription des élèves admis à l'école ...sur gr.-raisin réglé. la f.	» 15
1003	Liste des élèves par classes, avec l'indication des notes qu'ils ont obtenues sur chaque objet de l'enseignement........................ la feuille.	» 12
1004	Feuille d'appel pour constater la présence des élèves ....la feuille.	» 12
1005	Registre des élèves qui doivent la rétribution mensuelle.....la feuil.......	» 10
1005 *b.*	Extrait du registre de la rétribution mens. pour être remis au percepteur, la f.	» 10
1006	Collection de *bons points* pour être donnés en récompense aux élèves.. ..	» 10
1007	Engagement décennal pour obtenir la dispense du service militaire........	» 10
1008	Bandes pour la franchise des lettres adressées aux présidens de comités et aux recteurs.................................... le mille 10 fr., le cent.	1 25
	MAIRIES.	
1026	Certificats de moralité pour les candidats aux fonctions d'instituteur...la f.	» 10
1027	Registre des déclarations que doivent faire à la mairie les instituteurs qui veulent exercer dans la commune..............................la f.	» 10
1028	Extrait de ce registre pour être transmis aux recteurs et aux comités..in-4°.	» 3
1028 *b.*	Récépissé de la déclaration faite par l'instituteur.................in-4°.	» 3
1029	Liste des élèves que le conseil municipal exempte de la rétribution ...in-folio	» 10
1030	Certificat de présence des instituteurs dispensés du service militaire...in-folio	» 10
	COMITÉS COMMUNAUX (le maire président).	
1051	Registre des délibérations du comité...............................la f.	» 10
1052	Extrait du registre des délibérations....................................	» 8
1053	Lettres de convocation pour les membres du comité.........in-8°, le cent	3 »
1054	Procès-verbal d'installation du comité..................................	» 10
1055	Certificat constatant le temps pendant lequel l'instituteur a exercé ses fonctions... in-4°.	3 »
1056	Liste des enfans qui ne reçoivent pas l'instruction........................	» 10
1057	Bandes pour la franchise des lettres adressées aux instituteurs, aux présidens de comités d'arrond., aux recteurs et aux préfets ..le mille 10 f., le cent	1 25
	COMITÉS D'ARRONDISSEMENT (le sous-préfet président).	
1076	Registre des délibérations du comité...............................la f.	» 10
1077	Extrait du registre des délibérations..........................in-folio	» 8
1078	Lettres de convocation pour les membres du comité......... in-8°., le cent	3 »
1079	Procès-verbal d'installation du comité...................................	» 10
1080	Arrêté de nomination pour les instituteurs communaux...................	» 15
1080 *b.*	Registre d'inscription des arrêtés délivrés........................la feuille.	» 10
1081	Registre du personnel des instituteurs et institutrices. sur g.-r. avec table., la f.	» 15
1081 *b.*	Bulletins de renseignemens sur les écoles, à l'usage des comités...........	» 10
1082	État de situation des écoles placées dans la cisconscription du comité. la feuille, grand-raisin..	» 20
	COMMISSIONS DE SURVEILLANCE DES ÉCOLES NORMALES PRIMAIRES ET D'EXAMEN POUR LES BREVETS DE CAPACITÉ.	
1103	Objets de l'examen pour le brevet du 2ᵉ degré..............................	» 10
1104	Id. 1ᵉʳ degré..............................	» 10
1105	Brevets de capacité du 2ᵉ degré..	» 15
1106	Id. 1ᵉʳ degré..	» 15
1107	Registre d'inscription des brevets de capacité délivrés.	» 10
1108	Liste par ordre de mérite des candidats reçus.....	» 10
	PRÉFETS ET RECTEURS.	
1141	État du montant des rôles de la rétribution mensuelle pour être remis au receveur particulier des finances..	» 10
1142	État récapitulatif du montant des rôles de la rétribution mensuelle, accordée aux instituteurs (annuel)..............................grand-raisin.	» 15
1144	Répartition générale des fonds de secours à l'instruction primaire.........	» 15
1145	Renseignemens à fournir pour les communes qui demandent des allocat.. ...	» 15
1146	Renseignemens à fournir sur les instit. qui demandent des secours..........	» 15
1147	État nominatif des instituteurs dispensés du service militaire et dont l'engagement n'est pas expiré.	» 15
1160	Bandes pour lettres aux instituteurs et aux com. d'arr. le m... 10 fr., le c.	1 25

Prix de la reliure.

. . . . de 50 feuilles 3 50

EXTRAIT

DU CATALOGUE DE LA LIBRAIRIE NORMALE D'ÉDUCATION.

F. C.

MANUEL CLASSIQUE DE LECTURE, par P. F. Putot, 1 vol. in-12. Prix de l'ouvrage complet, divisé en trois parties.......... » 90

LE MÊME séparément.
- ALPHABET. Prix.......... » 40
- EXERCICES DE LECTURE. Prix.......... » 30
- INSTRUCTION sur l'emploi du manuel. Prix. » 30

LE MÊME, en six grands tableaux, à l'usage des écoles d'enseignement mutuel.......... 1 30

LE MÊME, en un seul tableau général et synoptique, papier grand-jésus. » »

L'auteur de cet ouvrage ayant exercé pendant trente ans, à Paris, la profession d'instituteur, a pu, mieux que personne, juger par cette longue expérience des imperfections de toutes nos méthodes de lecture; aussi est-ce avec confiance que nous présentons celle-ci comme la plus parfaite qui ait paru jusqu'à ce jour. Au moyen des tableaux ce Manuel peut être également appliqué soit à l'enseignement mutuel ou simultané, soit à une éducation particulière.

COURS D'ÉCRITURE en 20 leçons par A. Taupier. (Système adopté par l'Université.) Prix de l'ouvrage complet divisé en trois parties.......... 4 »

LE MÊME séparément.
- TEXTE EXPLICATIF.......... 1 50
- 24 modèles d'écriture, dite cursive française, gravés.. 2 50
- 8 mod. d'écriture bâtarde, ronde et gothique, gravés.. 1 50

LE MÊME en quatre tableaux, pour être placés sur les murs de l'école.... 6 »

CHAQUE TABLEAU vendu séparément par planches de 8 modèles 1 75

6 CAHIERS AUTOGRAPHIÉS de modèles d'écriture p. être repassés par les élèves 6 75

LES MÊMES séparément
- Nos 1, 2, 3, 4. Écriture posée et expédiée, dite *cursive*; chaque cahier composé de 32 pages... 3 75
- N° 6. Écriture bâtarde et coulée; 32 pages..... 1 »
- Nos 7 et 8. Écriture ronde et gothique; 64 pages. 2 »

Ces cahiers sont réglés et autographiés à l'encre pâle, par M. Taupier lui-même, et disposés avec une gradation si bien entendue que tout élève sait écrire après avoir complètement repassé la collection.

GRANDE MÉTHODE D'ÉCRITURE, par A. G. Taupier (6 cahiers in-f° de 300 p.), 20 »

GRAMMAIRE DE LHOMOND, nouvelle édition, revue, corrigée et mise au niveau des connaissances actuelles par une société de professeurs, in-12, brochée.......... » 70

LA MÊME, cartonnée.......... » 80

La grammaire de Lhomond est celle qu'on met, avec raison, le plus généralement entre les mains des commençans : toutefois les améliorations apportées dans l'enseignement ayant rendu indispensables quelques changemens, ils ont été confiés à des professeurs habiles, et cette nouvelle édition présente aujourd'hui la clarté qui a été si justement louée dans son auteur, réunie aux progrès qu'a faits la science jusqu'à ce jour.

HISTOIRE SAINTE (L'), mise à la portée des enfans par F. B...., ancien membre de l'Université, 1 vol. in-12.......... 2 »

Cet ouvrage offre, entre autres avantages, celui de contenir en une seule page le récit de chaque fait principal qui peut devenir le sujet d'une leçon et être appris par cœur.

ANNUAIRE DE L'INSTITUTEUR PRIMAIRE, pour 1834, 1 vol. in-18... 1 25

Ce volume contient la loi du 28 juin, des conseils aux instituteurs sur l'exécution de la loi; tous les renseignemens statiques les plus curieux sur l'instruction primaire dans toutes les académies, tous les départemens, tous les arrondissemens, un traité complet de l'organisation politique et administrative de la France; quelques notions usuelles de physique et de météorologie, etc., etc.

ANNUAIRE de 1833, contient le code complet de l'instruction primaire. 1 50

ESQUISSES HISTORIQUES, par D. Lévi, 1 fort vol. in-18....... 2 50

LES POURQUOI ET LES PARCE QUE ou la Physique populaire, par D. Lé[illegible] 1 30

www.ingramcontent.com/pod-product-compliance
Lightning Source LLC
Chambersburg PA
CBHW061108220326
41599CB00024B/3961
9782012531123